Learn Norwegian

SVERRE KLOUMAN

Learn Norwegian

A practical course
in spoken and written Norwegian

Fourth edition

ASCHEHOUG

© H. Aschehoug & Co (W. Nygaard) 1987
Drawings by Jon Spilde
Cover by Egil Torin Næsheim
ISBN 82-03-15833-1
Printed in Norway
Print Partner a.s, Nikolai Olsens trykkeri a.s, Kolbotn 1987

Foreword

The present book is a result of the author's experience, for several years, as a teacher of Norwegian for foreigners at the University of Oslo. It concentrates on the special structures and peculiarities in Norwegian that the author has found are the greatest stumbling-blocks to foreign learners. Even though it is a course of both spoken and written Norwegian, the emphasis is definitely on the *spoken* aspect of the language.

The book is meant for students who have a good command of English because the vocabulary is translated into English, and in the first half of the book all explanations are in English.

The course is primarily designed for use with a teacher in a classroom situation. However, with its phonetic transcription and accompanying recordings on cassettes it can also easily be used by individual learners who study on their own.

One of the characteristic features of the present book is the great number of practical drills and exercises that it embodies. The student is taken through the various patterns so many times and from so many angles that he can hardly avoid learning them.

However, the course is a concentrated one. In only 27 units it covers all the characteristic structures of Norwegian and makes use of a vocabulary of over 3,000 words. So, the importance of *revision work* all along cannot be overemphasised. The student who goes back and reviews previously studied material at regular intervals is sure to profit much more than the one who is content with only the first treatment of the texts.

Only a few minor corrections and additions have been made in the 2nd edition of the book. Some of the longer substitution drills have been shortened and replaced by other material, a few extra points have been added to the grammar and there are some more translation exercises. The most important addition, however, is the *index* at the end, referring students to the various points of grammar and phonology as well as general topics such as 'asking the way', 'family', 'housing', 'traffic', etc.

The 4 th edition is mostly a reprint, but page 18 has been completely revised.

Sverre Klouman
Address: N-1454 Hellvik, NORWAY

Table of contents

8

9

11

Key to phonetic symbols

Long vowels (+ short consonants)

/i:/	as in *fin*	/fi:n/
/e:/	as in *pen*	/pe:n/
/æ:/	as in *her*	/hæ:r/
/a:/	as in *tak*	/ta:k/
/ɔ:/	as in *Skjåk*	/ʃɔ:k/
/ω:/	as in *bok*	/bω:k/
/ʉ:/	as in *gul*	/gʉ:l/
/y:/	as in *syn*	/sy:n/
/ø:/	as in *før*	/fø:r/

Short vowels (+ long consonants)

/i/	as in *Finn*	/fin:/
/e/	» » *penn*	/pen:/
/æ/	» » *Herr*	/hær:/
/a/	» » *takk*	/tak:/
/ɔ/	» » *sjokk*	/ʃɔk:/
/ω/	» » *bukk*	/bωk:/
/ʉ/	» » *gull*	/gʉl:/
/y/	» » *synd*	/syn:/
/ø/	» » *førr*	/før:/
/ə/	» » *falle*	/ˇfal:ə/

Retroflex consonants

/ṛn/	as in *barn*	/ba:ṛn/
/ṛt/	» » *sport*	/spɔṛt/
/ṛd/	» » *er du*	/ˈæːṛdʉ/
/ṛl/	» » *Karl*	/ka:ṛl/

Diphthongs

/æi/	as in *stein*	/stæin/
/æʉ/	» » *sau*	/sæʉ/
/øi/	» » *høy*	/høi/
/ai/	» » *kai*	/kai/
/ɔi/	» » *koie*	/ˇkɔiə/
/ʉi/	» » *huie*	/ˇhʉiə/

Special consonant symbols

/ʃ/	as in *vers*	/væʃ:/
/ç/	» » *Kjell*	/çel:/
/j/	» » *ja*	/ja:/
/ŋ/	» » *ting*	/tiŋ:/

Syllabic consonants

/-n·/	as in *annen*	/ˇa:-n·/
/-l·/	» » *ussel*	/ˇʉs:-l·/
/-r·/	» » *lærer*	/ˇlæ:-r·/
/-ṛn·/	» » *fjorden*	/ˇfjω:-ṛn·/
/-sn·/	» » *åsen*	/ˈɔ:-sn·/
/-dn·/	» » *skaden*	/ˇska:-dn·/
/-ln·/	» » *kulen*	/ˇkʉ:-ln·/
/-tn·/	» » *platen*	/ˇpla:-tn·/
/-tl·/	» » *mantel*	/ˈman-tl·/
/-dl·/	» » *mandel*	/ˈman-dl·/
/-sl·/	» » *esel*	/ˈe:-sl·/

Diacritic marks:

/ˈ/ Main stress in the syllable following and Single Tone as in *håpet* /ˈhɔ:pə/

/ˇ/ Main stress in the syllable following and Double Tone as in *smile* /ˇsmi:lə/

/ₗ/ Secondary stress in the syllable following as in *telefoninstallatør* /telə ˈfω:ninstalaₗtø·r/

/:/ Long sound preceding it (long vowel or long consonant) as in *mil* /mi:l/ or *mild* /mil:/

/·/ Half-long sound preceding it as in *annen* /ˇa:-n·/

/ .. / Retroflex consonant, i.e. normally a combination of *r* and a following consonant, as in /ba:ṛn/

13

HAMMERFEST

Reinsdyr

Oljerigg

TROMSØ

FINLAND

LOFOTEN

NARVIK

Elg

BODØ

SVERIGE

Fisk

Båt

TRONDHEIM

Bjørn

Troll

Fjell

Skog

BERGEN

Nisse

STAVANGER

OSLO

NORDSJØEN

KRISTIANSAND

Tankskip

14

Introduction

Norwegian in the family of languages

Norwegian belongs to the northern group of Germanic languages. It is very close to Swedish and Danish, so close that Norwegians have no real difficulty in understanding these languages or in making themselves understood to Swedes or Danes. Icelandic is also a North Germanic language, but is closer to Old Norse than to the present language of Norway. It is still very much the language taken to Iceland by Norwegian settlers a thousand years ago.

Students who already speak a Germanic language (such as for instance English, German or Dutch) will recognise a substantial part of the vocabulary in Norwegian, but will often discover that pronunciation of seemingly familiar words is quite different from what they are used to in their own language. In Norwegian, as in English, 'you call a spade a spade'. Only, the pronunciation is something like *spahda* — or, in real phonetic transcription: */'spa:də/*.

Norwegian and English

The phonetic difference between English and Norwegian was much less in older times. Norwegian Vikings who raided Britain a thousand years ago could actually make themselves understood, in their own language, to the Anglo-Saxon population. Large numbers of Danish and Norwegain Vikings settled in Britain and came to narrow the gap between English and Scandinavian languages even more, since they introduced into English a large number of specifically Scandinavian words. A great many of these words have survived in English till this day, and some of them belong to the most commonly used words in the language: *they, their, them, take, want, call, cast, flat, ill, loose, low, rotten, weak, wrong, sister, egg, window, both, same,* etc.

The alienation that gradually developed between Norwegian and English was chiefly due to the fact that English developed much faster than Norwegian phonetically and partly along different lines. In some respects modern Norwegian is not so very different from Middle Eng-

15

lish, the language of Chaucer, or English as it was before the great Vowel Shift of the 15th century and before the unstressed endings were eroded.

Students from Scotland and northern England will see that Norwegian has more similarities with their dialects than with ordinary Standard English. This is both because their dialects contain many old English pronunciations and because Norwegian Vikings settled in particularly large numbers in the northern parts of the British Isles and thus came to leave a particularly marked imprint on the vocabulary in those regions.

Relationship between some Norwegian and English vowel sounds

As Norwegian vowels have not not undergone any such radical changes as did their English counterparts during the 15th century and later, it follows that they are often quite similar to older English vowel sounds.

The modern English diphthongs /ai/, /au/ and /ei/ stem from earlier long *i, u,* and *a* respectively. In Norwegian, these old monophthongs have been retained, so there is a certain regular correspondence between modern English diphthongs and Norwegian monophthongs: –

Norwegian /i:/[1]):	**English** /ai/:
å[2]) like[3])	to like
å smile	to smile
å bite	to bite
is	ice
min	mine (or my)

Norwegian /ʉ:/[4]):	**English** /au/:
å skure	to scour
en ku	a cow
et hus	a house
ut	out
sur	sour

Norwegian /a:/[5]:	English /ei/:
å bake	to bake
å hate	to hate
en dal	a dale (a valley)
en spade	a spade
en rake	a rake

There are some other similarities, such as for instance Norwegian short /a/ corresponding to English /æ/: –

en mann	a man
et land[6]	a land (a country)
en katt	a cat
kan	can

or Norwegian *ei* (pronounced /æi/) corresponding to English /ou/: –

nei	no
deig	dough
en stein	a stone
en eik	an oak

There are also other correlations, but this comparison should not be pushed too far as there are numerous exceptions to all these rules of correspondence. However, the above list of words shows that Norwegian and English are clearly related languages.

[1] Pronounced like English *ea* in *eat*.
[2] Pronounced like English *awe*, but with more lip rounding.
[3] Final *e* pronounced /ə/.
[4] Quality between English *oo* (food) and French *u*.
[5] Pronounced like *a* in English *far*.
[6] Final *d* is silent after *n*.

The special language situation of Norway

The language situation of Norway is somewhat abnormal in the sense that there is not such a firm national standard of speech or writing as in most other countries. Quite often slightly different variants of the same word compete, and sometimes they may all be accepted as 'correct' Norwegian.

Broadly speaking, there is a *grassroots* rural language tradition and a *white-collar* urban trend. This has resulted in *two* different official standards of written Norwegian. The city variant, called **Bokmål** (Book Standard), is the dominant one of the two. The rural version, called **Nynorsk** (New Norwegian), is a minority norm with its stronghold in the rural West, but being taught in all secondary schools and used to some extent in the national media.

But it should be noted that there is also *an unofficial norm* of written Norwegian, known as **Riksmål** (General Standard). It grew up in the early postwar years when there was strong opposition to official language policies. These policies then involved «promoting the approach of the two written languages on the basis of the Norwegian folk language». In practice, this meant the banning, particularly in Bokmål, of hundreds of common word-forms that were not considered helpful for the amalgamation process that was then in hand. Instead of the many forms removed from official Bokmål a large number of forms from popular dialects were introduced.

Many people felt angry about this and a result of it was the new Riksmål norm, which is a very firm standard, modelled on the educated speech of the city population and the norm of leading writers. In a survey of language preferences in 1968 a solid 52 per cent of the interviewees said they preferred the suggested Riksmål norm to the two official versions (See p. 327).

This rather untenable situation, with about half the population feeling more sympathetic to an unofficial and 'illegal' written norm than to the official alternatives, continued up to 1981, when the Norwegian Storting changed official Bokmål and restored to full official status most of the 'forbidden' forms for which Riksmål people had fought.

The situation today is that the *moderate* Bokmål norm is more or less identical with Riksmål, but 'radical' or 'popular' Bokmål is still a far cry from the accepted norms of the cities.

The foreign learner should not be discouraged by all this talk about different standards. Seen from the outside the differences that have excited so much feeling among native Norwegians seem small indeed. Basically, the language is the same in all norms.

It will rarely be a question of not understanding the other variants that are in use. In fact, it is possible to make up whole sentences in which there is absolutely no difference between the three standards. It must also be realised that the dividing lines between the three norms, are far from clear-cut. There is a continuous mixing of variants in the written language. For a more detailed illustration of common variants of words see Appendices 2, 3 and 4 at the end of the book.

In *spoken* Norwegian there is one complicating factor in addition to the ones mentioned above, namely the fact that a large proportion of Norwegians speak their local dialect—even in an official or national context. The trend in recent years has been for people to stick to their local dialects even after moving out of the local environment. Opinion polls show that about half the population normally speak their local dialects, and these may differ considerably from the written standards.

What to do?—'When in Rome, do as the Romans do'. Foreigners will simply have to do what all Norwegians do daily, namely to some extent adapt their speech to the idiom of the people they speak to; and in the first round the foreigner will probably see that Norwegians more than willingly adapt their speech to the standard of the learner to ease the communication process.

Incidentally, it should be mentioned that in addition to the language described here there are two other languages spoken in Norway, particularly in Finnmark in the far north, namely the languages of the Samis and the Finns, the two main ethnic minorities in the Norwegian population. Sami (Lappish) and Finnish are interrelated, but both are totally different from the Norwegian language. They belong to the Finno-Ugrian group of languages, which also comprises Estonian and Hungarian.

The language of this course

The language of this course is a sort of neutral, standardised Norwegian that would be acceptable to the great majority of Norwegians. It could be called modern Riksmål or very moderate Bokmål. It is a compromise between the two, and controversial forms have been avoided. It is a slightly conservative standard, but it is thought that from the foreigner's point of view it is 'safer' to start from a somewhat conservative platform than a radical one.

The pronunciation standard chosen for this course is what could be called the normal pronunciation of speakers from Oslo and the surrounding areas. On some points this standard is different from the pronunciation used in other parts of the country, but not significantly.

Is Norwegian a difficult language?

So far as the basic grammar is concerned Norwegian is not a difficult language. Case endings of nouns have long since been done away with, as in English. Only genitive *s* remains. However, two (in some cases even three) genders of nouns have to be reckoned with, and this is certainly an added difficulty compared with English.

The verbal system is on the whole quite simple since only one form of the verb is used for all persons in the various tenses. In this respect simplification has gone even further than in English. On the other hand, several classes of weak verbs must be kept apart, and there are, of course, irregular verbs.

Syntax might cause a bit of trouble sometimes. The basic core of sentences is Subject–Predicate–Object, but the word order is quite often reversed (as in German and older English). Also, adverbs play a very important part in Norwegian sentences, and their place in the sentence varies, which might be a problem. Furthermore, Norwegian has a great many idioms, which it will take a long time to learn.

The Norwegian vocabulary should not present too much difficulty at the elementary stage, at least not for students who are familiar with other Germanic languages. In addition to its basic stock of Germanic words, Norwegian has also adopted a large number of 'international' words and a considerable amount of English, French, and German vocabulary.

What is probably most difficult in Norwegian is the pronunciation and intonation. Very few foreigners ever learn to speak the language with a degree of phonetic perfection so as to be taken for native speakers. Norwegian has some very special sounds, a distinctive (chiefly trochaic) rhythm, quite a peculiar intonation, and a unique feature of distinguishing between words by means of *tone*. Among western European languages only Swedish shares this quality with Norwegian. All Norwegian words are either *Single Tone* or *Double Tone*. Foreigners find it very difficult to distinguish between the two and tend to use Single Tone instead of Double Tone.

The conclusion must be that it is not very difficult to learn Norwegian as a means of communication, i.e. learn enough of it to understand Norwegian speakers and to make oneself understood to them. A fairly good reading knowledge is also within reach quite soon. However, to gain full mastery of the language is very difficult and takes a long time. It is, however, easier today than it is used to be because better teaching aids are available. The magnetic tape with accurate recordings of different native voices (which can be imitated interminably) means a great step forward, and so does the use of a phonetic transcription with symbols for sound, stress, and tone.

PRONUNCIATION

General advice

It is essential for students right from the start to try to get as close as possible to the native Norwegian sounds. If a wrong pronunciation is used at the initial stage, it will be very difficult to rectify later since it tends to be reinforced by repetition. Students must not think that they can use many sounds from their own language when speaking Norwegian. They must be prepared to start from scratch and realise that there is hardly a single sound in their own language that corresponds exactly to any sound in Norwegian. There are nearly always slight discrepancies, and the serious student must learn to discriminate.

The obvious way to acquire a good pronunciation is by mimicry, by imitating, without shyness, and with all one's senses open, the teacher's or the tape's speech. The emphasis to begin with should be on *listening* and *speaking* rather than on reading.

Pronunciation is generally very vigorous in Norwegian. Students must be prepared to use their lips and tongue very energetically. There is more protrusion and rounding of lips than in English. Several of the basic vowel sounds cannot be made without this 'pouting' of lips.

Long and short sounds

One very important feature of Norwegian speech is the difference between long and short sounds. All sounds appear in a long and a short version, and this applies to both vowels and consonants. In stressed syllables long sounds seem 'very long' and short sounds 'very short'. 'Long' and 'short' in this connection refer to the *time* it takes to articulate the sounds.

It is readily understood how vowels and consonants such as f, l, m, n, r, s, and v can be made long by lingering on them. But students often fail to realise how stop sounds such as b, d, g (hard g), k, p, and t can be made long. These sounds are long in the sense that there is a relatively long lapse of time from the closure of the relevant part of the organs of speech (lips, velum, etc.) until the final explosion occurs. A long p, for instance, can be said to consist of the following features: 1. closure of lips (and damming up of air stream), 2. pause, 3. sudden opening of lips and release of air stream. In a short p, as in English, stage 2 would be more or less missing, and stage 3 would be far less vigorous.

English speakers must take care not to diphthongise long vowels. Long *e* and *æ* are special difficulties. Nasalisation of vowels must also be avoided.

Some words for practice.

Note that all Norwegian stressed syllables are long. They contain either a long vowel sound or a long consonant. The general spelling rule (with some exceptions) is that a long vowel is followed by a single (short) consonant, and a short vowel by a double (long) consonant. A stressed final vowel is also long.

With some modification the symbols of the International Phonetic Alphabet are used here. A long sound is indicated by a colon after it, whereas only one dot after a letter indicates half length.

In the following list of words all Norwegian vowels occur (except the indefinite vowel /ə/ and diphthongs). Repeat these words several times after your teacher/tape and try to find the exact value of the sounds:

Norwegian word:	Phonetic transcription:	English translation:
fin	/fi:n/	fine
Finn	/fin:/	(Christian name)
pen	/pe:n/	pretty, handsome
penn	/pen:/	pen
her	/hæ:r/	here
Herr	/hær:/	Mr.
tak	/ta:k/	roof, ceiling
takk	/tak:/	thanks
Skjåk	/ʃɔ:k/	(place-name)
sjokk	/ʃɔk:/	shock
bok	/bɯ:k/	book
bukk	/bɯk:/	buck, billy-goat
gul	/gʉ:l/	yellow
gull	/gʉl:/	gold
syn	/sy:n/	sight
synd	/syn:/	sin
för	/fø:r/	before
förr	/før:/	forty

Description of vowel sounds

Long a /a:/

The sound is very similar to long *a* in English, as in the English words *far, car.*

Short a /a/

This sound has no counterpart in English. It is essentially the same sound as in the long variation, only pronounced very short and slightly more openly than long *a*. The real difficulty to an English speaker is to pronounce it sufficiently short.

Words for pronunciation practice:

Long a	**Short a**
tak (roof, ceiling)	takk (thanks)
mat (food)	matt (weak; matt)

hat (hate)	hatt (hat)
naken (naked)	nakken (the back of the neck)
hake (chin)	hakke (pick-axe, hoe)

Long e /e:/ (Occasionally spelt æ)

does not exist in standard English, but occurs in the Scottish pronunciation of *day* and *make*. The great difficulty to English speakers is to pronounce it as a monophthong. The pronunciation *ei* must be avoided. The quality is essentially that of *a* in the words *any* and *many*, but pronounced more tensely and protracted.

Short e /e/

corresponds fairly well to the short *e* in the English words *pen* and *let*.

Words for pronunciation practice:

Long e	Short e
pen (handsome)	penn (pen)
hel (whole)	hell (luck)
leke (to play)	lekke (to leak)
ren (clean)	renn (run, race)
lese (to read)	lesse (to load)

Long i /i:/

resembles English long *i* in such words as *see, leave, tree,* but is slightly tenser and closer than the English counterpart.

Short i /i/

is a good deal closer than the English short *i*. It is only a shorter and more relaxed version of the long *i*.

Words for pronunciation practice:

Long i	Short i
fin (fine)	Finn (Christian name)
svin (swine)	svinn (shrinking, loss)
bile (go by car)	bille (beetle)
sil (strainer, sieve)	sild (herring)
hvile (to rest)	ville (to want, be willing)

Long o /ω:/

This sound is a great problem to most foreigners, who tend to make it sound like English (or Continental) *u*. It is true that it has some resemblance to *oo* in the English words *cool* and *pool*, but its point of articulation is further back in the mouth and the lips are much more closely rounded and protruded than in the case of the English sound. It should be noted that the symbol chosen for this sound in the International Phonetic Alphabet is a kind of *w* /ω:/. And if you try to give a *w* full vowel sound and length, you will not be far from the correct sound. But the lips must be very tightly rounded and protruded.

Short o /ω/ (Spelt *o* or *u*)

is only a little less close than the long sound, but of course very much shorter.

Words for pronunciation practice:

Long o	Short o
bok (book)	bukk (buck, billy-goat)
dom (dome, cathedral)	dum (dumb, stupid) *(no double M)*
bone (to wax the floor)	bonde (farmer)
klok (wise)	klukk (cluck of a hen)
rope (to shout)	ropte (shouted)

Long u /ʉ:/

is a closer and more advanced sound than English *u*. The English variety that comes nearest to it is the *u* that appears after *j*, as in the words *music*, *cute*, but there must be no element of *j* in Norwegian. The lips are more rounded and protruded than in the English version.

Short u /ʉ/

is very much like the long version except for length. Make it very short.

Words for pronunciation practice:

Long u	Short u
gul (yellow)	gull (gold)
fugl (bird)	full (full, drunk)
sur (sour)	surr (buzz, whir)
mure (make a brick wall)	murre (to grumble)
pute (pillow)	putte (to put)

Long y /y:/

This sound does not exist in English, but it is really an *i* which is given lip rounding. Put your tongue in position to make *i* (as in *see* and *tree*) and then push your lips forward in a big pout.

Short y /y/

is a slightly more relaxed version than the long sound, otherwise the same except for length. Again, make it very short.

Words for pronunciation practice:

Long y	Short y
syn (sight)	synd (sin)
nyte (enjoy)	nytte (use)
hyle (howl)	hylle (shelf)
myra (the bog)	myrra (myrrh)
flyte (float, flow)	flytte (move)

Long æ /æ:/ (occurring mostly before *r* and sometimes spelt *e*)

resembles the English *æ*-sound in words like *glad*, *bag*, but it is different and therefore very difficult to make for English speakers. The sound is said with the mouth half open and the lips well spread.

Short æ /æ/ (occurring only before *r* and usually spelt *e*)

is pronounced very much like the above sound, but much shorter. It is also much shorter than English *æ* in *glad* and *bag*.

Words for pronunciation practice:

Long æ	Short æ
her (here)	Herr (Mr.)
være (to be)	verre (worse)
kjær (dear)	kjerr (brushwood, scrub)
lære (learn)	lærd (learned, adj.)

Long ø /ø:/

resembles somewhat the English sound in *stir*, *perk* and *fur*, but the Norwegian sound is articulated more forward in the mouth and with lips rounded and protruded (pouted).

Short ø /ø/

is slightly more open than the above sound and very much shorter.

Words for pronunciation practice:

Long ø	Short ø
før (before)	førr (forty)
søt (sweet)	søtt (sweet(ly))
søke (to seek)	søkke (sinker)
løken (the onion)	løkken (the loop, noose)
bøte (to mend)	bøtte (bucket)

Long å /ɔ:/ (Sometimes spelt *o*)

resembles the sound in English *awe*, *more*, *stall*, but there is more lip-rounding with the Norwegian sound, which is also pronounced in a tenser way. Its quality is not unlike the first element of the diphthong *ou* the way it is normally pronounced by Americans. But there is no element of diphthong in the Norwegian version.

Short å /ɔ/ (Usually spelt *o*)

is pronounced slightly more relaxed than the long version.

Words for pronunciation practice:

Long å	Short å
Skjåk (place-name)	sjokk (shock)
råk (hole or lane in ice)	rokk (spinning-wheel)
bråk (noise, din)	brokk (hernia, rupture)
sove (to sleep)	sovne (to fall asleep)
håpe (to hope)	hoppe (to jump)

The indefinite vowel /ə/

sometimes called the *neutral* vowel, which is used when *e* occurs after a stressed syllable (and sometimes before it).
Examples: be*tale* (pay), smil*e* (smile), bak*e* (bake), etc.

Diphthongs

Six diphthongs occur in Norwegian, but only three of them (*ei*, *øy*, *au*) are commonly used. *Ai* and *oi* occur in only a handful of words and the sixth, *ui*, only in one word.

In the Norwegian diphthongs the first element is comparatively short and the second element more prominent than in the English ones. However, the pronunciation varies a good deal with the stress that is accorded to them. The prominence and length of the second element increases with stress.

Below follows a list of all diphthongs with the pronunciation given:-

Spelling:	Pronunciation:	Keyword:	Translation:
ei (eg)	/æi/	stein	stone
øy (øg)	/øi/	øy	island
au (eu)	/æʉ/	sau	sheep
ai	/ai/	kai	quay
oi	/ɔi/	koie	hut
ui	/ʉi/	huie	holler

Some words for pronunciation practice:

ei:	øy:	au:	ai:
stein (stone)	øy (island)	sau (sheep)	kai (quay)
vei (road)	øye (eye)	tau (rope)	mai (May)
nei (no)	røyk (smoke)	flau (embarrassed)	hai (shark)
rein (reindeer)	tøy (cloth)	maur (ant)	mais (maize)
jeg (I)	gøy (fun)	pause (pause)	pai (pie)
meg (me)	døgn (24 hours)	saus (sauce)	svai (sway-backed)

Consonants

On the whole, Norwegian consonants are not significantly different from the English ones. That goes for such consonants as *b, p, d, t, g, k, m, n, s, f, j, h, ng* /ŋ/, *sh* /ʃ/ (in Norwegian spelt *skj, sj*)—but the stop sounds are more aspirated than the English ones when they occur after a short vowel. *Stopp* sounds very much like /stɔp:h/ and *egg* like /eg:h/.

The pronunciation of kj /ç/.

This sound is very much like the German *ch* in the words *ich, mich*, etc. It is not unlike the pronunciation that some English speakers give to *h* in the words *huge* and *human*.

The normal spelling is *kj*, but before *i*, *y* and *ei* only *k* is used. In a few words it is spelt *tj*.

The sound is actually a voiceless variant of *j*. It may therefore be helpful to keep the tongue in the position of *j* (*y* in the English word *year*) and blow breath out so that a fricative sound is made.

Words for practice:

kjære Kjell (dear Kjell) /ˈçæːrə ˈçelː/, **kjole** (dress) /ˈçωːlə/, **kirke** (church) /ˈçirkə/, **kinn** (cheek) /çinː/, **kyss** (kiss) /çysː/, **kylling** (chicken) /ˈçylːiŋ/.

The pronunciation of l

The normal Norwegian *l* is pronounced like the 'clear l' in English *like, laugh*. English speakers must try to avoid using the 'dark l' which occurs in the English words *well* and *full*. The tip of the tongue should be placed against the upper teethridge.

Words for practice:

vel (well) /velː/, **vil** (will) /vilː/, **full** (full) /fʉlː/, **falk** (falcon) /falk/, **fyldig** (chubby), /ˈfyldi/, **veldig** (very) /ˈveldi/, **alltid** (always) /ˈalti/.

Thick l

Foreigners going to eastern Norway are bound to get into touch with a very special variety of *l* which is heard in eastern dialects, and also in standard speech in the case of a few words. That is the so-called *thick l*. It sounds like something of a mixture of *l* and *r*, and in dialectal speech it is used for both these sounds in certain positions. It is articulated by curling the tongue upwards towards the hard palate, somewhat more vigorously than in the case of usual retroflex *l*, which it is very similar to. The following thick-l words could be said to be accepted in standard speech: *fæl* (disgusting), *tæl* (stamina), *Ola* (Christian name, signifying also the typical Norwegian, his full name being *Ola Nordmann*.)

The pronunciation of r.

The Norwegian r is normally a rolled tongue-tip kind of r which resembles the Scottish rolled r. However, in some western and southern dialects it is uvular, resembling the common French and German variety.

English speakers must take care to roll it properly before stressed vowels. In other positions it is usually weaker and may consist of only one flap or disappear altogether. An exception is the long r that occurs after a short stressed vowel. English and American speakers must work hard to avoid their version of r, which sounds very bad on the Norwegian ear.

Words for practice:

rik (rich) /ri:k/, **riktig** (right) /ˈrikti/, **rake** (rake) /ˈra:kə/, **bringe** (bring) /ˈbriŋ:ə/, **grave** (dig) /ˈgra:və/, **kråke** (crow) /ˈkrɔ:kə/, **tro** (believe) /trω:/, **vri** (twist) /vri:/, **rar** (strange) /ra:r/, **rør** (pipe, tube) /rø:r/, **sur** (sour) /sʉ:r/.

The pronunciation of v

Note that the Norwegian v is pronounced in a much more relaxed manner than the English counterpart. Also the unvoiced version (f) is pronounced much less vigorously in Norwegian than in English, but that is not such a noticeable feature as the lax pronunciation of v.

Retroflex consonants

Quite often in Norwegian an r combines with (is assimilated into) an ensuing consonant, thus forming a socalled retroflex (or supradental) sound. In conversational Eastern Norwegian this is the normal thing when r is followed by n, t, d, l or s or when n, t and l are preceded or followed by a retroflex sound. Such a sound is articulated by moving the tip of the tongue against the hard palate (curling the tongue up). In the case of retroflex s (rs) it becomes more or less identical with /ʃ/, so in this course it is represented thus. The other retroflex consonants are represented by dots being placed under the letters that combine or are modified, e. g. r̩n, r̩t, r̩d, ʃl̩, etc.

It is possible to pronounce the r separately before these consonants.

In some western and southern dialects, which have a uvular (guttural) pronunciation of r, this is the normal thing. Also some speakers who have the normal tongue-tip pronunciation of r, try to avoid the retroflex consonants for the sake of clarity, but in everyday speech this is unusual except in the case of some literary words.

Examples of words and word combinations with retroflex consonants:

norsk (Norwegian) /nɔʃk/, **vers** (verse) /væʃː/, **Lars** (Christian name) /laːʃ/, **han er stor** (he is big) /han æ'ʃtѡːr/, **jern** (iron) /jæːɽn/, **morn** (hallo) /mɔɽn/, **Arne** (first name) /'aːɽnə/, **han er norsk** (he is Norwegian) /han æɽ'nɔʃk/ **fort** (fast) /fѡɽt/, **stort** (big) /stѡːɽt/, **ert** (pea) /æɽt/, **han er tynn** (he is thin) /han æɽ'tynː/, **ferdig** (ready) /'fæːɽdi/, **verdi** (value) /væɽ'diː/, **er du gal** (are you crazy) /æɽ dʉ 'gaːl/, **har du bil** (have you a car) /haɽ dʉ 'biːl/, **perle** (pearl) /'pæːɽlə/, **Karl** (Christian name) /kaːɽl/, **ærlig** (honest) /'æːɽli/, **veien er lang** (the road is long) /'væiən æɽ 'laŋː/.

Examples of *n, t* and *l* becoming retroflex when preceding or following other retroflex sounds:

kanskje (perhaps) /'kaɽnʃə/, **gartner** (gardener) /'gaɽtnər/ **Arnt** (Christian name) /aːɽnt/, **forstå** (understand) /fɔ'ʃtɔː/ **Sortland** (place-name) /'sѡɽtlan/ **slå** (strike) /ʃlɔː/[1])

Syllabic consonants

A rather common phenomenon in Norwegian is the socalled syllabic consonants. They are variants of *n, l* and *r* (or the clusters *rn, sn, tn, dn, ln, tl, dl, nl, sl*). They have assimilated either a preceding or a following unstressed /ə/ (in the case of the clusters an intermediate /ə/), and have absorbed some of the sonority or vocalic colouring of /ə/. They are relatively long even though they occur only in unstressed positions. In the phonetic transcription here they are singled out by means of hyphens, and they are marked by one dot after them to indicate half length.

After a long vowel two similar consonants (one normal and the other syllabic) merge into one syllabic consonant (not /'viːn-n·/, but /'viː-n·/).

mannen (the man) /'manː-n·/, **vinen** (the wine) /'viː-n·/ **ussel** (wretched) /'ʉsː-l·/ **følelse** (feeling) /'føː-l·-sə/ **lærer** (teacher) /'læː-r·/, **murer** (bricklayer) /'mʉː-r·/

---

[1]) An *s* occurring before *l* at the beginning of a syllable is pronounced as /ʃ/ in eastern Norwegian. Some people also pronounce it like that at the end of a syllable (e.g. in the word *Oslo*), but this cannot be said to be generally accepted.

These pronunciations are normal in everyday speech, but if the foreign student finds them difficult, he may use the pronunciation with the unstressed e /ə/ audible. The e is heard in distinct speech.

Some consonant combinations with normal pronunciation

Spelling:	Position:	Pronunciation:	Word example:
ld	Final	/l/	kveld (evening) /kvel:/
nd	Final	/n/	sand (sand) /san:/
rd	Final	/r/	fjord (fjord) /fjω:r/
hv	Prevocalic	/v/	hva (what) /va:/
hj	Prevocalic	/j/	hjem (home) /jem:/
gj	Prevocalic	/j/	gjøre (do) /ˈjø:rə/
kj	Prevocalic	/ç/	kjære (dear) /ˈçæ:rə/
tj	Prevocalic	/ç/	tjue (twenty) /ˈçʉ:ə/
skj	Prevocalic	/ʃ/	skje (spoon) /ʃe:/
sj	Prevocalic	/ʃ/	sjø (sea) /ʃø:/
sk	Before i, y and ei	/ʃ/	ski (ski) /ʃi:/
ng	Postvocalic	/ŋ/	engelsk (English) /ˈeŋ:əlsk/
gn	Postvocalic	/ŋn/	Sogn /sɔŋn/
gn	After e and ø	/in/	regn (rain) /ræin/
nk	Postvocalic	/ŋk/	tank (tank) /taŋk/
rs	Postvocalic	/ʃ/	norsk (Norwegian) /nɔʃk/
sl	Initial	/ʃl/	slå (beat) /ʃlɔ:/

The Norwegian alphabet

The Norwegian alphabet consists of 29 letters, i. e. three letters more than the English alphabet. These three extra letters are æ, ö, å. Æ is not written as an a plus an e, as many foreigners tend to do, but as one letter. Ö may be written as an o with two dots above it or as an o with a slanted stroke across it (ø), but it should be noted that otherwise the letter has nothing to do with o. It is quite a different letter with a different pronunciation. Similarly, it must be remembered that the letter å has nothing to do with a. It is pronounced quite differently.

Some of the letters in the Norwegian alphabet may be more or less overlooked as they are not used in ordinary Norwegian words, only in some loan-words. These letters are *q, w, x, z,* and to a great extent also *c. Q* has in most cases been replaced by *k (qu* by *kv),w* by *v, x* by *ks, z* by *s* (Norwegian has no voiced pronunciation of *s*), and *c* by *s* or *k.*

Here follows the full alphabet with the pronunciation of its letters:-

a /a:/	k /kɔ:/	u /ʉ:/
b /be:/	l /el:/	v /ve:/
c /se:/	m /em:/	w /'dɔbəltve:/
d /de:/	n /en:/	x /eks/
e /e:/	o /ω:/	y /y:/
f /ef:/	p /pe:/	z /set:/
g /ge:/	q /kʉ:/	æ /æ:/
h /hɔ:/	r /ær:/	ö /ø:/
i /i:/	s /es:/	å /ɔ:/
j /jɔd:/ or /je:/	t /te:/	

Stress, Rhythm and Tone

The sentences quoted below follow the same trochaic rhythmic pattern:

heavy	light	heavy	light	heavy	light	heavy	light

Each of the sentences here contains four stressed, long syllables. Sometimes the syllables contain long vowels, sometimes long consonants, but the length of each syllable is very nearly the same.

In the phonetic transcription, stress is indicated by accent marks *before* the stressed syllable: a double accent (ˇ) for Double Tone and a single accent (ˊ) for Single Tone. Secondary stress is indicated by a single accent on the line before the syllable in question.

The actual melody of speech is indicated below the phonetic transcription. The basic Eastern Norwegian intonation is a 'rising' one, i.e. the stressed syllables are said on a relatively low note and the unstressed syllables following them are on a higher note. There is a kind of jump-up or glide-up in tone after each main stress.

The Single Tone starts on a fairly low note and then rises (—— ˙). The Double Tone starts at about medium pitch, then falls, and finally rises (⌣˙). In other words, the two Tones end in the same way but have different beginnings. The Tone system can only work when there are at least two syllables, i.e. when a stressed syllable is followed by an unstressed one.

Repeat these sentences after the teacher/tape and try to learn some of them by heart:-

Alle liker pene piker.
/ˈˈalːə ˈliːkər ˈˈpeːnə ˈˈpiːkər/

(Everybody likes pretty girls.)

Solen skinner hele dagen.
/ˈsɷːln· ˈʃinːər ˈˈheːlə ˈdaːgən/

(The sun is shining all day.)

Hvem er herre her i huset?
/ˈvemː ær ˈˈhærːə ˈhæːr i ˈhʉːsə/

(Who is master of this house?)

Du må takke pent for maten.
/ˈdʉː mɔ ˈˈtakːə ˈpeːnt fɔr ˈmaːtn̩/

(You must say a nice thankyou for the food.)

Jeg får sjokk, jeg tror jeg dåner.
/ˈjæi fɔr ˈʃɔkː jæ ˈtrɷːr jæ ˈˈdɔːnər/

(I'm getting a shock, I think I'm fainting.)

Kan du ikke lukke boken?
/ˈkanː dʉ ˈˈikːə ˈˈlʉkːə ˈbɷːkən/

(Can't you shut the book?)

Skynd deg, kom, det skyer over.
/ˈʃynː dæi ˈkɔmː de ˈˈʃyːər ˈɔːvər/

(Hurry up, come on, it's clouding over.)

Kjøp en øl og fire pølser!
/ˈçøːp en ˈølː ɔ ˈˈfiːrə ˈˈpølsər/

(Buy a beer and four sausages!)

Note. In rapid speech the above sentences would hardly be said with as many as four stress points. However, for the sake of practice, students should make all of them very clearly here.

A final word on stress

Stress plays an important part in Norwegian sentences. As shown above there are certain stress points in any sentence. Stress is used either to emphasise the importance of certain words or simply to obtain a rhythm agreeable to the Norwegian ear. As has been said before, the underlying ideal in Norwegian is generally a trochaic (heavy–light) rhythmic pattern. Stress is closely linked not only with rhythm, but also with intonation and the length of sounds. Only stressed words are given a special Tone colouring and full length. Thus a word may sound quite different according to whether it is under stress or not. The lexical pronunciation given for a word applies only when the word occurs under full stress.

In Norwegian, as in English, stress on one syllable affects the pronunciation of the neighbouring syllables, which become less clearly pronounced. However, it should be noted that vowel sounds in unstressed syllables are not 'reduced' to the same extent as in English. On the whole, Norwegian vowels retain their basic vowel quality even in unstressed positions, although they are pronounced in a more relaxed way. The only exception is *e,* which is generally reduced to /ə/ when it occurs after a stressed syllable, and sometimes also before. Note the different pronunciation of **America** in English and Norwegian.

English: /ə'merikə/. Norwegian: /a'me:rika/.

Some words for practice:

Amerika /a'me:rika/
Europa /æu'rω:pa/
Asia /'a:sia/
Afrika /'a:frika/
Australia /æu'stra:lia/

It is difficult to lay down hard and fast rules about which part of Norwegian words to stress. However, the general rule in words of Germanic origin is that the stress falls on the first syllable of the word:

aldri /˅aldri/ (never)
ikke /˅ik:ə/ (not)
derfor /'dærfɔr/ (therefore)
vindu /˅vindʉ/ (window)

blomsterbutikk /ˈblɔmstərbʉtik/ (flower-shop)
bokhandlermedhjelper /ˈbɯːkhandlərmedjelpər/ (bookshop assistant)

In loan-words of French, Latin or Greek origin the stress normally falls on the last or second-last syllable:

> **matematikk** /matəmaˈtik:/ (mathematics)
> **politikk** /pɯliˈtik:/ (politics)
> **litteratur** /litəraˈtʉːr/ (literature)
> **temperatur** /tempəraˈtʉːr/ (temperature)
> **telefon** /teləˈfɯːn/ (telephone)
> **diskusjon** /diskʉˈʃɯːn/ (discussion)
> **lojalitet** /lɔjaliˈteːt/ (loyalty)
> **elektrisitet** /elektrisiˈteːt/ (electricity)
> **student** /stʉˈdent/ (student)
> **elev** /eˈleːv/ (pupil)
> **barber** /barˈbeːr/ (barber)
> **kanal** /kaˈnaːl/ (channel, canal)
> **program** /prɯˈgram:/ (programme)
> **kamerat** /kaməˈraːt/ (comrade)
> **professor** /prɯˈfesːɯr/ (professor)
> **bagasje** /baˈgaːʃe/ (baggage, luggage)
> **kollega** /kɔˈleːga/ (colleague)
> **termometer** /tærmɯˈmeːtər/ (thermometer)
> **passere** /paˈseːrə/ (pass)

Use of phonetic transcription and accents in the book

The phonetic transcription shown and explained on the foregoing pages will be used to render the pronunciation of the full text of the first five dialogues of the book.

After the English translation of the whole text is dropped and word lists are introduced (as from Lesson 9) a new and simplified system of pronunciation marking is adopted. By means of only two accent marks the stress, tone and length of the various elements of words or parts of speech are indicated. In most cases this simple system is adequate to give the reader the necessary information of the pronunciation of words or phrases. But sometimes the system will be inadequate, and in those few cases a full phonetic transcription of the word or words will be given between slanted-stroke brackets /· · ·/.

In the simplified system (with the accent marks placed inside the word itself) the accents are used as follows:

The acute accent (') indicates Single Tone (See p. 33) and is placed *after* the stressed element of a word. If it is placed immediately after *a vowel* it means that that vowel should be *long* (and a possible consonant following it should be short). If the accent is placed after *a consonant* it means that that consonant is long (and the preceding vowel short). In other words, if there is no accent mark after a vowel or consonant, it should be pronounced short.

The grave accent (`) is used in the same way; the only difference being that it indicates Double Tone (See p. 33).

Examples:

skri´ver – The acute accent is placed after *i*. This means that the *i* is
(is writing) long, that the stress falls on the syllable before the accent
mark (skri) and that the word is said with Single Tone
(low on *skri* and then rising).

skri`ve – The grave accent is placed after *i*. This means that the *i* is
(write) long, that the stress falls on the syllable before the accent
mark (skri) and that the word is said with Double Tone
(falling on *skri* and then rising).

skriben´t – The acute accent is placed after *n*. This means that the *n* is
(writer) long (and the *e* before it consequently short), and the
stress falls on the syllable before the accent mark (ben).
Nothing can be said about Tone here since the stressed
syllable is not followed by any unstressed one. Whenever
this is the case the acute accent is used. It then only
signifies stress and length, not Tone.

The accent marks are also used to show juncture, i.e. when two letters are pronounced as one sound or separately. In the case of the diphthongs the accents would always be placed after the second letter of the diphthongs, indicating that the first vowel glides into the second one. But it is in the case of consonants that accent marks could be really helpful in conveying a message. Very often two written consonants really stand for only one sound. In the word *bønder* the *d* is silent. This is indicated by putting the accent mark after *d* (bønd´er). We should read this to mean that *nd* here is pronounced as a long *n*. Similarly, we should read *treng 'er* to mean that *ng* is pronounced as one long sound /ŋ:/. *Fort'* would mean that *rt* is pronounced as a retroflex *t*, *ogs'å* that *g* is silent, *vers'* that *rs* is pronounced as /ʃ:/, etc. Unfortunately, this message about consonants can only be conveyed when they appear in a stressed position after a short vowel.

1. Leksjon én
/lek'ʃω:n 'e:n/

Lesson one

Morn!

A: Morn!
/'mɔrn̩/

Good morning! (Hello!)

B: God dag!
/gω 'da:g/

Good day! (= How do you do,
Good morning, etc.)

A: Mitt navn er Per Hansen.
/mit 'navn ær 'pe:r 'han-sn·/

My name is Per Hansen.

(Polite) usr du

Hva er Deres[1] navn?
/'va: æɽ 'de:rəs navn/

What is your name?

B: Jeg heter Carl Smith.
/'jæiͺ he·tər 'ka:ɽ̩ 'smit:/

My name is (I'm called) Carl Smith.

Du

A: Er De[2] student?
/'æ:ɽ̩di stʉ'dent/

Are you a student?

B: Ja, jeg er student.
/'ja: jæ 'æ:ʃtʉ'dent/

Yes, I am a student.

A: Jeg er lærer.
/'jæi æ 'læ:-r·/

I'm a teacher.

Hva studerer De?
/va stʉ'de:-r· di/

What are you studying?

B: Jeg studerer norsk.
/jæ stʉ'de:-r· 'nɔʃk/

I'm studying Norwegian.

A: Hvem er det?
/'vem: æɽ 'de:/

Who's that?

B: Det er min forlovede.
/'de: æ min fɔɽ'lɔ:vədə/

That's my fiancée.

A: Hva er hennes navn?
/'va: ær 'hen:əs navn/

What's her name?

B: Hun heter Gro Bryne.
/hun hetər 'grɷ: 'bry:nə/

Her name is Gro Bryne.

A: Studerer hun også norsk?
/stʉ'de:-r· hʉn 'ɔs:ɔ nɔʃk/

Is she also studying Norwegian?

---

[1] *Deres* is the polite form. The familiar form here is *ditt*.

[2] *De* is the polite form. The familiar form is *du*. *Du* is becoming increasingly common today, even to strangers.

B: Nei, hun *er* norsk.
/'næi hʉn 'æ:ɽ̩n̩ɔʃk/

No, she *is* Norwegian.

A: Å jaså. Er hun det?
/ɔ ˅jas:ɔ ær hʉn 'de:/

Oh really. Is she?

Men hvem sitter der?
/men 'vem: sitəɽ 'ɖæ:r/

But who's sitting there?

B: Det er min venn.
/'de: æ min 'ven:/

That's my friend.

A: Hva heter han?
/'va: hetər 'han:/

What's his name?

B: Hans navn er Frank Hill.
/'hans navn ær 'fraŋk 'hil:/

His name is Frank Hill.

A: Å jaså. Forstår han norsk?
/ɔ ˅jas:ɔ fɔ'ʃtɔ:r han 'nɔʃk/

Oh, is that so? Does he understand Norwegian?

B: Nei, han forstår ikke norsk.
/'næi 'han: fɔ'ʃtɔ:r ikə 'nɔʃk/

No, he doesn't understand Norwegian.

Han snakker bare engelsk.
/'han: snakər ˅ba:rə 'eŋ:əlsk/

He speaks only English.

A: Hva studerer han?
/va stʉ'de:-r· han/

What's he studying?

B: Han studerer historie.
/han stʉ₁ de:-r· his'tʊ:riə/

He's studying history.

A: De snakker godt norsk.
/di snakər 'gɔt: 'nɔʃk/

You speak Norwegian well.

B: Takk for det!
/'tak: fɔɽ 'ɖe:/

Thank you (for that)!

en with adjective

A: Men Gro er vel en god lærer?　　But Gro is probably a good
   /men 'grω: ævel ən 'gω:　　teacher?
   ᵛlæ:-r· /

B: Ja, hun er det.　　Yes, she is.
   / 'ja: hʉn 'æ:ʈ 'ḍe:/

QUESTIONS AND ANSWERS
(Spørsmål og svar)

Hva er Deres (ditt) navn?　　Jeg heter Per Hansen.
Hva er hans navn?　　Han heter Ivar Holm.
Hva er hennes navn?　　Hun heter Anna Viker.

Hva heter De (du)?　　Mitt navn er Per Hansen.
Hva heter han?　　Hans navn er Ivar Holm.
Hva heter hun?　　Hennes navn er Anna Viker.

Er De (du) student?　　Nei, jeg er ikke student. Jeg er lærer.

Er han lærer?　　Nei, han er ikke lærer. Han er doktor.

Er hun doktor?　　Nei, hun er ikke doktor. Hun er professor.

Hvem er det?　　Det er min venn. Han heter Einar.
Hvem er det?　　Det er min venninne. Hun heter Elisabeth.

Er De (du) norsk?　　Nei, jeg er engelsk.
Er han engelsk?　　Nei, han er amerikansk.
Er hun amerikansk?　　Nei, hun er japansk.

Snakker Hansen japansk?　　Nei, han snakker bare norsk.
Snakker Elisabeth norsk?　　Nei, hun snakker bare engelsk.
Snakker Pierre engelsk?　　Nei, han snakker bare fransk.

Hvem sitter der?	Det er min venninne. Hun heter Anne.
Hvem står der?	Det er min venn. Han heter Petter.
Hvem kommer der?	Det er min far. Han heter Sverre.
Hvem går der?	Det er min mor. Hun heter Agnes.
Er din bror her?	Ja, han sitter der.
Er din søster her?	Ja, hun står der.
Er din far også her?	Nei, han er ikke her. Han er i Amerika.
Er din mor også her?	Nei, hun er ikke her. Hun er i England.
Hva studerer du?	Jeg studerer norsk og historie.
Hva studerer han?	Han studerer tysk og geografi.
Hva studerer hun?	Hun studerer biologi og matematikk.

Oral and written assignment

Answer the questions:

Hva er Deres navn?
Hva heter Deres far?
Er Deres mor her?
Hva studerer De?
Snakker De norsk?
Hvem er Deres lærer?
Hvem er president i Amerika?

Jeg heter Audrey.
Min far heter Angus
Ja hun sitter der
Jeg studerer Norsk
Nei, Jeg snakker bare Engelsk
Min lærer heter Anna
Bush er President i Amerika

Make suitable questions to the answers:

Grele heter Albert
Nei, jeg heter ikke Albert.

Hva studerer du
Han studerer fysikk og matematikk.

43

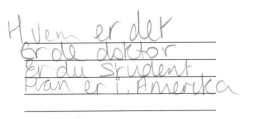

Hvem er det
Er de doktor
Er du student
Han er i Amerika

Det er min forlovede.
Ja, jeg er doktor.
Nei, hun er lærerinne.
Nei, han er i England.
Nei, jeg snakker fransk også.

Translate the following sentences into Norwegian:

I'm a student. I'm studying Norwegian and history. My teacher is called Hansen. He speaks Norwegian well. He is Norwegian. My mother is also a teacher. She is is not here. She is in America. She speaks English, French and German. I speak only English, but I understand German and French. My father is a doctor. He is also in America. His name is John Smith. My sister is in Paris. Her name is Margaret. She's studying French and mathematics.

GRAMMAR

Personal pronouns (singular)

jeg /jæi/ (I)
du /dʉ:/ (you – *familiar*)
De /di:/ (you – *polite)*
han /han:/ (he)
hun /hʉn:/ (she)
det /de:/ (it and *that)*

Possessive adjectives (singular)

min/mitt /min:/mit:/[1] (my)
din/ditt /din:/dit:/ (your – *fam.*)
Deres /ˈde:rəs/ (your – *formal*)
hans /hans/ (his)
hennes /ˈhen:əs/ (her)
dets /dets/ (its)

Verbs

Verbs normally have the *r*-ending in the present tense, and no distinction is made between simple tense and continuous tense (as in English *he sits* and *he is sitting*). In Norwegian *han sitter* means both.

The verb form is the same in all persons of a tense:
jeg sitter, du sitter, De sitter, han sitter, etc.

---

[1]*Min* (din) with common gender nouns. *Mitt* (ditt) with neuters.

Nouns

Note that nouns do not take any indefinite article when they denote profession, religion, class, category: *Han er lærer. Hun er katolikk*, etc. But when an adjective is used in connection with the noun, the article normally comes in: *Han er en god lærer. Hun er en liberal katolikk.*

Inverted word order in questions

Kommer han? Hva heter du? Snakker du ikke norsk?

Spelling and sound

Very often a vowel that is followed by two or more consonants, becomes short. Long *e* in *det* becomes short in the possessive form *dets*. The long *o* of *god* becomes short *å* in the neuter form *godt* and the long *å* of *og* becomes short *å* in the word *også* (normally pronounced *åsså*).

2. Leksjon to.

/lek'ʃω:n 'tω:/

Hvor er De fra?

A: Hvor er De fra?
/wωr 'æ:rḍi fra/

Where are you from?

B: Jeg er fra England.
/jæi ₁ æ:r fra ˅eŋlan/

I'm from England.

A: Å jaså, er De engelsk?
/ɔ ˅jas:ɔ/ ærḍi 'eŋ:əlsk/

Oh really. Are you English?

Er De fra London?
/ærḍi fra 'lɔndɔn/

Are you from London?

B: Nei, jeg er fra Kent.
/'næi/ jæi₁ æ:r fra 'kent/

No, I'm from Kent.

A: Er ikke det i Sør-England?
/'æ:rikə 'de: i ˅sø:reŋlan/

Isn't that in southern England?

B: Jo, det er litt sør for London.
/'jω:/ de ₁ æ:r ḷit 'sø:r fɔr 'ḷɔndɔn/

Yes, it's a bit south of London.

Eller sørøst.
/'el:ər sør'øst/

Or south-east.

Øst for Surrey
/'øst fɔr 'sør:i/

East of Surrey

og nord for Sussex.
/ɔ'nω:r fɔr 'søs:əks/

and north of Sussex.

A: Arbeider De der?
/'arbæidərḍi₁ dæ·r/

Do you work there?

B: Nei, jeg bare bor der.
/'næi/ jæ 'ba:re 'bɷ:ɽdær/

No, I only live there.

Jeg har mitt arbeid i London.
/jæ ˌha:r mit 'arbæid i 'lɔndɔn/

I have my work in London.

A: Reiser De til London hver dag da?
/'ᵛræisɔɽdi til 'londɔn 'væ:ɽ 'da:g da/

Do you travel to London every day then?

B: Ja, jeg biler inn hver dag.
/'ja: jæ 'ᵛbi:lɔrin 'væ:ɽ'da:g/

Yes, I go in by car every day.

A: Hva er Deres jobb i London?
/'va: æɽderɔs 'jɔb: i 'lɔndɔn/

What is your job in London?

B: Jeg er tannlege.
/jæiæɽ 'ᵛʈanˌle·gɔ/

I'm a dentist ('tooth doctor').

A: Hvor bor De her i Oslo?
/vɷr 'bɷ:ɽdi hær i 'ᵛɷslɷ/

Where do you live here in Oslo?

B: Jeg bor på Vinderen.
/jæ 'bɷ:r pɔ 'ᵛvin:ɔɽn̩/

I live at Vinderen.

A: De har ikke lang vei da.
/di 'ha:rikɔ 'laŋ: 'væi da/

You haven't got a long way (to go) then.

B: Nei, jeg har kort vei.
/'næi jæ har 'kɔɽʈ væi/

No. It's short.

A: Går De eller biler De?
/'gɔ:ɽdi elɔr 'ᵛbi:lɔɽdi/

Do you walk or go by car?

B: Jeg går eller sykler.
/jæ 'gɔ:r elɔr 'ᵛsyklɔr/

I walk or go by bicycle.

Jeg har ikke bil her.
/jæ 'ha:rikə 'bi:l hær/

I haven't got a car here.

A: Arbeider ikke Deres kone her?
/'arbæidərikə derəs ᵛkω:nə hær/

Doesn't your wife work here?

B: Jo, hun er kontordame her.
/'jω:/hun ær kωn'tω:rᵢda·mə hær/

Yes, she is an office worker here.

A: Og Deres barn?
/ɔ ᵢde:rəs 'ba:ṛn/

And your children?

B: De går på skole her.
/'di: gɔr pɔ ᵛskω:lə hær/

They go to school here.

A: Hvor?
/'vωr:/

Where?

B: Min datter går på Vinderen
/min ᵛdat:ər gɔr pɔ ᵛvin:əṛn/

My daughter goes to Vinderen (school).

og min sønn går på Slemdal.
/ɔ min 'søn: gɔr pɔ ᵛʃlemdal/

and my son goes to Slemdal (school).

A: Har dere leilighet eller hus?
/ᵢha·ṛderə ᵛlæiliᵢhe·t elər 'hʉ:s/

Have you got a flat or a house?

B: Vi har bare to rom og kjøkken.
/vi ᵢha:r ᵛba:rə 'tω: 'rωm: ɔ 'çøk:ən/

We have only two rooms and a kitchen.

48

Hun sykler og han går

SENTENCE PATTERNS AND DRILLS

Jeg er fra England.		I'm from England.	
Vi	Norge	We	Norway
Dere	Amerika	You	America
De	Tyskland	They	Germany

Er De fra London?		Are you from London?
hun	Oslo	she
han	Berlin	he
dere	Paris	you
de	Rom	they

Det er litt sør for London.		It's a little south of London.
nord	Oslo	north
øst	Drammen	east
vest	Trondheim	west

Arbeider De der?	Do you work there?
Bor	live
Studerer	study

Jeg har mitt arbeid i London.		I have my work in London.
kontor		office
hus	Kent	house
hjem		home
min jobb	London	job
min familie	Kent	family

Reiser De til London hver dag?	Do you travel to London every day:
Biler	go by car *en bil = car*
Sykler	cycle *sykkel = bike*
Går	walk

Jeg går eller sykler.		I walk or go by bike.	
sykler	biler	cycle	car
biler	busser	go by car	bus
busser	trikker	bus	tram (streetcar)

Jeg tar bussen — more common

Jeg har ikke bil.		I haven't got a car.	
Vi	hus	We	a house
Dere	leilighet	You	a flat (apartment)
De	radio	They	a radio

Oral and written assignment

Translate into Norwegian:

Where are you from? I'm from Drammen. Where is Drammen? Drammen is southwest of Oslo. Is your wife also from Drammen? No, she is from Eidsvoll. Is Eidsvoll a long way from Drammen? No, it is only a bit north of Oslo. Do you have a house or a flat in Drammen? We have only 2 rooms and a kitchen. Do you have children? Yes, we have two. Do they work? No, they go to school. Do you and your wife work in Drammen? My wife works there, but I work in Oslo. I go in by car every day, but my wife has a short way to go. She walks. What is her job? She is a saleswoman (ekspeditrise). What's your job? I'm a dentist.

GRAMMAR

Plural personal pronouns
vi /vi:/ (we)
dere /'de:rə/ (you)
de /di:/ (they)

Question words
hva /va:/ (what)
hvem /vem:/ (who)
hvor /vωr:/ (where)

Prepositions
fra /fra:/ (from) – Hvor er De fra? Jeg er fra England.
i /i:/ (in) – I England, i Norge, i Oslo, i London.
til /til:/ (to, till) – Fra Kent til London, fra 1 til 2.
på / pɔ:/ (at, on) – På Blindern, på Holmenkollen, på skole. *(another word for in)*
sør for /'sø:r fɔr/ (south of) – Sør for London.
nord for /'nω:rfɔr/ (north of) – Nord for Oslo.
øst for /'østfɔr/ (east of) – Øst for Drammen.
vest for /'vestfɔr/ (west of) – Vest for Trondheim.

Notes on the use of 'på'
English and Norwegian use of prepositions very often differs. In Norwegian *på* is often preferred when *in* is normal in English: *på (en) restaurant* (in a restaurant), *på kjøkkenet* (in the kitchen).

Another peculiarity should be noted
Norwegian uses *på* (sometimes *i*) even when motion is implied. This happens when one has the characteristic activity of a place in mind and not just the geographical idea of it. Note the difference in the following:
   Vi går på kino (We go to the pictures — to see films)
   Vi går til en kino (We go to a cinema — to the special building, maybe without going in)

Absence of indefinite article

Note again the absence of the indefinite article when something is referred to in a general sense, i. e. when the thing (or person) as such is meant and not a special specimen:

Han er tannlege. Hun er kontordame. Vi har ikke bil (radio, TV). De går på skole. Jeg går ofte på kino. Hun arbeider på kontor.

Difference between 'ja' and 'jo'

Ja is the affirmative answer to an affirmative question:
Bor De her? Ja. Har De bil? Ja. Arbeider De her? Ja.
Jo is the affirmative answer to a negative question:
Bor De ikke her? Jo. Har De ikke bil? Jo. Arbeider De ikke her? Jo.

Hva ser vi på bildet?

Her er et bilde av et rom.
/'hæ:r ær ət ˅bildə av ət 'rω m:/

Here is a picture of a room.

Hva ser vi på bildet?
/va 'se:r vi pɔ ˅bildə/

What do we see in the picture?

Vi ser en dame, en mann,
/vi ser ən ˅da:mə /ən 'man:/

We see a lady, a man,

en gutt og en pike.
/ən 'gʉt: ɔ ən ˅pi:kə/

a boy and a girl.

Det er familien Jensen –
/de ær fa'mi:liən 'jen-sn·/

It is the Jensen family —

mor og far med datter og sønn.
/'mω:r ɔ 'fa:r me ˅dat:ər ɔ 'søn:/

mother and father with daughter
and son.

53

Det er en norsk familie.　　　　　　　It is a Norwegian family.
/de ˈæːr ən ˈnɔʃk fa ˈmiːliə/

Moren er husmor,　　　　　　　　　The mother is a housewife,
/ˈmɷːrn̩ ær ˈhʉːsmɷ·r/

faren er arkitekt,　　　　　　　　　the father is an architect,
/ˈfaː-rn̩ ær arki ˈtekt/

datteren er kontordame　　　　　　the daughter is an office-girl
/ˈdatːərən ær kɷn ˈtɷːrda·mə/

og sønnen er skole-elev.　　　　　　and the son is a schoolboy.
/ɔ ˈsønː-n· ær ˈskɷːlə e ˈleːv/

Hva gjør de?　　　　　　　　　　　What are they doing?
/va ˈjøːrḍi/

Jensen sitter i en stol　　　　　　Mr. Jensen is sitting in a chair
/jen-sn· ˈsitːər i ən ˈstɷːl/

og ser på en tegning av et hus.　　looking at a drawing of a house.
/ɔ ˈseːr pɔ ən ˈtæiniŋ av ət ˈhʉːs/

Fru Jensen står ved vinduet　　　Mrs. Jensen is standing at the
/ˈfrʉː ˈjen-sn stɔr ve ˈvindʉə/　　window.

og vanner en potteplante.　　　　watering a potted plant.
/ɔ ˈvanːər ən ˈpɔtːəplantə/

Hun har en mugge i hånden.　　She has a jug in her hand.
/hʉn har ən ˈmʉgːə i ˈhɔnː-n·/

Datteren Inger går over gulvet　　The daughter Inger is walking
/ˈdatːərən ˈiŋːər ˈgɔːr ɔvər ˈgʉlvə/　across the floor.

mot døren.　　　　　　　　　towards the door.
/mɷt ˈdøːrn̩·/ (ˈdøːrən)

54

Hun er på vei ut.
/hʉn ˈæːr pɔ ˈvæi ˈʉːt/

She is on her way out.

Hun har en veske under armen.
/hʉn ˈhaːr ən ˈveskə ʉnər ˈarmən/

She's got a bag under her arm.

Sønnen Per sitter på en stol
/ˈsønː-n· ˈpeːr ˈsitːər pɔ ən ˈstωːl/

The son Per is sitting on a chair

ved et bord foran vinduet
/ˈveː ət ˈbωːr fɔran ˈvindʉə/

at a table in front of the window

og leser og skriver.
/ɔ ˈleːsər ɔ ˈskriːvər/

reading and writing.

Han har en bok og et hefte på
bordet
/han ˈhaːr ən ˈbωːk ɔ ət ˈheftə pɔ
ˈbωːrə/

He has a book and a notebook on
the table

og en penn i hånden.
/ɔ ən ˈpenː i ˈhɔnː-n·/

and a pen in his hand.

Hunden Tass ligger på sofaen.
/ˈhʉnː-n· ˈtasː ˈligːər pɔ ˈsωːfan/

Tass, the dog, is lying on the sofa.

Den er trett etter dagens lek.
/den ær ˈtretː etər ˈdaːgəns ˈleːk/

It is tired after the day's play.

Hva ser vi mer?
/ˈvaː ser vi ˈmeːr/

What do we see more?

Vi ser et bilde på veggen.
/vi ˈseːr ət ˈbildə pɔ ˈvegːən/

We see a picture on the wall.

Det er et maleri.
/de ˈæːr et malə ˈriː/

It is a painting.

Vi ser et teppe på gulvet.	We see a carpet on the floor.
/vi 'se:r ət ˅tep:ə pɔ 'gʉlvə/	
Det ligger midt på gulvet.	It lies in the middle of the floor.
/de 'lig:ər 'mit: pɔ 'gʉlvə/	
Vi ser en lampe over bordet.	We see a lamp above the table.
/vi 'se:r ən ˅lampə ɔvər 'bω:rə/	
Den henger fra taket.	It hangs from the ceiling.
/den 'heŋ:ər fra 'ta:kə/	
Vi ser også en elektrisk ovn	We also see an electric heater
/vi 'se:r 'ɔs:ɔ ən e'lektrisk 'ɔvn/	
på veggen.	on the wall.
/pɔ 'veg:ən/	
Den er under vinduet.	It is under the window.
/den ær 'un:ər ˅vindʉə/	

A proverb (Et ordspråk)

● **En mann er en mann, og et ord er et ord.**
(A man is as good as his word.)

SUBSTITUTION DRILLS

Sentence pattern	**Substitution words**
Vi ser en familie på bildet.	en dame og en mann, en gutt og en pike.
Det er familien Jensen.	datteren Inger, sønnen Per, herr og fru Jensen.
Jensen sitter i en stol.	Fru Jensen . . ved et vindu, hunden Tass . . på en sofa.

Fru Jensen står ved vinduet.	Jensen . . . i stolen, Per . . . ved bordet, Inger . . . over gulvet, Tass . . . på sofaen, lampen . . . fra taket, teppet . . . på gulvet, bildet . . . på veggen.
Fru Jensen har en mugge i hånden.	Inger . . . en veske . . . armen, Per . . . en bok . . . bordet.
Per sitter og leser.	. . . og skriver, . . . og arbeider.

QUESTIONS AND ANSWERS ACCORDING TO PATTERNS

(To be done after the previous section has been studied carefully and rehearsed in conversation.)

Example: Hvem sitter i stolen?   **Answer: Det er faren.**

Hvem går over gulvet?   _Det er faren_

Hvem sitter ved bordet?   _Det er sonnen_

Hvem står ved vinduet?   _Det er Moren_

Hvem går mot døren?   _Det er datteren_

Hva ligger på sofaen?   _Det er hunen Tasse_

Hva er under vinduet?   _Det er elekrisk ovn_

Example: Hva ser faren på?   **Answer: Han ser på en tegning.**

Hva ser moren på?   _____ en plante.

Hva sitter sønnen ved?   _Han sitter_ _____ et bord.

57

Hva sitter sønnen på?   _Han sitter på_ en stol.

Hva leser sønnen i?   _Han lesser i_ en bok.

Hva går datteren over?   _Hun går over_ et teppe.

Hva står moren ved?   _Hun står ved_ et vindu.

Hva ligger hunden på?   _Han ligger på_ en sofa.

⟨floor⟩

Example: Går faren over gulvet?   **Answer: Nei, han sitter i stolen.**

Sitter moren i stolen?   _Nei, Hun står ved vindu_

Ligger sønnen på sofaen?   _Nei, Han sitter på stolen_

Står datteren ved vinduet?   _Nei, Hun går over gulve_

Ligger hunden på gulvet?   _Nei Nei, Han ligger på sofa_

Henger bildet over bordet?   _Det henger på veggen_

Ligger teppet på bordet?   _Nei Det ligger på gulvet_

Henger lampen i vinduet?   _Nei Det henger over bordet_

Example: Hva har faren i hånden?   **Answer: En tegning.**

Hva har moren i hånden?   _En mugge._

Hva har datteren under armen?   _En veske_

Hva har sønnen i hånden?   _____

Hva har sønnen på bordet?   _____

Example: Hva sitter faren i?   **Answer: Han sitter i stolen.**

Hva står moren ved?   _____ vinduet.

Hva ligger teppet på?   _____ gulvet.

Hva går datteren mot?	_____ døren.
Hva henger bildet på?	*Der henger på* veggen.
Hva henger lampen over?	*Der henger over* bordet.
Hva ligger boken og heftet på?	*Det ligger på* bordet.

Plural

Example: Hvor sitter faren? — **Answer: Han sitter i stolen.**

Hvor står moren?	*Hun står ved vinduet*
Hvor går datteren?	*Hun går over gulvet*
Hvor ligger teppet?	*Det ligger på gulvet*
Hvor sitter sønnen?	*Han sitter på en stol*
Hvor henger lampen?	*Det henger over bordet*
Hvor henger bildet?	*Den henger på veggen*
Hvor er ovnen?	*Den* _____
Hvor ligger boken og heftet?	*De ligger på bordet*

Written assignment (Skriftlig oppgave)

Translate into Norwegian:
I have a room in town (i byen). I live there with (sammen med) a friend.
It is a cosy (koselig) room with a carpet on the floor and a bed (en seng),
a sofa, a table, etc. There is only one (én) bed but my friend lies on the
sofa. We have a flower (en blomst) in the window and a picture over the
bed. It is a drawing of a landscape (et landskap). The table stands in the
middle of the floor and there is a chair on each side (på hver side) of it.
We have one lamp on the table and one over the sofa. We sit at the table
reading or only talking (See p. 55) after the day's work.

59

GRAMMAR
Nouns

Gender and indefinite and definite forms singular

Norwegian nouns originally had three genders (masculine, feminine, and neuter). In popular or colloquial speech (and in Nynorsk) all three genders are still used, but in formal speech, and in most Riksmål literature, feminine nouns normally appear with masculine articles and are not distinguishable from masculine nouns. This simplifies matters for foreigners, who, at least at the elementary stage, need not bother about more than two genders: *common gender* (*en*-words — comprising masculine and feminine nouns) and *neuter gender* (*et*-words).

In Scandinavian languages the definite form of nouns is formed by endings and not by a definite article placed before the noun. In common and neuter the indefinite and definite articles are identical, so it is only their position in relation to the noun that decides their function (Indefinite: *en* mann, *et* hus / Definite: mann*en*, hus*et*). Note, however, that the *t* of the definite neuter article is silent: huset /ˈhʉːsə/. Only when a genitive *s* is added is the *t* pronounced: husets datter /ˈhʉːsəts ˈdatːər/.

When the noun itself has the ending -*e* only -*n* and -*t* are added in the definite forms: en lampe, lampen, et bilde, bildet.

Indefinite form		Definite form	
en mann	(a man)	mannen	(the man)
en gutt	(a boy)	gutten	(the boy)
et hus	(a house)	huset	(the house)
et glass	(a glass)	glasset	(the glass)
en lampe	(a lamp)	lampen	(the lamp)
et bilde	(a picture)	bildet	(the picture)

The great difficulty for foreigners is to know when a noun is common gender or neuter. Rules about this are very complicated and with many exceptions, so the best that can be said is maybe that *en*-nouns are in great majority. The general rule, however, is that words for living creatures, plants, features of topography and nature, as well as time and tools are common gender. Words for substances, lifeless things and collectives are often neuter. Gender is also associated with certain endings. However, the student will mostly have to learn this the hard way, by constant imitation and practice.

Some neuter endings

-ek: et diskotek, **-em**: et problem, **-eri**: et maleri, **-eum**: et museum, **-gram**: et program, **-ium**: et laboratorium, **-iv**: et lokomotiv, **-meter**: (of measuring instruments) et termometer, **-mål**: et spørsmål, **-skap**: et vennskap (friendship), **-ti**: et demokrati, **-um**: et faktum (a fact).

The genitive

The genitive is formed by adding *s* (without any apostrophe) to the noun: *Jensens datter, familiens hund,* etc.

As in English the genitive can also be formed by prepositions, usually by the preposition *til: datteren til Jensen, hunden til familien,* but also other prepositions: *Universitetet i Oslo* (the University of Oslo), *fasaden på huset, eieren av hunden* (the owner of the dog).

The difference between 'det' and 'den'

Norwegian has two words corresponding to English *it. Det* is neuter and therefore refers to neuter nouns denoting things (ideas, etc.) In addition it is used like English *it* in a neutral general sense: *det er min venn* (it is my friend), *det regner* (it is raining). *Den* is common gender and refers to common gender nouns denoting things, ideas, etc. For a male person *han* is used, for a female person *hun. Han* and *hun* are also used for personified animals.

In a few cases *det* and *den* can refer to persons, i. e. when they replace neuter and common gender words for persons that have no association of sex in them:

Mennesket (Man) er intelligent. *Det* kan tenke (think).
Barnet er bare ett år. *Det* kan ikke gå.
Familien er i Oslo. *Den* bor der (lives there).
Klubben (the club) skal reise til Amerika. *Den* reiser i januar.

På universitetet

Her er et bilde av et seminarrom */ˈhæ:r ær ət ˅bildə av ət* *semiˈna:rωm/*	Here is a picture of a seminar room
eller et auditorium. */ˈel:ər ət æɥdiˈtω:riɥm/*	or a lecture theatre.
Vi ser mange bord, */vi ˈse:r ˅maŋ:ə ˈbω:r/*	We see many tables,
mange stoler, */˅maŋ:ə ˅stω:lər/*	many chairs,
og ikke så få studenter. */ɔ ˅ik:ə sɔ ˈfɔ: stɥˈdentər/*	and not so few students.

Vi ser tre vinduer med gardiner,
/vi ser 'tre: 'vindʉər mə gaṛ'ḍi:nər/

We see three windows with curtains,

og to dører.
/ɔ 'tʍ: 'dø:rər ('dø:-r·)/

and two doors.

Bak lærerens plass
/'ba:k 'læ:rərəns 'plas:/

Behind the teacher's place

ser vi en tavle – med svamp,
/'se:r vi ən 'tavlə me 'svamp/

we see a blackboard — with a sponge,

kritt og pekestokk.
/'krit: ɔ 'pe:kəstɔk/

chalk and a pointer.

Gjennom vinduene
/'jen:ɔm 'vindʉənə/

Through the windows

ser vi mennesker, biler,
/ser vi 'men:əskər 'bi:lər/

we see people, cars

sykler og trær.
/'syklər ɔ 'træ:r·/

bicycles and trees.

Studentene har bøker
/stʉ'dentənə har 'bø:kər/

The students have books

og notathefter på bordene.
/ɔ nʍ'ta:theftər pɔ 'bʍ:rənə/

and notebooks on the tables.

De leser i bøkene
/di 'le:sər i 'bø:kənə/

They are reading from the books

og skriver i notatheftene.
/ɔ 'skri:vər i nʍ'ta:thef-tn·-ə/

and writing in the notebooks.

Noen sitter bare og lytter,
/'nʍ:ən sitər 'ba:rə ɔ 'lyt:ər/

Some are only listening,

men mange gjør notater i heftene.
/men ˈmaŋːə jøṛ ˌnotaːtər i ˈhef-
tn··ə/

but many are making notes in their books.

En student skriver ofte flere tusen ord
/en stʉˈdent ˈskriːvər ˈɔftə ˈfleːrə
ˈtʉːˌsn· ˈʷoːr/

A student often writes several thousand words

i løpet av en forelesning,
/i ˈløːpə(t) av ən ˈfɔːrəˌleːsniŋ/

in the course of a lecture,

og han går på to, tre eller fire
/ɔ han ˈgɔːr pɔ ˈtʷoː/ ˈtreː elər
ˈfiːrə/

and he goes to two, three or four

forelesninger pr. dag.
/ˈfɔːrəˌleːsniŋər pæṛˈḍaːg/

lectures per day.

Noen ganger går studentene
/ˈnʷoːən gaŋər ˌgɔːr stʉˈden-
tn··ə/

Sometimes the students go

på seminarøvelser
/pɔ semiˈnaːr ˌøːvəlsər/

to seminar classes

hvor de diskuterer problemer
/vʷoṛḍi diskʉˈteːrər prʷobˈleːmər/

where they discuss problems

og løser oppgaver
/ɔ ˈløːsər ˈɔpˌgaːvər/

and solve assignments

istedenfor bare å lytte til lærerne.
/iˈsteːdnfɔr ˈbaːrə ɔˈlytːə til
ˈlæːrəṛṇə/

instead of only listening to the teachers.

Det er mange auditorier
/de ær ˈmaŋːə æʉdiˈtʷoːriər/

There are many lecture-halls

og seminarrom på universitetet.
/ɔ semiˈnaːrʊm pɔ ʉnivæʃiˈteːtə/

and seminar rooms at the university.

Og det er laboratorier
/ɔ de ˌæːr labʊraˈtʊːriər/

And there are laboratories

med mye utstyr og mange instrumenter.
/me ˅myːə ˅ʉːtstyːr ɔ ˅maŋːə instrʉˈmentər/

with much equipment and many instruments.

I språklaboratoriene
/i ˅sprɔːklabʊraˌtʊːriənə/

In the language laboratories

er det lydbåndspillere
/æṛɖə ˅lyːdbɔnˌspilːərə/

there are tape recorders

med mikrofoner og høretelefoner.
/me mikrʊˈfʊːnər ɔ ˅høːrəteləˌfʊːnər/

with microphones and earphones.

Noen laboratorier har kanskje
/˅nʊːən labʊraˈtʊːriər har ˌkaṛnʃə/

Some laboratories have maybe

tyve, tredve, førti eller femti
/˅tyːvə/˅trædvə/ˈførti elər ˅femti/

twenty, thirty, forty or fifty

elevplasser,
/eˈleːvˌplasːər/

student booths (places),

mens andre er små
/mens ˅andrə æˈʃmɔː/

while others are small

med bare fem, seks, syv, åtte,
/me barə ˈfemː/ˈseks/ˈsyːv/˅ɔtːə/

with only five, six, seven, eight,

ni eller ti plasser.
/ˈniː eləṛ ˈʈiː ˅plasːər/

nine or ten seats.

I språklaboratoriene er det
/i 'sprɔ:klabʊraᵢ tʊ:riənə ærɖə/

In the language laboratories there are

flere hundre lydbånd.
/ᵢ fle:rə ᵛhʉndrə ᵛly:dbɔn/

several hundred tapes.

Det er programmer på mange språk:
/de ær prʊ'gram:ər pɔ ᵛmaɲ:ə 'sprɔ:k/

There are programmes in many languages:

norsk, tysk, engelsk, fransk, spansk,
/'nɔʃk/'tysk/'eɲ:əlsk/'fransk/ 'spansk/

Norwegian, German, English, French, Spanish,

italiensk, russisk, kinesisk
/itali'e:nsk/'rʉs:isk/çi'ne:sisk/

Italian, Russian, Chinese

og så videre.
/ɔ sɔ ᵛvi:dərə/

and so on.

SUBSTITUTION DRILLS
(Substitusjonsøvelser)

Sentence pattern
(Setningsmønster)

Substitution words
(Substitusjonsord)

Vi ser mange bord.

stoler, skap (cupboards), bøker.

Gjennom vinduene ser vi mennesker.

biler, sykler, trær.

Studentene har bøker på bordene.

notater i heftene,
vesker under stolene,
penner i hendene (hands).

De leser i bøkene.	skriver i heftene, lytter til lærerne, sitter på stolene.
Studentene går på mange forelesninger.	på mange seminarøvelser, i mange auditorier, i mange seminarrom.
De diskuterer problemer.	løser oppgaver, gjør notater, studerer bøker.
I språklaboratoriene er det mange lydbånd.	elevplasser, skap, lydbåndspillere.

QUESTIONS AND ANSWERS ACCORDING TO PATTERNS
Hvor mange? (How many?)

Eksempel: Hvor mange stoler ser vi?   Svar: Vi ser ti stoler.

Hvor mange studenter ser vi?	ni	_____
Hvor mange bord ser vi?	åtte	_____
Hvor mange bøker ser vi?	syv	_____
Hvor mange biler ser vi?	seks	_____
Hvor mange sykler ser vi?	fem	_____
Hvor mange trær ser vi?	fire	_____
Hvor mange vinduer ser vi?	tre	_____
Hvor mange skap ser vi?	to	_____

Eksempel: Hvor mange penner har du?   **Svar: Jeg har bare én penn, men han har to penner.**

Hvor mange biler har du?   ____én_____ to _____

Hvor mange sykler har du?   ____én_____ tre_____

Hvor mange barn har du?   ____ett_____ fire _____

Hvor mange rom har du?   ____ett_____ to _____

Hvor mange stoler har du?   ____én_____ fem _____

Hvor mange bord har du?   ____ett_____ seks_____

Hvor mange skap har du?   ____ett_____ fire _____

Hvor mange tepper har du?   ____ett_____ fem _____

Hvor?

Eksempel: Hvor sitter studentene?   **Svar: De sitter på stolene.**

Hvor ligger bøkene?   _____på bordene.

Hvor henger gardinene?   _____ ved vinduene

Hvor ligger veskene?   _____ under stolene.

Hvor står bilene?   _____ på parkeringsplassene.

Hvor står syklene?   __ foran bygningene (buildings).

Hvor ligger lydbåndene?   _____ i skapene.

Hvor er instrumentene?   _ _____ i laboratoriene.

Hvor står trærne?   _____ i parkene. (in the parks)

Hva?

Eksempel: Hva har studentene på bordene?   Svar: De har bøker på bordene.

Hva har studentene under stolene?   ____vesker _____

Hva har studentene i heftene?   ____ notater _____

Hva har studentene i veskene?   ____ bøker _____

Hva har studentene i hendene?   ____ penner _____

Hva har studentene på lydbåndspillerne?   ____ lydbånd _____

Skriftlig oppgave
(Written assignment)

Write a description of life at the university (or a school), using as many nouns as possible in the indefinite and definite forms of the singular and plural. Call it «Livet på universitetet» (skolen).

GRAMMAR
(Grammatikk)

Survey of nouns

The normal ending in the indefinite plural is *-er* and *-ene* in the definite form: –

en gutt (a boy)   *gutten* (the boy)   *gutter* (boys)   *guttene* (the boys)
et problem   problemet   problemer   problemene

69

But monosyllabic neuter nouns usually do not get any ending in the indefinite plural: – (This also goes for compounds with them)

et bord	bordet	bord	bordene
et lydbånd	lydbåndet	lydbånd	lydbåndene

Words ending in an unstressed -e add -r and -ne in the plural: –

en lampe	lampen	lamper	lampene
et bilde	bildet	bilder	bildene

Agent nouns and nationality nouns with the ending -er take -e and -ne:-

en lærer	læreren	lærere	lærerne
en amerikaner	amerikaneren	amerikanere	amerikanerne

Other -er- nouns add -e in the indefinite plural and -ene in the definite, but lose the e before r. If they have a double consonant in their stem, this is reduced to single:-

et orkester	orkesteret	orkestre	orkestrene
en sommer	sommeren	somre	somrene

Words ending in -el lose the e before l in the plural forms and if they contain a double consonant, it is reduced to single in the plural:

et eksempel	eksempelet	eksempler	eksemplene
en sykkel	sykkelen	sykler	syklene

A word with the Latin ending -ium (or -eum) loses the syllable um in all inflected forms: – (Exceptions in words for materials)

et auditorium	auditoriet	auditorier	auditoriene
et museum	museet	museer	museene

Some nouns change their vowel in the plural and also have other irregularities:-

en mann	mannen	menn	mennene
en hånd	hånden	hender	hendene
en bok	boken	bøker	bøkene
et tre	treet	trær	trærne

For further details see p. 206.

Compound nouns

Norwegian uses compound nouns to a very great extent, and it should be noted that they are nearly always written completely together without any hyphens. The result may sometimes be some very long words since as many as four and five words may be compounded into one: **bokhandlermedhjelperlønn** = bookshop assistant salary. The gender of the compound nouns is always the same as the last noun in the compound.

Noun + noun	**Noun + s + noun**	**Noun + e + noun**
en elevplass	en universitetslærer	en sønnesønn (a grandson)
et seminarrom	et neutrumsord	en hundevenn (a dog friend)

Verb + noun	**Adjective + noun**	**Adverb + noun**
en sitteplass	en storkar (a big shot)	et uthus (an outhouse)
en høretelefon	et lavland (a lowland)	en medgift (a dowry)

Cardinal numbers
(Grunntall)

0 – null /nʉl:/

1 – én /e:n/ (neuter: ett /et:/)
2 – to /tω:/
3 – tre /tre:/
4 – fire /ˈfi:rə/
5 – fem /fem:/
6 – seks /seks/
7 – syv /sy:v/
8 – åtte /ˈɔt:ə/
9 – ni /ni:/
10 – ti /ti:/

11 – elleve /ˈelvə/
12 – tolv /tɔl:/
13 – tretten /ˈtre-tn·/
14 – fjorten /ˈfjωr̪-tn·/
15 – femten /ˈfem-tn·/

16 – seksten /ˈsæi-stn·/
17 – sytten /ˈsø-tn·/
18 – atten /ˈa-tn·/
19 – nitten /ˈni-tn·/
20 – tyve /ˈty:və/

21 – énogtyve
22 – toogtyve
23 – treogtyve
24 – fireogtyve
25 – femogtyve
26 – seksogtyve
27 – syvogtyve
28 – åtteogtyve
29 – niogtyve
30 – tredve /ˈtrædvə/

40 – førti (or førr)
50 – femti
60 – seksti
70 – sytti /'søt:i/
80 – åtti
90 – nitti
100 – hundre (or: ett hundre)
1 000 – tusen (or: ett tusen)
1 000 000 – en million
1 000 000 000 – en milliard

The official way of counting, with digits 1–9 spoken after 20–90, was introduced by political decree in 1951. 30 years later it cannot be said to have been adopted by the general public. In a Gallup poll in 1968, 70 % said they used the old system. So the traditional system is used in this course.

Special official forms

7 – sju /ʃʉ:/
20 – tjue /'çʉ:ə/
30 – tretti /'tret:i/
21 – tjueén
22 – tjueto
23 – tjuetre, etc.

Reading numbers

382 – tre hundre og toogåtti (tre hundre og åttito)

5 756 – fem tusen syv hundre og seksogfemti (fem tusen sju hundre og femtiseks)

249 691 – to hundre og niogførti tusen seks hundre og énognitti (to hundre og førtini tusen seks hundre og nittién)

Doing arithmetic

2 + 2 = 4: To pluss to er (lik) fire (To og to er fire).
5 ÷ 3 = 2: Fem minus tre er (lik) to (Tre fra fem er to).
6 × 2 = 12: Seks multiplisert med to er (lik) tolv.
            (Seks ganger to er tolv)
8 : 4 = 2: Åtte dividert med fire er (lik) to.
            (Åtte delt med fire er to)

Inversion of word order (Verb before subject)

This is very common in Norwegian and happens when any element of a sentence is put before the subject (conjunctions excepted):

a) **After a prepositional phrase:**
   Bak lærerens plass *ser vi* en tavle.
   Gjennom vinduene *ser vi* mennesker.
   I språklaboratoriene *er det* lydbåndspillere.

b) **After an adverb or adverbial phrase:**
Noen ganger *går studentene* på seminarøvelser.
Ofte *skriver en student* flere tusen ord.
Her *er et bilde.*

c) **After an object or a predicative noun or adjective:**
Radio *har jeg* ikke.
Studenter *er de* alle sammen.
Liten *er han* ikke.

d) **After direct speech:**
«Er du student?» *spør han.* (he asks)
«Jeg bor her», *sier mannen.* (says the man)

e) **In a main clause following a subordinate clause:**
Hvis du gjør det, *er du* dum. (If you do it, you are foolish)
Når vi studerer, *sitter vi* på lesesalen. (When we study, we sit in the reading-room)

f) **In questions:**
Kommer du ikke?
Har du bil?

g) **In familiar tags after statements:**
Jeg er gammel, *forstår du.*
Han har bil, *vet du.*

More prepositions

av /a:v/ sometimes /a:/ (of): et bilde av et rom, to av studentene.
i løpet av /i ˈløːpə(t) av/ (in the course of): i løpet av en forelesning (en dag, etc.).
over /ˈɔːvər/ (above, over, across): hun går over gulvet, bildet henger over sofaen.
under /ˈʉnːər/ (under, below): ovnen er under vinduet, veskene ligger under stolene.
ved /ve:/ (at, beside): hun står ved vinduet, han sitter ved bordet.
med /me:/ (with): et vindu med gardiner, han skriver med en penn.

etter /ˈetːər/ (after): to kommer etter én, hunden er trett etter dagens lek.

mot /mɷːt/ (towards, against): hun går mot døren, mot nord, mot strømmen (against the current).

midt på /ˈmitːˈpɔː/ (in the middle of): midt på gulvet.

midt i /ˈmit ˈiː/ (in the middle of): midt i rommet.

foran /ˈfɔrːan/ (in front of): foran bygningen (the building).

bak /baːk/ (behind): bak bilen, bak lærerens plass.

gjennom /ˈjenːɔm/ (through): Hva ser vi gjennom vinduene? Han går gjennom døren.

Some words for number, quantity and frequency:

ingen (none)	**få** (few)	**flere** (several)	**noen** (some)	**mange** (many)	**alle** (all)
ingenting (nothing)	**lite** (little)	**litt** (a little)	**noe** (some)	**mye** (much)	**alt** (all)
aldri (never)	**sjelden** (seldom)	**nå og da** (now and then)	**noen ganger** (sometimes)	**ofte** (often)	**alltid** (always)

Translate the following:

I go to many lectures at the university. I also go to some seminar classes, where we discuss problems. At the university there are (Note word order) several language laboratories with tape recorders or cassette (kassett-) players. In the language laboratories there is a lot of equipment: tapes and books in many languages, gramophone records (grammofonplater) and in some laboratories also a video screen (en videoskjerm), under the ceiling, in front of the class. Behind the teacher's place there is a blackboard, where the teacher writes or draws (tegner).

Hvordan går det?

A: God dag. Hvordan står det til?
/gω 'da:g/ ˇvωrdan ˇstɔ:rde til/

Good morning. How are you?

B: Takk, bare bra.
/'tak: ˇba:rə 'bra:/

Very well, thank you.

Og hvordan står det til med Dem?
/ɔ ˇvωrdan stɔrdeˌ til me 'dem:/

And how are you?

A: *Å, ikke så verst.*
/'ɔ: ikə sɔ 'væʃt/

Oh, not too bad.

Hvordan går det med norsken?
/'vωrdan 'gɔ:rdə me 'nɔʃkən/

How is your Norwegian going?

B: Det går ganske bra.
/de 'gɔ:r ˇganskə 'bra:/

It's going fairly well.

Jeg lærer litt hver dag.
/jæ ˇlæ:rər lit 'væ:r 'da:g/

I learn a little every day.

A: Hvorfor studerer De egentlig norsk?
/'vωrfɔr stʉ'de:rərdi 'e:gəntli 'nɔʃk/

Exactly why are you studying Norwegian?

B: Fordi jeg er gift med en nord-
mann
/fɔr'di: jæ ær 'jift me ən
'nʊrman/

Because I'm married to a Nor-
wegian.

A: Å, er De det?
/'ɔ:/ ærɖi 'de:/

Oh, are you?

Ja, da er det klart
/'ja:/'da: ærɖe 'kla:ɽt/

Yes, then it's obvious

at De bør lære norsk.
/at di bør ˅læ:rə 'nɔʃk/

that you ought to learn Norwegian.

B: Ja, jeg må lære meg språket
/'ja: jæ 'mɔ: ˅læ:rə mæi
'sprɔ:kə/

Yes, I must learn the language

når jeg skal bo her i landet,
vet De.
/nɔr jæ skal 'bʊ: hær i
'lan:ə˛ ve:t di/

when I'm going to live in this
country, you know.

A: Ja, det er klart.
/'ja:/ 'de: æ 'kla:ɽt/

Yes, that's obvious.

Skal dere bo her i Oslo?
/'skal derə 'bʊ: hær i ˅ʊslʊ/

Will you be staying here in Oslo?

B: Vi skal bo her en stund,
/vi skal 'bo: ˛ hæ:r ən 'stʉn:/

We're going to stay here for a
while

og så skal vi flytte til Nord-
Norge.
/ɔ 'sɔ: skal vi ˅flyt:ə til
˅nʊ:ɽnɔrgə/

and then we're going to move to
northern Norway.

A: Å jaså. Det vil bli interessant.
/ɔ ˅jas:ɔ/ 'de: vil bli
intrə'saŋt/

Oh, is that so? That will be
interesting.

B: Ja, jeg tror det. Vi skal bo
   /'ja:/ jæ 'trω:ɽde/ vi skal
   'bω:/

   I believe so. We shall live

i en liten by som heter Bodø.
/i ən ˅li:-tn· 'by: sɔm ı he:tər
˅bω:dø/

   in a small town called Bodø.

A: Hvorfor skal dere flytte dit?
   /'vωrfɔr skal derə ˅flyt:ə 'di:t/

   Why are you going to move there?

B: Min mann er lege
   /min 'man: æɽle:gə/

   My husband is a doctor

og skal arbeide på sykehuset
der.
/ɔ skal ˅ar:bæidə pɔ
˅sy:kəı hʉ:sə dær/

   and is going to work at the hospital there.

A: Å, så å forstå. Ja, da må De
   /'ɔ:/ 'sɔ: ɔ fɔɽ'ʃtɔ:/ ja 'da:
   mɔ di/

   I see. Then you have to

arbeide hardt, så De kan bli
/'arbæidə 'haɽt/ sɔ di kan bli/

   work hard, so you may be

riktig flink i norsk
/'rikti 'fliŋk: i 'nɔʃk/

   really good at Norwegian

til De skal reise nordover.
/til di skal ˅ræisə 'nω:rɔvər/

   by the time you're going north.

B: Å, jeg har god bruk for
   norsken
   /'ɔ:/ jæ har 'gω: 'brʉ:k
   fɔɽ'nɔʃkən/

   Oh, I have good use for my Norwegian

her også.
/'hæ:r 'ɔs:ɔ/

   here too.

A: Ja, De har vel det.
/'ja:/ di 'ha:r vel 'de:/

Yes, I guess you have.

B: Ja, jeg må gå i butikkene
/'ja:/ jæ mɔ 'gɔ: i bʉ'tik:ənə/

Yes, I must go to the shops

og handle hver dag.
/ɔ 'handlə 'væ:r'da:g/

and buy things every day.

Jeg må gå på postkontoret,
/ˌjæi mɔ ˌgɔ: pɔ
'pɔstkɯnˌtɯ·rə/

I must go to the post-office,

jeg må gå i banken,
/ˌjæi mɔ ˌgɔ: i 'baŋkən/

I must go to the bank,

jeg må snakke med naboene
/ˌjæi mɔ ˇsnak:ə me
ˇna:ˌbɯ:ənə/

I must talk with the neighbours,

og jeg må ta telefonen
/ɔ jæ mɔ 'ta: telə'fɯ:-n·/

and I must answer the phone

når folk ringer til oss.
/nɔr fɔlk ˇriŋ:ər ʈil ɔs/

when people ring us up.

A: Ja, det kan ikke være lett.
/'ja:/ de 'kan: ikə værə 'let:/

Yes, it cannot be easy.

B: Nei, det er vanskelig.
/'næi/ de ær ˇvanskəli/

No, it's difficult.

Jeg må ofte be folk snakke langsomt,
/jæ mɔ 'ɔftə be 'fɔlk snakə
ˇlaŋsɔmt/

I must often ask people to speak slowly.

og jeg må be dem gjenta hva de sier.
/ɔ jæ mɔ 'be: dəm 'jenta va de ˅si:ər/

and I must ask them to repeat what they say.

A: De får få litt hjelp
/di fɔr 'fɔ: lit 'jelp/

You ought to get some help

av Deres mann.
/av derəs 'man:/

from your husband.

B: Ja, min mann hjelper meg
/'ja:/ min 'man: 'jelpər mæi/

Yes, my husband helps me

når han kan.
/'nɔr han 'kan:/

whenever he can.

Men han er veldig opptatt.
/men han ær ˅veldi 'ɔptat/

But he is very busy.

A: Ja, han er vel det.
/ja han 'æ:r vəl 'de:/

Yes, I guess he is.

NOEN ORDSPRÅK
(Some proverbs)

● **En skal ikke skue hunden på hårene = Skinnet bedrar**
(Appearances are deceptive.
Literally: 'One should not view the dog by its hairs' and 'The skin deceives')

● **En må ikke gjøre en mygg til en elefant** (Don't make a mountain out of a mole-hill.
Literally: One must not make a mosquito into an elephant)

● **En kan ikke få både i pose og sekk** (You cannot have your cake and eat it. Or: You can't have it both ways.
Literally: One cannot receive in both a bag and a sack)

79

SUBSTITUSJONSØVELSER

Setningsmønster:	Substitusjonsord:
Det er klart at De bør lære norsk.	må, skal
Jeg må lære meg språket.	De . . Dem, du . . deg, vi . . oss, dere . . dere
Jeg skal bo her i landet.	bli, være, arbeide
Skal dere bo her i Oslo?	du, du og han
Så skal vi flytte til Nord-Norge.	reise, dra (travel, go)
Det vil bli interessant.	må, kan
Han skal arbeide på sykehuset.	jeg . . på gamlehjemmet, (old people's home)
Jeg må gå i butikken.	på postkontoret, i banken
De får få litt hjelp.	bør, må
Han hjelper meg når han kan.	jeg . . ham, han . . henne, dere . . oss, vi . . dere

SPØRSMÅL OG SVAR ETTER MØNSTER

Eksempel: Hvor skal De bo?   **Svar: Jeg skal bo i byen.**

Hvor skal De arbeide?   _____ på sykehuset.

Hvor skal De handle?   _____ i butikken.

Hvor skal De studere?   _____ på universitetet

Hvor skal De gå?   _____ til tannlegen.

Hvor skal De reise?   _____ til Sørlandet.

80

Eksempel: *Kan* **du arbeide?**   **Svar: Jeg** *kan* **arbeide når jeg** *vil.*

Kan du samarbeide (co-operate)?   _____

Kan du snakke høyt (loud)?   _____

Kan du skrive tydelig (clearly)?   _____

Kan du gå fort (walk fast)?   _____

Kan du ti stille (keep quiet)?   _____

Eksempel: Må du arbeide?   **Svar: Jeg** *må* **ikke arbeide, men jeg**
                                    bør **gjøre det.**

Må du studere?   _____

Må du lese?   _____

Må du gå?   _____

Må du ligge?   _____

Må du flytte?   _____

Eksempel: Hvordan står det til med din far?
Svar: Takk, det står bare bra til med *ham.*

Hvordan står det til med din mor? _____

Hvordan står det til med din familie? _____

Hvordan står det til med Ivar? _____

Hvordan står det til med Per og Ole? _____

Hvordan står det til med dere? _____

Hvordan står det til med deg? _____

Skriftlig oppgave
(Based on the dialogue in Lesson Five)

Answer the following questions in complete sentences:
Hvordan står det til med henne? Hvordan står det til med ham?
Hvordan går det med norsken? Lærer hun mye norsk hver dag?
Hvorfor studerer hun norsk? Hvorfor bør hun lære språket?
Hvor skal hun og hennes mann bo først? Hvor skal de flytte?
Tror hun at det vil bli interessant? Hva heter byen som de
skal bo i? Er den stor eller liten?
Hvorfor skal de flytte dit? Hvorfor har hun god bruk for norsken hver
dag? Hva må hun gjøre når folk ringer til dem?
Er det lett eller vanskelig for henne å snakke med nordmenn?
Hva må hun be folk å gjøre? Kan hennes mann hjelpe henne?

GRAMMATIKK
Modal auxiliaries

The most commonly used modal auxiliaries are (here given in the
present tense):-
skal (shall, will, is/are to, should, is/are said to)
vil (will, want to)
får (had better, should, may)
kan (can, may)
må (must, should)
bør (ought to, should)

Principal verb in the infinitive
English speakers must note that when a modal auxiliary is used with a
principal verb, the principal verb is always in the infinitive. This means
that the principal verb is without the *r*-ending, which is a sign of the
present tense. To say *Må han går?* is as absurd as saying in English
Must he goes? The correct thing is *Må han gå?* Normally, one obtains
the infinitive form by dropping the final *r* of the present tense form. The
infinitive of *kommer* is *komme*, of *bor: bo*, etc.

82

Some exceptions: the infinitive of *er* is *være*, of *gjør* is *gjøre*. And the modal auxiliaries themselves are mostly irregular: *skal* has the infinitive *skulle*, *vil* has *ville*, *kan* has *kunne*, *må* has *måtte*, and *bør* has *burde*.

Kan, må, bør

These are the simplest modal auxiliaries because they are so unambiguous and correspond so well to English equivalents (can, must, and ought to). *Kan* expresses capability and possibility. *Må* expresses obligation and supposition. *Bør* expresses desirability and moral obligation.

Jeg kan snakke norsk.	(I can speak Norwegian)
Jeg kan bo her.	(I may stay here)
Jeg må gå hjem.	(I must go home)
Det må være vanskelig.	(It must be difficult)
Jeg bør gå hjem.	(I ought to go home)
Du bør hjelpe ham.	(You ought to (should) help him)

Skal

The basic idea of *skal* is that something is due to happen according to some *predetermination* (according to the intention or decision of a person, according to a plan, a timetable, etc.) Therefore its meaning often comes near to English *is/are to*.

Toget skal gå klokken 8.	(The train is to leave at 8)
Skal dere bo her i Oslo?	(Are you (going) to stay here in Oslo?)
Han skal arbeide i Bodø.	(He is to work in Bodø)
Vi skal reise til Nord-Norge.	(We are to go to northern Norway)
Toget skal være i Oslo klokken 5.	(The train is due in Oslo at 5)
Hva skal vi ha til middag?	(What shall we have for dinner?)
Det skal bli pent vær i dag.	(There's a good weather forecast for today)
Hun skal kjøre pent.	(She's supposed to drive carefully — *intention*)
Du skal aldri se ham igjen.	(You shall never see him again — *prophecy*)

Jeg skal komme i morgen.	(I will come tomorrow — *promise*)
Du skal få pengene.	(You shall have the money — *promise*)
Du skal gå!	(You shall go — *command*)
Du skal ikke stjele!	(You shall not steal — *moral code*)
De skal ta første vei til venstre.	(You (should) take the first road to the left — *directive*)
De skal adressere brevet til meg.	(You should address the letter to me — *instruction*)
Alle skal møte klokken 10.	(Everybody should meet at 10 — *information*)

Note: Han skal være rik.	(He is said to be rich — *hearsay*)
De skal være i familie.	(They are said to be related)

Vil

Vil has two distinctly different meanings, expressing either *pure future* or *desire or will*.

Future:

Toget vil gå klokken 8.	(The train will leave at 8)
Vi vil få mange gjester i dag.	(We shall have many guests today)
Vil du være i Oslo den 5. mai?	(Will you be in Oslo on May 5?)
Vil hun komme i morgen?	(Will she come tomorrow?)
Du vil komme til Oslo om kvelden.	(You will arrive in Oslo in the evening)

Desire or will:

Jeg vil ha et glass melk, takk.	(I want a glass of milk, please)
Vil du ha et bad?	(Do you want a bath?)
Jeg vil gjerne komme i morgen.	(I should like to come tomorrow)
Vil du se min hund?	(Do you want to see my dog?)
Vil du hjelpe meg?	(Do you want to help me, or: Will you help me?)
Nei, jeg vil ikke hjelpe deg.	(No, I don't want to help you, or: I shall not help you)

Får

This is probably the most commonly used modal auxiliary, and the most difficult one for foreigners, because it may have as many as five different meanings (in addition to its meaning of *get* or *have* as a full verb). Its meanings may be classified as expressing *friendly advice, half-reluctant intention* (feeling of resignation), *permission* (request), *opportunity* (possibility), and *future*.

a) *Friendly advice:*

Du får be ham (å) komme.	(You should (had better) ask him to come)
Du får kjøpe en flaske øl.	(You should buy a bottle of beer)
Du får hjelpe henne med norsken.	(You should help her with her Norwegian)

b) *Half-reluctant intention* (or resigned attitude):

Jeg liker det ikke, men jeg får vel gjøre det.	(I don't like it, but I suppose I had better do it)
Jeg får vel komme i morgen, men det er siste gang.	(I suppose I had better come tomorrow, but it's the last time)
Du får kjøpe en sjokolade da.	((I don't like it but) all right buy a bar of chocolate then)
Vi får håpe det.	(O.K. Let's hope so)

c) *Permission* (request):

Får jeg komme inn?	(May I come in?)
Får vi parkere her?	(May we park here?)
Vi får ikke gjøre som vi vil.	(We are not allowed to do as we like)
Får jeg presentere min datter?	(May I introduce my daughter?)
Får jeg by Dem en sigarett?	(May I offer you a cigarette?)
Få se!	(Let me see)

d) *Opportunity* (possibility):

Får vi kjøpe brød her?	(Can we buy bread here?)
Plutselig får vi se en elefant.	(Suddenly we (can) see an elephant)

e) *Future* (only with the verbs *se* and *høre*):

Vi får se.	(We shall see)
Vi får høre i morgen.	(We shall hear tomorrow)

Combination of modal auxiliaries

Du vil kunne ligge her.	(You will be able to lie here)
Du må ville gjøre det.	(You must want to do it)
Vi skal få komme i morgen.	(We shall be allowed to come tomorrow)
Kan jeg få se den?	(May I see it?)
Må jeg få presentere min datter?	(May I introduce my daughter?)

Dropping principal verb after modal auxiliaries

As in Shakespearian English, verbs of motion are frequently dropped in connection with modal auxiliaries. This happens with the auxiliaries *skal, vil* and *må* (and sometimes with *bør*), but it does not occur with *kan* and *får*:

Vi skal på kino.	(We are going to the cinema)
Skal du til byen?	(Are you going to town?)
Vil du ikke til tannlegen?	(Don't you want to go to the dentist?)
Jeg vil til Italia i år.	(I want to go to Italy this year)
Jeg må i banken.	(I must go to the bank)
Må du hjem?	(Must you go home?)

The verb normally left out in these constructions is *gå*, but also other verbs of motion can be understood (reise, komme, etc.) Note also the following constructions in which the verb *gjøre* is left out:

(Skal dere bo her?) Ja vi skal det. (Yes, we shall (do that))
(Må du reise?) Ja, jeg må det. (Yes, I must (do that))
(Får dere parkere her?) Ja, vi får det. (Yes, we may (do that))
(Vil dere til byen?) Nei, vi vil ikke det. (No, we don't want to (do that))

Note also: Skal (vil, må) du av/på? (Do you want to get off/on? – the bus, train). Skal (vil, må) du ut/inn?

Kan (kunne) used as a full verb

Kan is often used as a full verb with the meaning *know*, i. e. remember well, master (language, procedure, way, lesson, poem, etc.):

Kan du norsk?	(Do you know Norwegian?)
Jeg kan veien.	(I know the way)
Kan du leksen i dag?	(Do you know the lesson today?)
Kan du diktet?	(Do you know the poem by heart?)

That-clauses

That-clauses are formed in the same way as in English, and the conjunction *at* can be left out in the same way as *that* in English:

Han sier (at) han kommer.	(He says (that) he is coming)
Det er klart (at) De bør lære norsk.	(It's obvious (that) you should learn Norwegian)
Jeg tror (at) den er stor.	(I believe (that) it is big)
Han er ikke så stor at han kan gå.	(He's not so big that he can walk)

Subject and object forms of personal pronouns

Singular

jeg – meg
du – deg
De – Dem
han – ham[1]
hun – henne
den – den
det – det

Plural

vi – oss
dere – dere
de – dem[2]

---

1) In many dialects the form *ham* has disappeared and has been replaced by *han*. Many people would say: Jeg liker han.

2) There is a good deal of confusion in the use of *de* and *dem* (and *De* and *Dem*). Some people use only the form *de* (De), saying: De liker de. Others use only *dem*, saying: Dem liker dem. The foreigner is advised to use *de* only as a subject form and *dem* only as an object form. (De liker dem).

Unnskyld, kan De si meg veien?

A: Unnskyld, kan De si meg veien til Rådhuset?

Excuse me, can you tell me the way to the City Hall?

B: Så gjerne! De skal først gå ned trappen her, så gå over plassen, så rett frem helt ned til trafikklysene. Der krysser De gaten til venstre og går opp sidegaten. Ta så første gate til høyre og sving til venstre ved rundkjøringen. Gå så rett frem og De vil se Rådhuset på høyre hånd. De kan ikke ta feil.

With pleasure. You should first go down the steps here, then cross the square, then go straight ahead all the way down to the traffic lights. There you cross the street to the left and walk up the side street. Then take the first street on your right and turn left at the roundabout. Then go straight ahead and you will see the City Hall on your right. You can't go wrong.

A: Javel. Altså, jeg skal først gå rett frem, så skal jeg svinge til høyre, så til venstre og så gå rett frem. Var det det?

All right. So, I should first go straight ahead, then I should turn to the right, then to the left and then go straight ahead. Is that right?

B: Nei, det var galt. Hør nå godt etter: De skal først gå rett frem, så skal De ta til venstre ved trafikklysene, så til høyre og så til venstre en gang til – ved rundkjøringen. Husker De det nå?

No. That's wrong. Now listen carefully. You should first go straight ahead, then you turn left at the traffic lights, then right and then left once more — at the roundabout. Do you remember it now?

A: Ja, tusen takk. Det var veldig greit. Jeg skal huske det.

Yes, thank you very much. It's very clear. I'll remember that.

B: Ja, det er umulig å ta feil.

Yes, it's impossible to miss it.

A: Ja, jeg skjønner det. Takk skal De ha.

Yes, I understand that. Thanks a lot.

B: Forresten, er De utlending?

By the way, are you a foreigner?

A: Ja, jeg er det.

Yes, I am.

B: Å, er De det? Men da skal jeg følge Dem til Rådhuset.

Oh, are you? But then I'll go with you to the City Hall.

A: Vil De virkelig det? Det var veldig snilt av Dem.

Will you really? That's very kind of you.

B: Nei, det gjør jeg så gjerne. Det er ikke så lett å finne frem når man er utlending. Det er klart.

No, I do that with pleasure. It's not so easy to find your way when you are a foreigner. That's obvious.

A: Nei, for å være ærlig, så er det ikke det. Det er ikke så lett å oppfatte alt man hører på et fremmed språk, vet De. Først skal man gå hit, så skal man gå dit, og så vet man ikke hvor man skal gå.

No, to be honest, it isn't. It isn't so easy to grasp everything you hear in a foreign language, you know. First you're supposed to go here, then you're supposed to go there, and then you don't know where to go.

SUBSTITUSJONSØVELSER

Unnskyld kan De si meg veien til Rådhuset?

banken, postkontoret, Slottet (the Palace).

Først skal De gå ned trappen,	over plassen . . . ned gaten,
så skal De gå over plassen.	over gaten . . . opp sidegaten.
Ta første gate til høyre	til venstre . . . til høyre,
og sving så til venstre.	rett frem . . . til venstre.
Det var galt.	riktig, feil, korrekt.
Hør nå godt etter.	tenk, se.
Husker De det nå?	forstår, skjønner.
Det var veldig greit.	lett, vanskelig.
Da skal jeg følge Dem.	deg, ham, henne, dere.
Det er ikke så lett å finne frem.	greit, godt.
Det er ikke så lett å oppfatte alt	greit . . . forstå,
man hører.	godt . . . skjønne.
Først skal man gå hit,	opp . . . ned, inn . . . ut,
så skal man gå dit.	frem . . . tilbake.

SPØRSMÅL OG SVAR ETTER MØNSTER

Eksempel: Hvor skal jeg først gå? Svar: Først skal De gå over plassen.

Hvor skal jeg først gå?	Først _____ ut døren.
Hvor skal jeg så gå?	Så _____ ned korridoren.
Hvor skal jeg så gå?	_____ ned trappen.
Hvor skal jeg så gå?	_____ over plassen.
Hvor skal jeg så gå?	_____ over gaten.
Hvor skal jeg så gå?	_____ rundt hjørnet.
	(round the corner)
Hvor skal jeg så gå?	_____ opp sidegaten.

Continued on p. 92.

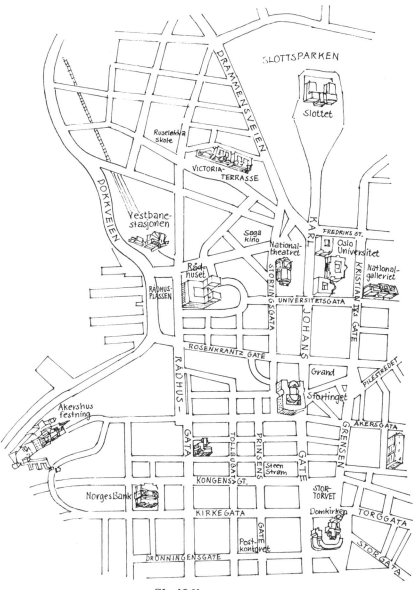

Skriftlig oppgave

Write several directions for strangers about the way between the diffe-
rent places shown on the map. Use the construction *Først* . . så . . så,
the modal auxiliary *skal* as well as imperative forms of verbs.

Eksempel: Skal jeg krysse gaten?   **Svar: Ja, kryss gaten!**

Skal jeg svinge til venstre?   _____

Skal jeg svinge en gang til?   _____

Skal jeg krysse her?   _____

Skal jeg kjøre rett frem?   _____

Skal jeg stoppe her?   _____

Skal jeg ta til høyre?   _____

Skal jeg gå over plassen?   _____

Er det lett å finne frem?   **Svar: Nei, det er vanskelig å finne frem.**

Er det lett å snakke norsk?   _____ vanskelig __

Et det lett å forstå nordmenn?   _____

Er det lett å oppfatte et fremmed
språk?   _____

Er det riktig å krysse gaten her?   _____ galt _____

Er det riktig å ta til venstre her?   _____

Er det riktig å gå opp her?   _____

Er det mulig å se posthuset her?   _____ umulig _____

Er det mulig å finne en restaurant   _____
her?   _____

Er det mulig å få sigaretter her?   _____

GRAMMATIKK

The imperative

The imperative form is the infinitive less a possible unstressed final *e*. In monosyllabic verbs the infinitive and the imperative are identical.

Infinitive form   **Imperative form**

svinge (turn)   sving!

krysse (cross)   kryss!

huske (remember)   husk!

gå (go, walk)   gå!

ta (take)   ta!

Some common imperatives

Kom[1]) hit!	Come here!
Gå rett frem!	Go straight ahead!
Ta første vei til venstre!	Take the first road to the left!
Lukk vinduet!	Shut the window!
Lukk opp døren!	Open the door!
Sitt ned!	Sit down!
Stå stille!	Stand still!
Snakk langsomt!	Speak slowly!
Slukk lyset!	Turn off the light!
Tenn lyset!	Turn on the light
Skru på radioen!	Turn on the radio!
Skru av radioen!	Turn off the radio!
Husk å slukke lyset!	Remember to turn off the light!
Prøv å snakke tydelig!	Try to speak distinctly!
Hør her!	Listen! (Look!)
Hør godt etter!	Listen carefully!
Se godt etter!	Look carefully!
Gå og hent avisen!	Go and get the newspaper!
Si fra når du går!	Let me know when you're leaving!

[1]) A final *m* is always single, even when long.

Negative imperatives

Informal or colloquial form	Formal or literary form
Ikke gå! (Don't go!)	Gå ikke!
Ikke rør! (Don't touch!)	Rør ikke!
Ikke gjør det! (Don't do it!)	Gjør det ikke!
Ikke se på henne! (Don't look at her)	Se ikke på henne!

'Her' and 'hit', 'der' and 'dit'

Norwegian distinguishes between *her* and *der* on the one hand and *hit* and *dit* on the other. The first two are used about something stationary and the last two about something in motion. (The same distinction existed earlier in English between *here* and *hither,* and between *there* and *thither.*)

Han er *her*. (He is here)
Han kommer *hit*. (He's coming here)
Hun sitter *der*. (She's sitting there)
Hun går *dit*. (She's going there)
Bli *her*! (Stay here!)
Kom *hit*! (Come here!)
Stå *der*! (Stand there!)
Gå *dit*! (Go there!)

Use of 'var' instead of 'er'

Var is the past form of *være*. Quite often *var* is used in Norwegian when the present tense is normal in English. To a Norwegian what has been said or done even a second ago is considered as already belonging to the past. In English, when food tastes good, it is normal to say, 'This *is* good'. The Norwegian says, 'Dette *var* godt'. The logic is that one cannot pass any judgment regarding the food until one has tasted it. In other words, at the moment of speaking the tasting already belongs to the past.

I first go left and then right.	Jeg går først til venstre og så til høyre.
Is that right?	*Var* det det? (Or: *Var* det riktig?) (The first statement is already considered as belonging to the past.)
Should I go straight ahead?	Skal jeg gå rett frem?
No, that's wrong.	Nei, det *var* galt. (The statement you made a moment ago *was* wrong.)
I'll accompany you.	Jeg skal følge Dem.
That's very kind of you.	Det *var* veldig snilt av Dem. (It *was* very kind of you to make me that offer.)
It's nice to see you.	Det *var* hyggelig å se deg. (It *was* nice to see you a moment ago when I met you)
That's strange.	Det *var* merkelig. (What you told me a moment ago *was* strange)
This *is* good.	Dette *var* godt. (The food I tasted a second ago was good)

But sometimes it's the other way around:

I *was* born in Oslo.	Jeg *er* født i Oslo.

'Da' and 'så'

English speaking students find it difficult to distinguish between *da* and *så*. English uses the word *then* for both. *Da* corresponds very well to English *then* when it means 'at that time' or 'in that case' or 'this being so':

Jeg går til sengs klokken 10.	I go to bed at 10.
Da er jeg trett.	Then I'm tired.

Jeg ser frem til søndag.	I'm looking forward to Sunday.
Da kommer min forlovede.	Then my fiancée is coming.

Du er 18 år gammel *da*.	So you are 18 years old then.
Da kan du kjøre bil.	Then you can drive a car.

However, *da* can never be used in an enumeration or to describe that two or more actions follow each other, i. e. when English *then* means 'after that' 'next' or 'furthermore'. Then the construction in Norwegian is *(først)* . . . *så* . . . *så:*

Først tar De til høyre, *så* til venstre, *så* går De rett frem.	First you go right, then left, then you go straight ahead.
Først kommer Ola, *så* Per, og *så* Eva.	First Ola comes, then Per, and then Eva.
Først går vi på kino, *så* går vi på restaurant.	First we go to a cinema, then to a restaurant.
Jeg går inn, *så* går jeg opp, *så* ned og *så* ut igjen.	I go in, then I go up(stairs), then down(stairs) and then out again.
Så er det fru Hansen – hun må komme.	Then there's Mrs. Hansen — she has to come.

The meaning of the verb 'følge'

Følge (pronounced /ˈføl:ə/) has the meaning of both *follow* and *accompany:*

Følg veien!	(Follow the road)
Følg meg!	(Follow me!)
Jeg skal følge Dem	(I'll go with you)
Følg meg hjem!	(Take me home!)

Sier du det?

A: Du er ikke norsk,   You're not Norwegian,
   er du det?   are you?

B: Nei, jeg er ikke det.   No, I'm not.

A: Hvilket land er du fra?   What country are you from?

B: Jeg er fra Thailand.   I'm from Thailand.

A: Å, er du det?   Oh, are you?
   Du snakker godt norsk.   You speak Norwegian well.

B: Sier du det?

Do you think so? (Do you say so?)

A: Ja, jeg synes det.

Yes, I think so.

B: Takk for det.

Thank you.

A: Du må ha et godt språkøre.

You must have a good ear for languages.

B: Tror du det?

Do you think so?

A: Ja, jeg tror det. Du har
en veldig fin uttale.

Yes, I think so. You have a
very good pronunciation.

B: Synes du virkelig det?

Do you really think so?

A: Ja, jeg synes det. Snakker
du mye med nordmenn?

Yes, I think so. Do you speak
much with Norwegians?

B: Nei, jeg gjør ikke det.

No, I don't do that.

A: Ikke det? Du bør gjøre det,
så vil du lære å snakke enda
bedre.

You don't? You should do that.
Then you will learn to speak
still better.

B: Ja, kanskje det.

Yes, perhaps.

A: Trives du her i landet?

Do you like it in this country?

B: Nei, jeg gjør ikke det.

No, I don't.

A: Ikke det? Så synd!
Hvorfor ikke det?

You don't? What a pity!
Why not?

B: Det er så trist her.

It's so dull (sad) here.

A: Nei, synes du det?
Hvordan det?

Do you think so?
How come? (How's that?)

B: Det er så stygt vær her.	It's such bad weather here.
A: Nei, synes du det? Hvordan det?	Do you think so? How?
B: Det er så surt og kaldt og så mye regn.	There's such a biting cold and so much rain.
A: Nei, sier du det? Det er det bare akkurat *nå* det.	Do you think so? That's only just for the time being.
B: Nei, tror du det?	Oh, do you think so?
A: Javisst tror jeg det. I morgen er det sikkert solskinn og pent vær igjen.	I certainly believe so. Tomorrow it will no doubt be sunshine and fine weather again.
B: Sier du det? Ja, kanskje det?	Do you think so? Yes, perhaps.
A: Ja, jeg tror sikkert det.	Yes, I certainly think so.

SUBSTITUSJONSØVELSER

Du er ikke norsk, er du det?	han, hun.
Nei, jeg er ikke det.	vi, han, hun.
Snakker du mye med nordmenn?	lite, ofte, sjelden.
Du bør gjøre det, så vil du lære å snakke enda bedre.	skal, må, får.
Trives du her i landet?	byen, distriktet, Norge.
Ikke det?	kanskje, hvordan, hvorfor.

Så synd!	trist, sørgelig (sad).
Det er så trist her.	sørgelig, kjedelig (boring).
Det er så stygt vær her.	dårlig (bad), trist.
Det er så mye regn.	vind (wind), gråvær (grey weather)
I morgen er det sikkert solskinn igjen.	godvær, pent vær.
Jeg tror sikkert det.	absolutt, virkelig.

SPØRSMÅL OG SVAR ETTER MØNSTER

Eksempel: Du er ikke norsk, er du det?   Svar: Nei, jeg er ikke det.

Du er ikke fransk, er du det?   _____

Du har ikke bil, har du det?   _____

Du synes ikke det er kaldt her, synes du det?   _____

Du tror ikke jeg er utlending, tror du det?   _____

Du må ikke gå nå, må du det?   _____

Du skal ikke gå på kino i dag, skal du det?   _____

Du bør ikke røke (smoke), bør du det?   _____

Du vil ikke reise nå, vil du det?   _____

Du får ikke parkere her, får du det?   _____

Du kan ikke snakke russisk, kan du det?   _____

Du arbeider ikke hver dag, gjør du det?   _____

Eksempel: Du er utlending, er du ikke det?   **Svar: Jo, jeg er det.**

Du er fra Amerika, er du ikke det?   _____

Du har familie her, har du ikke det?   _____

Du synes det er hyggelig her, synes du ikke det?   _____

Du tror du vil lære norsk fort, tror du ikke det?   _____

Du må være der klokken 2, må du ikke det?   _____

Du skal reise til Bergen, skal du ikke det?   _____

Du bør skrive til ham, bør du ikke det?   _____

Du vil komme i morgen, vil du ikke det?   _____

Du får bo på skolen, får du ikke det?   _____

Du kan være her til klokken 2, kan du ikke det?   _____

Du arbeider her i byen, gjør du ikke det?   _____

Distinguishing between 'jeg synes' and 'jeg tror' (= I think)

Jeg synes = I find (judgment based on personal experience)

Jeg tror = I believe (judgment without personal experience)

Eksempel: Er det kaldt her?   Svar: Ja, jeg synes det.

Er det kaldt i Alaska?   Svar: Ja, jeg tror det.

Er det mange studenter her?   _____

Er det mange studenter i Japan?   _____

Er din mor snill?   _____

101

Er min mor snill? _____

Kommer han i morgen? _____

Snakker din venn godt norsk? _____

Emphasising 'det'

Eksempel: Er han ikke din bror?   **Svar: Jo, *det* er han.**

Er hun ikke gift? _____

Har de ikke barn? _____

Er det ikke mye regn her? _____

Har dere ikke hjelp i huset?

Er det ikke vanskelig å snakke
norsk? _____

Synes hun ikke det er hyggelig
her? _____

Tror han ikke at du vil hjelpe
ham? _____

Må du ikke gå på forelesningene? _____

Skal dere ikke ha hund?

Bør dere ikke snakke med ham
først? _____

Vil hun ikke hjelpe deg med
norsken? _____

Får han ikke studere på universi-
tetet? _____

Kan du ikke gi meg boken? _____

Skriftlig oppgave

Write a dialogue between a Norwegian and a foreigner using answers
containing 'det' as far as possible (both of the type *jeg er det, jeg har*

det, jeg skal det, jeg gjør det, etc. and *det er jeg, det har jeg, det skal jeg, det gjør jeg,* etc. (also negative versions).

Then answer the following questions in complete sentences:

Hvordan synes De været er i dag? Hvordan synes De været er her generelt? Synes De det er kaldt eller varmt her i byen? Synes De det er mye eller lite regn her? Synes De utsikten (the view) fra Deres vindu er pen (nice) eller stygg (ugly)? Synes De det er hyggelig her eller synes De det er trist? Synes De norsk er et vanskelig eller lett språk? Synes De De lærer norsk fort eller langsomt?

Tror De vi får regn eller pent vær i morgen? Tror De det er kaldt i Norge om vinteren (in the winter)? Tror De De vil lære norsk fort? Tror De De har et godt språkøre? Tror De De vil trives i Norge? Tror De Deres lærer er nordmann? Tror De det er mange troll i Norge? Tror De De vil få mange venner i Norge? Tror De det er lett å få kontakt med nordmenn?

GRAMMATIKK

Use of demonstrative pronoun 'det' in everyday speech

The demonstrative pronoun *det* (=that) is used extensively in colloquial speech. It is used in questions, question tags, and short answers. Besides, it is used commonly with certain adverbs. Sometimes it corresponds very well to English *so* (as in *jeg synes det* = I think so, *jeg tror det* = I believe so, *han sier det* = he says so, *hvordan det* = how so). In other cases it corresponds to English *that* (as in *jeg skal gjøre det* = I'll do that, *jeg vet det* = I know that) but very often it has no equivalent at all in English (*er du det?* = are you?, *har han ikke det?* = hasn't he, *jeg skal det* = I shall, etc.). Nor is there any equivalent in English when it is used with certain adverbs: *ikke det?* = you don't, it isn't, etc., *kanskje det* = perhaps, *gjerne det* = all right (let's do it, I don't mind).

Question tags

As in English, question tags are very common in everyday speech. They contribute to making speech seem friendly and informal. The system (as in English) is that an affirmative tag is added to a negative statement (when a negative answer is expected):

Du er ikke norsk, er du det? Expected answer:
Nei, jeg er ikke det
Or: Nei, det er jeg ikke.

and a negative tag is added to an affirmative statement (when an affirmative answer is expected):

Du er norsk, er du ikke det? Expected answer:
Jo, jeg er det
Or: Jo, det er jeg.

Verbs that are repeated in the question tag and answer

The following verbs contained in a statement before a tag have to be repeated in the tag and answer to it: *er, har* and *må, skal, bør, vil, får, kan* (or they can be left out in the answer if only *ja, jo,* or *nei* are used):

Det er mange rom her, er det ikke det? Jo (det er det).
Han har ikke barn, har han det? Nei (han har ikke det).
Hun må arbeide der, må hun ikke det? Jo (hun må det), etc.

All other verbs may be replaced by *gjør* in the tag or answer, but some are commonly repeated. That applies to the verbs *synes, tror, sier, vet,* and a few others. Others, denoting real actions, have to be replaced by *gjøre:*

Du synes ikke det er kaldt her, synes du det? Or: gjør du det?	Nei, jeg synes ikke det. Or: Nei, jeg gjør ikke det.
Du tror han kommer, tror du ikke det? Or: gjør du ikke det?	Jo, jeg tror det. Or: Jo, jeg gjør det.
Han sier «du» til deg, sier han ikke det? Or: gjør han ikke det?	Jo, han sier det. Or: Jo, han gjør det.
Du vet at det er galt, vet du ikke det? Or: gjør du ikke det?	Jo, jeg vet det. Or: Jo, jeg gjør det.
Du ser at han er her, ser du ikke det? Or: gjør du ikke det?	Jo, jeg ser det. Or: Jo, jeg gjør det.

Han leser ikke mye, gjør han det?   Nei han gjør ikke det.

Hun sykler til skolen, gjør hun
ikke det?   Jo, hun gjør det.

Other question tags

After an affirmative statement the question tag *ikke sant* (= literally,
not true) is also commonly used:

Dere skal flytte, ikke sant? Jo, vi skal det.
Dere har mange barn, ikke sant? Jo, vi har det.

The word *vel* is often used instead of *det* in an affirmative question tag:

De er ikke engelsk, er De vel? Nei, jeg er ikke det.
De må ikke gå nå, må De vel? Nei, jeg må ikke det.

Vel is never used in a negative question tag, but it may be used in both
affirmative and negative statements before question tags, often with the
result that *det* drops out in the tag following:

Du er vel norsk, er du ikke (det)?
Du er vel ikke norsk, er du (det)?

Translate the following:
«You're not Norwegian, are you?» – «No, I'm not. I'm from Pakistan.» –
«You speak Urdu then, don't you?» – «Yes, I do. It's my mother tongue
(mitt morsmål).» – «You speak Norwegian well.» – «Do you think so?» –
«Yes, I do. Do you like it in this country?» – «Yes, I do, but I think it's a
bit cold here.» – «I think the weather will be better now.» – «Do you think
so?» – «Yes, it will no doubt be warm (varmt) again tomorrow.» «Do you
think so? Yes, perhaps. Let's hope so (La oss håpe det/Vi får håpe det).»

Når?

A: Når står De opp om morge-   When do you get up in the morn-
nen?   ing?

B: Mener De hvilket klokkeslett?   Do you mean at what hour?

A: Ja, akkurat.   Yes, precisely.

B: Jeg står opp ca. klokken syv.   I get up at about seven. It may be
Det kan være noen minutter på   some minutes to seven or some
syv eller noen minutter over   minutes past seven. It differs a
syv. Det er litt forskjellig.   bit.

A: Når spiser De frokost?   When do you have breakfast?

B: Som regel spiser jeg ca. åtte.   As a rule I eat at about eight.

A: Når går De hjemmefra?   When do you leave home?

B: Jeg går hjemmefra presis halv   I leave home exactly at eight
ni.   thirty.

A: Har De lang vei til arbeidet?   Do you have a long way to go to
   your work?

B: Nei, ikke så veldig lang.   No, not so very long.
Det tar meg en halv time å   It takes me half an hour to get
komme dit.   there.

A: Hvilket transportmiddel bru-   What means of transportation do
ker De?   you use?

B: Jeg tar både buss og trikk. Først går jeg i ca. fem minutter, så reiser jeg med buss i ti minutter og til slutt med trikk i et kvarter.

I take both a bus and a tram. First I walk for about five minutes, then I go by bus for ten minutes and finally by tram (streetcar) for a quarter of an hour.

A: Hvilken del av byen arbeider De i?

What part of town do you work in?

B: Jeg arbeider på Vestkanten, på Frogner.

I work in the West End, at Frogner.

A: Hva slags arbeid har De?

What kind of work do you have?

B: Jeg er tegner på et arkitektkontor.

I'm a draughtsman at an architect's office.

A: Liker De jobben?

Do you like your job?

B: Ja, jeg trives godt med den.

Yes, I'm happy with it.

A: Når begynner De på arbeidet?

When do you start work?

B: Jeg begynner klokken ni.

I start at nine.

A: Er ikke det litt sent?

Isn't that a bit late?

B: Nei, det er tidlig nok for meg.

No, it's early enough for me.

A: Når har De spisepause?

When do you have a lunch-break?

B: Mellom halv tolv og tolv.

Between half past eleven and twelve.

A: Hva spiser De til lunch?

What do you have for lunch?

B: Jeg spiser bare et par brødskiver og drikker en kopp kaffe. Jeg er ikke så sulten om formiddagen.

I only take a couple of slices of bread and drink a cup of coffee. I'm not so hungry in the morning (forenoon).

A: Hvilket måltid er Deres hovedmåltid?

What meal is your main meal?

B: Det er selvfølgelig middag.

That is of course dinner.

A: Når spiser De middag?

When do you have dinner?

B: Mellom halv fem og fem. Jeg slutter på arbeidet klokken fire og reiser så rett hjem til middag.

Between half past four and five. I finish work at four and then go straight home for dinner.

A: Hvilke dager har De fri?

What days are you free?

B: Jeg har fri hver helg, det vil si, hver lørdag og søndag.

I'm free every weekend, that is to say, every Saturday and Sunday.

A: Hvilken dag er det i dag?

What day is today?

B: I dag er det fredag, så jeg har fri i morgen.

Today is Friday, so I'm free tomorrow.

A: Hva gjør De på Deres fridager?

What do you do on your days off?

B: Å, jeg sover lenge om morgenen og koser meg med familien. Vi tar oss ofte en tur med bilen og hygger oss ute i naturen. Barna liker seg best ute i det fri.

Oh, I have a long sleep in the morning and enjoy myself with my family. We often take a trip in the car and have a nice time out in the open. The children like it best out of doors.

A: Når legger dere dere om kvelden?

When do you go to bed in the evening?

B: Vi legger oss til litt forskjellig tid. Barna legger seg ved 8–9-tiden. Min kone legger seg ved

We go to bed at slightly different times. The children go to bed at about 8 to 9. My wife goes to bed

halv elleve-tiden, og jeg selv legger meg mellom kvart på elleve og elleve.	at about half past ten, and I myself go to bed between a quarter to eleven and eleven.
A: Er ikke det litt tidlig?	Isn't that a bit early?
B: Nei, det er sent nok for meg.	No, it's late enough for me.

● **Alle tenker på seg. Det er bare jeg som tenker på meg.**

TIDEN

I *ett minutt* er det seksti sekunder. I *én time* er det seksti minutter. I *ett døgn* er det *én dag* og *én natt*. I *én uke* er det syv dager – seks hverdager og en helligdag. I *én måned* er det tredve eller énogtredve dager (bortsett fra februar som normalt har åtteogtyve dager). I *ett år* er det tolv måneder eller toogfemti uker eller tre hundre og femogseksti dager.

Dagens tider:	Ukens dager:	Årets måneder:
morgen (ca. 5–10)	søndag	januar
formiddag (ca. 10–2)	mandag	februar
ettermiddag (ca. 2–6)	tirsdag	mars
kveld (aften) (ca. 6–12)	onsdag	april
natt (ca. 12–5)	torsdag	mai
	fredag	juni
	lørdag	juli
		august

● **Året har mange dager og dagen har mange timer**

● **Ingen kjenner dagen før solen går ned**

september
oktober
november
desember

LATHANS

Mandag gjør jeg ingenting,
tirsdag har jeg gode stunder,
onsdag ser jeg meg omkring,
torsdag går jeg rundt og grunner,
fredag gjør jeg hva jeg vil,
lørdag stunder helgen til.

Så er uken ute:
snipp, snapp, snute.

LAZYBONES

On Monday I do nothing,
On Tuesday I have a good time,
On Wednesday I have a look around,
On Thursday I go about and ponder,
On Friday I do what I want,
On Saturday the holiday is approaching,
Then the week is out,
And that's the end of the story.

Try to learn Lathans by heart.

SUBSTITUSJONSØVELSER

Når står De opp om morgenen?

kommer hjem . . ettermiddagen,
går ut . . kvelden.

Hvilket klokkeslett?

dag, dager, år, måneder.

Jeg står opp klokken syv.

du . . fem over syv,
han . . ti over syv,
hun . . kvart over syv,
vi . . ti på halv åtte,
dere . . fem på halv åtte,
de . . halv åtte.

Det tar meg en halv time å komme dit.

deg . . tre kvarter
ham . . en time
henne . . en time og et kvarter
oss . . en og en halv time
dem . . en time og tre kvarter

Jeg tar både buss og trikk.

bil . . tog, båt . . buss,
trikk . . båt.

Først går jeg, så reiser jeg med buss.	sykler han . . trikk, biler hun . . tog, busser de . . båt.
Jeg reiser med buss i 10 minutter.	han . . trikk . . et kvarter, hun . . tog . . en halv time, vi . . båt . . tre kvarter, de . . fly . . én time.
Hvilken dag er det i dag?	i morgen, i overmorgen (day after tomorrow), var . . i går, i forgårs (day before yesterday).
I dag er det fredag.	i morgen . . lørdag, i overmorgen . . søndag, i går . . torsdag.
Jeg koser meg med familien.	du . . deg, han . . seg, hun . . seg, vi . . oss, dere . . dere, de . . seg.
Vi tar oss en tur.	jeg, han, du, hun, de, dere.

Translation (Oversettelse):
«What's the time?» – «It's twenty past seven.» – «When does the bus go?» – «At twenty to eight.» – «Then I have to hurry (p. 116, 1.7). I must wash and fix myself up (p. 116, lines 5 and 7) a bit first. And I ought to have a lunch-pack (en matpakke) with me. Can you help me with that? A couple of slices of bread is enough.» – «I guess I'll have to do it (får vel gjøre det). The problem with you is that you go to bed too (for) late in the evening, so you're too tired in the morning. The early bird catches the worm (p. 122), you know.» – «I know that, dear (kjæreste). I shall improve (forbedre meg), but it isn't so easy. You have the lunch-pack ready (ferdig)?» – «Yes, here it is. Have a good day. Bye-bye (Ha det).»

HVA ER KLOKKEN?

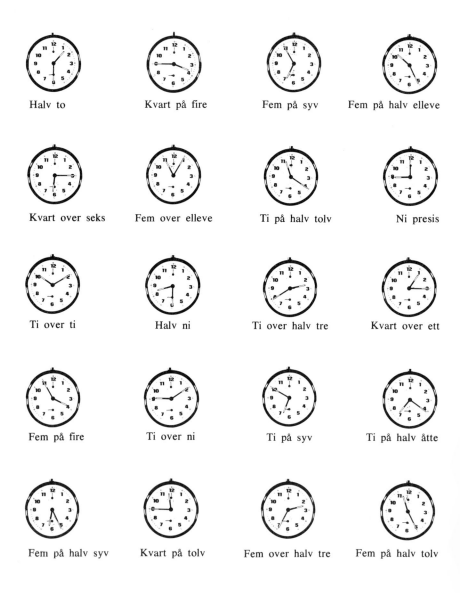

Halv to   Kvart på fire   Fem på syv   Fem på halv elleve

Kvart over seks   Fem over elleve   Ti på halv tolv   Ni presis

Ti over ti   Halv ni   Ti over halv tre   Kvart over ett

Fem på fire   Ti over ni   Ti på syv   Ti på halv åtte

Fem på halv syv   Kvart på tolv   Fem over halv tre   Fem på halv tolv

SKRIV KLOKKESLETTENE

_____ _____ _____ _____

_____ _____ _____ _____

_____ _____ _____ _____

I offisielt språk: (Not used in ordinary conversation)

12.00 – Tolv null null.	12.35 – Tolv trettifem
12.05 – Tolv null fem.	12.40 – Tolv førti.
12.10 – Tolv ti.	12.45 – Tolv førtifem.
12.15 – Tolv femten.	12.50 – Tolv femti.
12.20 – Tolv tjue.	12.55 – Tolv femtifem.
12.25 – Tolv tjuefem.	13.00 – Tretten null null.
12.30 – Tolv tretti.	

ASK QUESTIONS
(Still spørsmål)
Når:

Eksempel: står opp om morgenen   Spørsmål: Når står du opp om morgenen?

Cue: går til byen   _____
     spiser aftens   _____
     reiser hjem   _____
     begynner på arbeidet   _____
     legger deg om kvelden   _____

Hvilken, hvilket, hvilke:

Eksempel: tar tog   Spørsmål: **Hvilket tog tar du?**
     spiser på restaurant   **Hvilken restaurant spiser du på?**
     kjenner studenter   **Hvilke studenter kjenner du?**

Cue: tar buss   _____
     bor i hus   _____
     har sigaretter   _____
     bruker sykkel   _____
     har bøker   _____
     ser på bilde   _____

Hva slags:

Eksempel: har radio   Spørsmål: **Hva slags radio har du?**

Cue: har arbeid   _____
     bor i hus   _____
     spiser mat (food)   _____
     liker sigaretter   _____
     skal kjøpe bil   _____

Hvor mange:

Eksempel: har barn
Cue: spiser måltider

kjenner lærere

leser bøker

går på forelesninger

har rom

Spørsmål: Hvor mange barn har du?

_____

_____

_____

_____

_____

Skriftlig oppgave:

Skriv en dialog mellom A og B. A stiller spørsmål og B svarer. Bruk
særlig spørsmål med _når_ og _hvilken, hvilket, hvilke._ Bruk også refleksive
verber.

GRAMMATIKK

Reflexive verbs

Norwegian uses more reflexive verbs than English and quite often both
intransitive and transitive verbs are used with reflexive pronouns to give
the expression a more personal and informal touch. The reflexive pro-
nouns are identical with the object forms of the personal pronouns
except in the infinitive and third person singular and plural. Note also
that the reflexive pronouns are used after prepositions when they refer
to the subject of the sentence.

jeg legger meg (I go to bed)
du legger deg
De legger Dem
han legger seg
hun legger seg
det legger seg
den legger seg
vi legger oss
dere legger dere
de legger seg

After a preposition
jeg kler på meg (I dress)
du kler på deg
De kler på Dem
han kler på seg
hun kler på seg
vi kler på oss
dere kler på dere
de kler på seg

115

Some common reflexive verbs

legge seg (go to bed, lie down)
sette seg (sit down)
reise seg (rise, stand up)
hvile seg (rest)
vaske seg (wash)
barbere seg (shave)
stelle seg (fix oneself up)
kle (på) seg (dress)
pynte seg (dress up)

like seg (like it, enjoy oneself)
hygge seg (enjoy oneself)
kose seg (enjoy oneself)
more seg (have fun)
gifte seg (marry)
forlove seg (get engaged)
skynde seg (hurry)
passe seg (take care)
komme seg (get better, recover)

Possible reflexive form
(Some examples)

ta (seg) en tur (take a trip)
ta (seg) en drink (take a drink)
ta (seg) en sigarett (take a cigarette)
ta (seg) en kopp te (take a cup of tea)

gå (seg) en tur (go for a walk)
kjøpe (seg) en bil (buy a car)
bygge (seg) et hus (build a house)
få (seg) en kone (get a wife)
finne (seg) en mann (find a husband)

The clock

The way Norwegians keep track of time is rather complicated. After the full hour the system is normal up to a quarter past or some minutes beyond: *fem over, ti over, kvart over.* After a quarter past some people continue saying *over* up to twenty minutes past: *seksten over, sytten over, atten over, nitten over, tyve over.* Others, however, like to make a division at a quarter past and then start saying: *fjorten på halv, tretten på halv, tolv på halv,* etc. For the majority it is probably most natural to make a division at seventeen past, so that the system becomes: *sytten over* and then *tolv på halv.* The same ting happens after the half hour. The majority probably say: *tolv over halv* and then *sytten på.* But it is also possible to say: *tyve på, nitten på,* etc.

Note that half hours are associated with the *coming* full hour, not with the past: *halv åtte* = half past seven.

The official system with 24 hours and the reckoning in minutes throughout the hour is hardly used outside official institutions and transport companies. In everyday speech the system is as described on the previous pages with two 12-hour periods per day, starting at midnight and at noon. The abbreviations a.m. and p.m. are never used. If there is doubt, the expressions *om morgenen, om formiddagen,* etc. are added: *kl. 7 om morgenen, kl. 11 om formiddagen, kl. 3 om ettermiddagen, kl. 8 om kvelden, kl. 1 om natten.* The two 12 o'clocks are described as *kl. 12 middag* and *kl. 12 midnatt.*

There are three common ways of asking the time:

> Hva er klokken?
> Hvor mye (meget) er klokken?
> Hvor mange er klokken?

In the reply the pronoun *den* is used:

> Den er fem på halv fire. Den er mange.

Note also: *It is* 5 o'clock = Klokken er 5.)

Både . . og.

Både . . og (= both . . and) was originally used only about two elements, but today it is perfectly possible to use this conjunction to join a great many elements: *jeg tar både buss, trikk, båt og fly.* The opposite is *verken . . eller: jeg tar verken buss, trikk eller båt.*

Quantities

Unlike English no preposition is used in stating quantities:

> en kopp kaffe (a cup of coffee)
> et glass melk (a glass of milk)
> en flaske øl (a bottle of beer)
> et par brødskiver (a couple of slices of bread)
> en pakke sigaretter (a packet of cigarettes)
> en eske fyrstikker (a box of matches)
> en (or ett) kilo margarin (a kilogram of margarine)
> to kopper te (two cups of tea)
> tre glass vin (three glasses of wine)

Hvilken, hvilket, hvilke

Hvilken is used with a common gender noun in the singular:
Hvilken bok (buss, mann, dame, hund, etc.)
Hvilket goes with a neuter noun in the singular:
Hvilket hus (tog, bilde, klokkeslett, etc.)
Hvilke is used with any plural noun:
Hvilke dager (busser, hus, tog, damer, etc.)
These words correspond to both *what* and *which* in English.

Eight spellings of the sh-sound

1. **skj** as in: skjønne, kanskje, forskjellig, skje
2. **sk** » » ski, solskinn, skynde seg, skyte (shoot)
3. **sj** » » sjelden, bagasje, sjø, sjokolade
4. **rs** » » norsk, vers, først, forstå
5. **s(1)** » » slem, slå, slik, slalåm
6. **g** » » giro, Gibraltar, generell, geni (genius)
7. **sch** » » schizofreni, schnitzel, schæfer (Alsatian)
8. **sh** » » sherry, shorts, shipping, Shetland

9. Leksjon ni

Hva gjør vi i løpet av et døgn?

Om morgenen står vi opp. Vi vasker oss og steller oss, og deretter kler vi på oss. Hos oss står jeg opp først og steller meg på badet. Så følger min kone og gjør seg i stand. Når vi begge er ferdig, vekker vi barna.[1]) Så spiser vi frokost sammen før vi går på arbeidet eller på skolen. Vi har to barn og begge går på skole, så både jeg og barna drar hjemmefra hver morgen. Min kone er husmor og blir hjemme.

Noen arbeider på kontor, andre på skole, noen på fabrikk, andre i butikk og så videre. Noen arbeider ute, andre hjemme, og andre igjen gjør begge deler. Vi har alle en jobb å gjøre, stor eller liten.

Om søndagen går vi kanskje i kirke eller på tur, eller begge deler. I Norge går vanligvis både voksne og barn på tur i skog og mark om søndagen. Om vinteren går de på ski, om sommeren på bena.[1]) Begge deler er like populært.

Om ettermiddagen drar vi hjem fra arbeidet, spiser middag og vasker opp. Personlig liker jeg å ta meg en middagslur etterpå, men andre liker å ta seg en tur eller leke med barna om ettermiddagen. Både ung og gammel trenger å slappe av.

Om kvelden liker nordmenn best å være hjemme og ta det med ro. Vi snakker sammen, hører på radio, ser på TV eller er opptatt med en hobby. Kanskje drikker vi kaffe eller spiser aftens. Det er godt med en matbit om kvelden. Av og til går vi ut – på kino, på restaurant – eller begge deler. Selvfølgelig hender det også at vi går i teater eller på en konsert.

Noen legger seg tidlig, andre legger seg sent. Personlig foretrekker jeg å legge meg tidlig. Når kvelden kommer, er jeg som regel trett som en strømpe. Noen sovner med en gang, andre ligger lenge våken. Vanligvis sovner jeg fort.

Om natten sover vi og drømmer om mangt og meget, iallfall noen av oss. Kanskje sovner vi klokken 11 eller halv 12 og sover til klokken 6

---

[1]) The normal plural definite ending of *barn* and *ben* is *-a*.

119

eller 7. En og annen lathans eller syvsover sover helt til 9 eller 10. Noen sover godt, andre sover dårlig. Som regel sover jeg som en stein om natten. Derfor er jeg morgenfrisk og sprek når jeg våkner om morgenen. Begge barna sover også godt. Derimot sover min kone noen ganger dårlig, og da er hun trett og lite opplagt når hun våkner.

Så står vi alle opp. En ny dag venter: ny sol, ny himmel, en ny jobb å gjøre. Det er fint å leve!

GLOSSARY

(For explanation of accent marks see p. 37)

vas`ke seg – wash (oneself)
stell`e seg – fix oneself up, do one's toilet
der´etter (e = æ) = så – then, thereafter
kle på´ seg – dress, put on clothes
hos oss´ – with us, in our family
på ba´det – in the bathroom
gjøre seg i stand´ – make oneself ready, fix oneself up
begg`e (begge to´) – both, both of us
ferdig /ˈfæːɍdi/ or /ˈfæɍdi/ – ready; finished
vekk`e – wake, awaken
samm´en – together
dra hjemm`efra – leave home
hver morgen /ˈvæːr ˈmɔːɍn̩/ – every morning
bli hjemm`e – stay at home
fabrikk´ (en) – factory
og så vi`dere – and so on
begg`e de`ler – both things
gå i kir`ke – go to church
va`nligvis – usually
vok`sne – grown-ups (*en voksen* – a grown-up)
i sko´g og mar´k – in the woods (and hills)
på ski´ – on skis
på be´na = til fots – on foot
li`ke populæ´rt – equally popular
dra´ – go, travel
vaske opp´ – wash up, do the dishes
perso´nlig – personally

ta seg en midd´agslur – take a nap after dinner
ett`erpå – afterwards
le`ke med ba´rna – play with the children
både ung´ og gamm`el – young and old alike
treng`e – need (Single Tone in pres. t.)
slappe a´v – relax
ta´ det med ro´ – take things easy, have a quiet time
være opp´tatt med – be occupied with
spise af`tens – have supper
en ma`tbit – a bite of food
a´v og til´ – once in a while, now and then
hend`e (note silent *d*) – happen
fo`retrekke (o=å) – prefer
trett´ som en strøm`pe – dead tired ('tired as a stocking')
sov`ne (o=å) – fall asleep
med e´n gang´ – at once, immediately
vå`ken – awake
drømm`e om – dream about
mang´t og me`get – many things, both this and that
iall´fall – at least, at any rate
e´n og a`nnen / ´e:n ɔ ᵛa:-n· / – some, one . . . or another
en sy`vsover = en la`thans – a sleepy-head
he´lt til´ – even up to, right up to
so`ve som en stei´n – sleep like a log ('like a stone')
mo`rgenfrisk og spre´k – morning fresh and fit (spry, strong)
der´imot (e=æ) – on the other hand
li`te opp´lagt – not very fit
en ny´ da´g ven`ter – a new day is awaiting
so´l (en/a) – sun
himm`el (en) – sky, heaven
le`ve – live, exist (Note difference from *bo* = dwell, stay)

En gammel og velkjent sang

(An old and well-known song)

Fader Jacob, Fader Jacob,
sover du, sover du?
Hører du ei klokken?
Hører du ei klokken:
Bim, bam, bom – bim, bam, bom.

Fader, moder og *broder* er gamle former for *far, mor* og *bror*.
Ei er en gammel form for *ikke* (gammelnorsk *eigi*).

Noen ordspråk

(Some proverbs)

● **Morgenstund har gull i munn**
(The early bird catches the worm)
● **Uten mat og drikke duger helten ikke**
('Without food and drink the hero won't do')
● **Øvelse gjør mester**
(Practice makes perfect)
● **Kjærlighet gjør blind**
(Love is blind)
● **Borte bra, men hjemme best**
(East, west – home is best)
● **Mennesket spår, Gud rår**
(Man proposes, God disposes)

Noen nyttige uttrykk

trett som en strømpe	'tired as a stocking'
frisk som en fisk	fit as a fiddle
sterk som en bjørn	strong as a horse ('a bear')
god som gull	as good as gold
sta som et esel	obstinate as a mule ('donkey')
lett som en fjær	light as a feather
tung som bly	heavy as lead
hard som flint	hard as flint
glad som en lerke	happy as the day is long
fri som fuglen	free as a bird

SUBSTITUSJONSØVELSER

Vi vasker oss og steller oss.

jeg, du, han, de.

Deretter kler vi på oss.

jeg, dere, hun.

Jeg steller meg på badet.

du . . på soveværelset (bedroom),
de . . på kjøkkenet.

Vi har to barn, og begge går på skole.

to venner . . står i butikk,
to onkler . . arbeider på kontor,
to nevøer . . er i bank,
to nieser . . jobber på sykehus.

Både jeg og barna drar hjemmefra.

han . . guttene . . hjem,
hun . . pikene . . bort (away).

Noen arbeider på kontor, andre på skole.

på fabrikk . . i butikk,
i bank . . på sykehus,
på restaurant . . i reisebyrå (travel bureau).

Noen arbeider ute, andre hjemme.

inne . . ute, hjemme . . borte.

Vi går i kirke eller på tur, eller begge deler.

i teater . . på kino,
i selskap (party) . . på restaurant.

Jeg liker å ta meg en middagslur etterpå.

en tur, en drink, en sigarett.

Vi sovner 11 og sover til 7.

han . . 12 . .6, hun . . 10 . .8.

Begge barna sover.

guttene vasker opp, pikene leser.

123

ØVELSER I INVERSJON

Straight: Vi står opp *om morgenen.*
Inverted: *Om morgenen* står vi opp.
Straight: Vi kler *deretter* på oss.
Inverted: *Deretter* _____

: Jeg står opp først *hos oss.*
: *Hos oss* _____

: Min kone følger *så.*
: *Så* _____

: Vi vekker barna *når vi begge er ferdig.*
: *Når vi begge er ferdig* _____

: Vi spiser *så* frokost sammen.
: *Så* _____

: Vi arbeider *om formiddagen.*
: *Om formiddagen* _____

: Vi går i kirke *om søndagen.*
: *Om søndagen* _____

: Både voksne og barn går på tur *i Norge.*
: *I Norge* _____

: De går på ski *om vinteren.*
: *Om vinteren* _____

: De går på bena *om sommeren.*
: *Om sommeren* _____

: Vi drar hjem om ettermiddagen.
: *Om ettermiddagen* _____

: Jeg liker *personlig* å ta meg en middagslur.
: *Personlig* _____

: Nordmenn liker best å være hjemme *om kvelden.*
: *Om kvelden* ———————————————

: Vi drikker *kanskje* kaffe og spiser aftens.
: *Kanskje* ———————————————

: Det er godt med en matbit *om kvelden.*
: *Om kvelden* ———————————————

: Vi går *av og til* ut på kino.
: *Av og til* ———————————————

: Det hender *selvfølgelig* at vi går i teater.
: *Selvfølgelig* ———————————————

: Jeg foretrekker *personlig* å legge meg tidlig.
: *Personlig* ———————————————

: Jeg er trett *når kvelden kommer.*
: *Når kvelden kommer,* ———————————————

: Jeg sovner *vanligvis* fort.
: *Vanligvis* ———————————————

: Vi sover *om natten.*
: *Om natten* ———————————————

: Vi sovner *kanskje* klokken elleve.
: *Kanskje* ———————————————

: Jeg sover *som regel* som en stein.
: *Som regel* ———————————————

: Jeg er *derfor* sprek når jeg våkner.
: *Derfor* ———————————————

: Min kone sover *derimot* dårlig.
: *Derimot* ———————————————

: Hun er *da* trett når hun våkner.
: *Da* ———————————————

Skriftlig oppgave

Fortell om hva du og din familie gjør i løpet av et døgn.
Bruk inversjon, refleksive verber, *både, begge* og *begge deler.*

GRAMMATIKK
Inversion

For rules about inversion see page 72. Whenever prepositional phrases, adverbs, etc. are moved from their normal place in the sentence to the beginning of it, inversion of the word order occurs (predicate comes before subject). When these phrases are so moved, they are given more emphasis than in their normal place in the sentence.

It should be noted that *conjunctions* (og, men, når, hvis, etc.) never cause inversion when they appear at the beginning of sentences. Sometimes the same word is used both as a conjunction and an adverb (e.g. *da* and *så*), but inversion only takes place when the word functions as an adverb.

The adverb *kanskje* need not cause inversion. It is as correct to say: *Kanskje han kommer* as *Kanskje kommer han.*

There is no inversion in exclamations with *så* and *for: Så fin du er! For et vær vi har!* (What weather)

'Både', 'begge' and 'begge deler'

The English *both* corresponds to three expressions: *både, begge,* and *begge deler.*

Både always appears as part of the conjunction *både . . og.* In other words, it is always followed by *og*:

Både voksne og barn. Både ung og gammel. Både jeg og barna. Jeg tar både buss og trikk. Jeg liker både te, kaffe og melk.

Begge is used both adjectivally and substantivally and for both persons and things. When used substantivally it often appears in the form *begge to:*

Tar du med deg begge barna? Ja, jeg tar med meg begge (to). Begge bilene er her. Begge (to) står i garasjen.

126

Begge deler is only used about things and actions, never about persons. It is used about two *different kinds* of things or actions (whereas *begge* is used about things of the same kind):

Bruker du sykkel eller bil? Jeg bruker begge deler.
Bruker du Ford'en eller Chevrolet'en? Jeg bruker begge (to).

Begge deler must be translated as *both* or *both things*, **begge** as *both of them* (both of us, both of you). *Begge* conveys the idea of two individual things or persons, *begge deler* the idea of two different *kinds* of things or actions. In the above example: *Bruker du sykkel eller bil?* the idea is (since the indefinite form of the nouns is used) that there are two different kinds of transportation. If the definite form of the nouns is used: *Bruker du sykkelen eller bilen?* the idea becomes that two individual vehicles are meant. So in the latter case the answer will be: *Jeg bruker begge (to)*.

Some more examples:

Kjøp både te og kaffe! Vi trenger begge deler.
Be både Eva og Per til middag! Jeg vil se begge to her.
Har du både radio og TV? Ja, jeg har begge deler.
Kjenner du både Per og Pål? Ja, jeg kjenner begge to.
Bruker du både penn og blyant? Ja, jeg bruker begge deler.
Bruker du både pennen og blyanten? Ja, jeg bruker begge to.
Folk går både på kino og restaurant. Begge deler er populært.
Liker du te eller kaffe? Jeg liker begge deler.
Har du begge syklene der? Ja, jeg har begge to.

'Hjem'/'hjemme', 'ut'/'ute', etc.

Some Norwegian adverbs appear in different forms according to whether they are associated with motion or stay or activity at a certain place. The pairs *her/hit* and *der/dit* have already been mentioned. Another group is listed below:–

hjem/hjemme	Vi går *hjem*. Mor er *hjemme*.
ut/ute	Kom *ut!* Vi spiser *ute*.
inn/inne	Du må komme *inn*. Vi sitter alle her *inne*.
opp/oppe	Gå *opp*. Lise ligger *oppe*. (upstairs).

ned/nede	Gå helt *ned* til krysset. Der *nede* ser du et lys.
bort/borte	Jeg skal *bort* i kveld. Jeg blir *borte* i 2 timer.
frem/fremme	Gå rett *frem!* Du vil være *fremme* om 5 minutter.

Use of 'på' and 'i' with geographical names, activities, etc.

Basically, the preposition *i* corresponds to English *in*, i.e. *inside*. *På* corresponds to English *at* or *on*. However, in many cases usage is different from English. It has already been mentioned that *på* or *i* is used even with verbs of motion when one has the activity of a place in mind and not the geographical idea of it (*Gå på kino, gå i teater*). But when it comes to choosing between *på* and *i* in connection with place-names or activities, it is difficult to lay down rules because so much has been decided by usage and not by logic.

Norwegian towns

Usually, inland towns in Norway take the preposition *på* and coastal towns *i*:–

på Hamar	i Oslo
på Lillehammer	i Bergen
på Notodden	i Trondheim
på Rjukan	i Bodø

Note the contrast: på landet (in the countryside)
i byen (in town)

Small places in Norway

These usually take the preposition *på*:

på Eidsvoll	på Elverum
på Dombås	på Dal
på Stange	på Sola

But certain endings (for special natural features) require the preposition *i*, e.g. *-dal* (valley), *-vik* (bay, creek), etc., although there are exceptions to this rule too:-

i Alvdal	i Tusvik	i Målselv
i Gausdal	i Spjelkavik	i Lakselv

Note: '*i*' would always be used in connection with small places outside Scandinavia.

Districts and regions in Norway

The normal preposition here is *i:*–

i Trøndelag	i Hallingdal
i Hardanger	i Østerdalen
i Hordaland	i Telemark
i Ryfylke	i Bærum

There are, however, important exceptions:

på Østlandet	på Ringerike
på Vestlandet	på Romerike
på Sørlandet	på Møre
på Jæren	
på Toten	

Countries and continents

i Norge	i Europa
i Frankrike	i Afrika
i Japan	i Asia
i Tanzania	i Australia

However, some countries that are islands take *på:*–

på Island	på Madagaskar
på Cuba	på Malta
på Kypros	på New Zealand /ny 'se:lan/

Note particularly: *i Storbritannia* (in Great Britain)

But: *på De britiske øyer* (in the British Isles)

Activities

gå på kino	gå i teater
gå på restaurant	gå i kirke
gå på konsert	gå i selskap (party)
gå på skole	gå i bryllup (wedding)
gå på tur	gå i begravelse (funeral)
gå på besøk (på visitt)	gå i barnedåp (christening)
gå på ski	gå i konfirmasjon
gå på bena	gå i tog (procession)
gå på skøyter (go skating)	gå i banken
gå på (et) møte (meeting)	gå i butikken
gå på postkontoret	gå i byen

gå på arbeid(et)	arbeide på kontor (fabrikk, sykehus)
gå på jobben	arbeide i bank (butikk, et firma, huset)

(Note also: stå i butikk = work in a shop)

Various parts of a house

i kjelleren (cellar, basement)	på loftet (attic)
i første etasje (ground floor)	på soveværelset (bedroom)
i annen etasje (first floor)	på barneværelset (nursery)
i stuen (sitting-room)	på kjøkkenet
i gangen (entry, corridor)	på badet
i entreen[1] (entry, hall-way)	på toalettet (på W.C.[2], på do)
i hallen (entrance hall)	på vaskerommet
i kottet (closet)	på spiskammeret (pantry)

Note that neuters normally take *på*.

[1] Pronunciation /aŋ'tre:ən/
[2] Pronunciation /'ve:'se:/

Oversettelse:
He says that he gets up at about seven in the morning. First he goes to the bathroom, he says, where he washes and dresses. Then he goes to the kitchen and begins (begynner) to make (lage) breakfast, while (mens) his wife (hans kone) is fixing herself up in the bathroom. Then they wake the children and have breakfast together. Both he and the children leave home at about a quarter to eight. They have a short way to walk to the places of work: a school and an office. The mother stays at home and works in the house till (til) the others come back. After dinner the father and the children wash up while the mother is taking a nap. In the evening everybody (alle) relaxes – reads a good book, watches a film on TV or is occupied with a hobby.

Hvordan står det til, du?

To venner treffer hverandre på gaten.

A: Morn du!

B: Hei, er det deg?

A: Hvordan står det til?

B: Å, ikke så verst, du.
Og hvordan går det med deg
da?

A: Jeg kan ikke klage.

B: Og med Else og barna?

A: Takk, de har det bare bra.

B: Skal dere ikke reise på
ferie snart?

A: Jo, vi drar i neste uke
til Sørlandet.

B: Så hyggelig!

A: Og du da?

B: Du vet jeg er ungkar og
spelemann, så jeg legger
ikke så mange planer. Men
jeg tar meg vel en tur i
neste måned, tenker jeg.

A: Hvorhen da?

B: Det blir vel en fottur i
fjellet som vanlig, tenker
jeg.

A: Ja, du pleier å gå i
fjellet, du.

B: Ja, jeg gjør det. Det er fin
avkobling fra alt maset,
vet du.

A: Ja, det er klart, det.
Du går fra hytte til hytte,
er det ikke så?

B: Jo, jeg overnatter på Turist-
foreningens hytter. Det er
billig og greit, det.

A: Du må vel bestille plass på
forhånd da?

B: Nei, du, det er ikke nødven-
dig, det, men jeg må ta til
takke med hva de har av plass
da, vet du. Jeg må ofte
ligge på gulvet.

A: Ja, du er nok en ordentlig
sportsmann, du. Jeg for min
del må ha seng, jeg, for
å sove.

B: Å, det går så fint, så. Jeg
har med meg sovepose og da
kan jeg sove hvor det
faller seg. Det gjør meg
ingenting å ligge på gulvet.
Jeg er jo ung og sprek,
vet du.

A: Ja, du er jo det.
Hvordan er det forresten, går
du alene eller sammen med
noen når du går i fjellet?

B: Jeg liker best å gå alene,
jeg. Man er friere da,
liksom. Men du vet jeg
treffer jo alltid mange
hyggelige mennesker på
veien.

A: Ja, du gjør vel det. Men det
kan vel bli litt ensomt en
gang i blant, vel?

B: Nei, du, jeg synes ikke
det, jeg. Man føler seg
bare fri. - - Hvordan
skal *dere* tilbringe
ferien forresten?

A: Å, vi skal bare kose oss, vi:
bade, fiske, ro på turer i
skjærgården og dovne oss.

B: Ja, det er fint, det.
Det vil dere nok ha godt
av alle sammen. - - Du
får hilse Else og barna
så meget fra meg da, du.

A: Ja, det skal jeg nok gjøre, du.

B: Når er dere tilbake,
forresten?

A: Om ca. 3 uker.

B: Javel, ja. Ha det bra og ha
god ferie da alle sammen!

A: Takk, i like måte, du.
Ha det!

B: Ja, ha det!

GLOSSARY

treff`e – meet (accidentally) (Single Tone in present tense)
hveran`dre – each other
kla`ge – complain

rei`se på fe´rie – go away on holiday
ung´kar og spe´lemann – bachelor, young and unattached
(literally: bachelor and fiddler)

legg`e pla`ner – make plans
ten`ker jeg – I should think
en fo`ttur i fjell´et – a hike in the mountains
som va`nlig – as usual
du plei`er å gå´ – you usually go, you're used to going
a´vkobling fra al´t ma´set – relaxation from all the fuss (bustle)
en hytt`e – a hut, a lodge
o`vernatte – stay overnight, sleep

Turis´tforeningen – the Tourist (and Travel) Association
bill`ig og grei´t – cheap and convenient (simple)
bestill´e plass´ på for`hånd – book in advance
nødven´dig – necessary
ta til takk`e med – be content with, content oneself with
en ordentlig sportsmann /en ´ɔrn̥tli ´spɔrt̥sman/ – a real sportsman
jeg´ for min´ del – for my part, as for me
Å, de´t går så fi´nt, så – Oh, that works out very well indeed
en so`vepose – a sleeping-bag

hvor´ det fall´er seg – where opportunity offers, in any place
det gjø´r meg ing`enting – it doesn't hurt me, I don't mind
ung´ og spre´k – young and spry (strong, fit)
samm´en med no´en – (together) with somebody
man er fri`ere da – you're freer then
lik`som – in a way, kind of (often pronounced /´lisːɔm/)
e`nsomt – lonely
en gang´ i blan´t – every now and then, sometimes
man fø`ler seg fri´ – you feel free
til´bringe fe´rien – spend the holiday
fis`ke – (to) fish
ro´ på tu`rer – take rowing trips, row about
i skjæ`rgården – among the islands (along the coast)
dov`ne seg – loaf, be lazy
de´t vil dere nok ha godt´ av – that will no doubt do you good
all`e samm´en – all of you (all of us, all of them)
du får hil`se El`se og ba´rna fra meg – you must say hallo to
Else and the children for me

om ca. tre´ u`ker – in about three weeks
ha det bra´ – take care of yourself, all the best, cheerio
takk´ i li`ke må`te (Pronounce: li`ge må`de) – the same to you
Ha´ det! (= morn da!) – Bye-bye! *(Ha det!* is short for *Ha det bra!*
or *Ha det godt!)*

SUBSTITUSJONSØVELSER

Hei er det deg?	ham, henne, Dem.
Jeg tar meg vel en tur.	du, han, vi.
Du pleier å gå i fjellet, du.	han, hun, vi.
Det er klart det.	sikkert, fint, godt.
Du er nok en ordentlig sportsmann, du.	viking, røver (rascal), skøyer (kidder, joker)
Å, det går så fint, så.	bra, lett, glatt (smoothly).
Jeg kan sove hvor det faller seg.	ligge, overnatte.
Jeg er jo ung og sprek, vet du.	frisk og sterk, sprek og frisk.
Det kan vel bli litt ensomt, vel?	trist, kjedelig.
Hvordan skal dere tilbringe ferien forresten?	sommeren, fridagene.
Å, vi skal bare kose oss, vi.	hygge, dovne.
Ja det er fint, det.	bra, godt.
Det vil dere nok ha godt av.	du, de, han.
Du får hilse dem så meget fra meg da!	ham, henne.

VARIOUS GREETINGS
(Forskjellige hilsener)

	When meeting:	When parting:
Fami- liar ones	Hei! Hei, hei! Hei, du! Hei på deg!	Ha det! Ha det, ha det! Ha det, du! Du får ha det da!
Infor- mal ones	Morn! Morn, morn! Morn, du!	Morn da! (Morn'a!) Ha det bra, du! Ha det godt, du!
For- mal ones	God dag! God morgen! God kveld! (God aften!)	Adjø da! Farvel da! God kveld da!

God natt is said when going to bed. More informal: **God natt da.**
Familiar: **Natt'a.**

Takk for nå! is usually added to the greeting when you leave a social gathering of some sort, or you say: **Takk for i dag!** or **Takk for i kveld!**

Takk for sist! (Literally: Thank you for the last time) is often used as an opening greeting to someone you have been invited home to (or have had an agreeable get-together with) the first time you meet him/her again after the party or meeting you were invited to.

Lykke til! Good luck! (With a touch of witchcraft: **Tvi-tvi!**, which may sometimes correspond to 'Break a leg!')

God bedring! is said to a sick person that you wish a speedy recovery.

Gratulerer! (Or: Til lykke!) is Congratulations: Gratulerer med dagen (forlovelsen, resultatet, ny bil osv.)

Velkommen! is 'Welcome', but used in a wider sense: Velkommen hit! (Nice you could come). Velkommen tilbake! (Come again, but also Welcome back)

God fornøyelse! means Have a good time!

Ta vare på deg selv! or **Pass godt på deg selv!** means Take (good) care of yourself!

Hils din mor! (Elsa, Per, etc.) = Say hello to your mother (Elsa, Per, etc.) for me. Variants: **Du må hilse!** or **Hils hjem!**

Takk for maten! is invariably said to the hostess (or host) after a meal. (And the hostess answers: **Velbekomme!**)

Vi sees (igjen)! or **På gjensyn!** = See you later, so long, etc.

FINDING CONTRASTS
(Å finne kontraster)

du	_____	sønn	_____
din	_____	kone	_____
mitt	_____	foran	_____
meg	_____	pike	_____
hun	_____	natt	_____
hans	_____	sovne	_____
vi	_____	galt	_____
vår	_____	liten	_____
ja	_____	lang	_____
her	_____	dårlig	_____
dit	_____	mange	_____
fra	_____	sjelden	_____
sør	_____	alle	_____
vest	_____	venstre	_____
ut	_____	ung	_____
inne	_____	tidlig	_____
før	_____	nordmann	_____
ham	_____	elev	_____
opp	_____	kjedelig	_____
nede	_____	aldri	_____
over	_____	ingenting	_____
mor	_____	lite	_____

Hun er dame.	Han _____
Han er ungkar.	Hun _____
Hun er jente.	Han _____
Du er nordmann.	Jeg _____
Du er lærer.	Jeg _____

Hun er en god lærer.	Hun går mot byen.
Hun er en ung dame.	Han snakker fort.
Jeg er på landet.	Gå ut!
Hun snakker dårlig norsk.	Om sommeren.
Herr Jensen sitter.	Om kvelden.
Det er så trist her.	Om dagen.
Øst for Oslo.	Stygt vær.
Kom hit!	Ta til høyre!
Hun går sammen med noen.	Kvart på åtte.
I kjelleren.	

Skriftlig oppgave

Skriv en uformell dialog mellom to venner som treffer hverandre på gaten like før ferien. En av dem skal være hjemme i byen i ferien, den andre skal reise på fjellet.

Gjør tonen i samtalen familiær ved å bruke følgende midler:

Du i tiltale, gjentagelse av personlig pronomen i slutten av setningene, bruk av «sentence modifiers»: *jo, nok, vel, da, forresten, liksom.* Bruk også «familiar tags» som *tenker jeg, tror jeg, synes jeg, vet du* og uttrykk for følelse som: *så synd, så trist, så hyggelig, så fint.*

GRAMMATIKK

Some characteristics of colloquial speech

Apart from the use of words that in themselves have a colloquial association or connotation, colloquial speech is also characterised by ordinary words being used in a special way. Here are some of the 'tricks' used:–

Redundant use of 'du' in address

Morn du! Hei du! Hvordan står det til, du? Morn da, du! Du, hvordan går det? Du, jeg vil gjerne snakke med deg. Du, jeg har et problem. Du, jeg kan ikke komme i morgen.

Even double use of 'du' is heard:
Du, hvordan går det, du? Du, jeg vil gjerne snakke med deg, du.

Repetition of a subject personal pronoun after statement

Han er flink, han. Det er klart, det. De spiser nå, de. Vi skal bare kose oss, vi. Hun har mange venner, hun. Dere har det fint, dere. Jeg går ofte på kino, jeg. Det er bare nå, det. Den er god, den.

This method is used for emphasis when there seems to exist some doubt.

Redundant use of personal pronoun after noun

Min mor, hun er gammel. Jensen, han skal være i byen i ferien. Anne, hun kommer hit hver dag. Bordet, det bruker vi hver dag. Bilen, den står i garasjen. Mine foreldre, de bor på landet.

Combination of the above ones

Du, min mor, hun er gammel, hun. Du, Jensen, han skal være i byen, han, du. Du, jeg har et problem, jeg, du. Bordet, det bruker vi hver dag, det, du. Du, mine foreldre, de bor på landet, de, du.

Extensive use of adverbs as modifiers or intensifiers

vel (I suppose, probably — often in questions with uninverted word order)

Du må vel bestille plass? Du skal vel ikke gå alene? Han kommer vel snart. Jeg tar meg vel en tur i neste måned. Vi får vel gå nå, vel. Du har vel pengene (the money) med deg? Du har vel ikke en sigarett på deg?

jo (after all, you know)

Du er jo ung. Jeg treffer jo alltid hyggelige mennesker. Du har jo bare ti kroner. Vi kan jo prøve. Du har jo meg. Vi må jo ha mat. Vi skal jo alle dø (die) en gang. Du er jo stor og sterk (strong).

da (then — but often without any real meaning)
Repeated: (Underlining the *consequence* of what has just been said)
Da kommer du ikke da. Da er han syk da. Da møtes vi i morgen da. Da må vi ta kontakt med en annen da.

In questions beginning with *og* when you ask your listener about something that has direct reference to what you just said about yourself:
(Det står bra til med meg) Og med deg da? (Jeg skal reise til Sørlandet) Og du da? (Ja, jeg har bil) Enn du da? (Jeg har ikke bil)

When parting:
Morn da! Adjø da! Farvel da! God natt da! Sov godt da! Ha det bra da! Ha god ferie da! God tur da! Hils din mor da!

In interjections of disapproval or disgust:
Huff da! (Humph, Ugh – mild disapproval or regret)
Fy da! (For shame – strong disapproval or reproach)
Æsj da! (Ugh, pfui, ick! – finding sth disgusting, revolting, repulsive)

forresten (by the way, incidentally, come to think of it)
Forresten, når kommer du? De er forresten i familie med hverandre.
Forresten, skal du reise i morgen? Hvordan står det til, forresten? Jeg har forresten noe med til deg. (By the way, I've brought something for you.)

nok (without a doubt, surely)

Du er nok en ordentlig sportsmann, du. Dere vil nok ha godt av en ferie. Jeg skal nok hilse dem fra deg. Du har nok mye å gjøre, du. Ikke vær redd, han kommer nok. Han har nok noe med til deg, skal du se. Du blir nok frisk igjen snart.

liksom (in a way, kind of, somehow)

Jeg liker meg liksom best hjemme. Man føler seg liksom friere. Du er liksom sjef (the boss) her, du, da. Man vet liksom ikke hva man skal gjøre. Hun er liksom litt sky (shy).

så (so, such a, such. In exclamations: how).

Det går så fint så. Hun er så flink så. Vi har så god tid så. Det er så hyggelig så. Du er så fin! Du har så pen kjole! Så hyggelig! Så fint! Så deilig! Så flott! (splendid) Så koselig! Så trist! Så sørgelig! Så synd! Så forferdelig! Så fryktelig! (terrible) Så slem du er! (How naughty you are!)

Exaggerated intensifiers

The normal words for'very' in the written language is *meget*. In colloquial speech it is very often replaced by *veldig* (immensely), *forferdelig* (terribly), *fryktelig* (awfully), *kjempe-* (giant), *mektig* (mighty), *fantastisk, voldsomt* (violently, i.e. awfully):

Han er veldig snill. Hun er forferdelig tykk (fat). Det er fryktelig kaldt her. De har et kjempekoselig hus. Jeg er mektig imponert (impressed). De er fantastisk hyggelige. Han er voldsomt sprek.

Extensive use of tags

Han kommer i morgen, gjør han ikke (det)?
Hun er pen, synes du ikke (det)?
Jeg reiser i neste uke, tenker jeg.
Han har nok av penger, vet du.
Det blir pent vær i morgen, tror jeg.
Du har en bror til, ikke sant?
Lukk døren, er du snill.

141

Dere skal reise neste måned, er det ikke så?
Jeg har ikke nok penger, forstår du.
Han er alene, skjønner du.
Hun kommer snart, kan jeg tenke meg.
Du skal ikke reise alene, kan du skjønne!
Du kan ikke gjøre det, må du forstå!
Vi har et fint hus, kan du tro.
Han blir nok frisk igjen, skal du se.

Use of 'ja', 'jo' and 'nei' as opening words

Apart from their use as answers to questions, these words are commonly used as introductory words to a statement – generally 'ja' and 'jo' before affirmative statements and 'nei' before negative ones or complaints (sometimes in doubled versions: jaja, jojo, neinei):

Ja, her har jeg det fint. Jaja, jeg må nok gå nå, jeg. Ja, dere får ha det bra da! Ja, det var alt, det. Ja, ha det!

Jo, her skal du høre. Jo, nå skal jeg forklare deg alt sammen. Jojo, det kan jeg forstå. (Implying reference to something already mentioned)

Nei, nå vil jeg ikke mer. Nei, jeg vet ikke hva jeg skal gjøre, jeg. Neinei, det kan ikke fortsette slik. Nei, jeg kan ikke være lenger, jeg. Nei, nå får det være slutt!

The doubled-up versions (jaja, jojo, neinei) usually express a certain degree of resignation or concession:

Jaja, da kan vi ikke gjøre mer her. Jojo, det kan man kanskje si. Neinei, da får vi ikke noe bensin (petrol, gas) her da.

The combination *Nei, så* can be used in any emotional exclamation of surprise, admiration, disgust, etc:

Nei, så pen du er! Nei, så hyggelig dere har det! Nei, så stygt du snakker! Nei, så slem du er! Nei, så forferdelig! Nei, så synd!

Det kommer mange studenter til Oslo

Det studerer i dag ca. 20 000 studenter ved Universitetet i Oslo. Det kommer studenter fra alle kanter av landet fordi hovedstaden gir studentene flere muligheter enn andre universitetsbyer i Norge. Det er flere fakulteter ved universitetet der og det ligger mange institusjoner i hovedstaden: biblioteker, museer, kunstsamlinger, arkiver, og det går mange teaterstykker på teatrene der.

Det kommer i dag også en god del utlendinger til universitetet, og det blir flere og flere av dem for hvert år. De kommer for å studere norsk eller for å ta en norsk universitetseksamen.

I Oslo bor det ikke mange studenter på universitetsområdet slik som det er vanlig mange andre steder. Det bor bare en liten gruppe på Blindern Studenterhjem som ligger på universitetsområdet.

Det går både busser og trikker til universitetet. På Sognsvannsbanen går det trikk hvert kvarter og i rush-tiden enda oftere. Hver gang det kommer en trikk til Blindernveien stasjon, vil man se at det strømmer studenter ut, som begir seg opp bakken til universitetet. Omvendt løper det også en mengde studenter nedover bakken til stasjonen hver gang det kommer en trikk.

La oss se på hvordan en vanlig student har det på hybelen. Hybelen er kanskje på 10 m² (kvadratmeter). Det står en seng eller en divan der, videre et bord (kanskje et skrivebord) og en 2–3 stoler. På gulvet ligger det antagelig et lite teppe eller en fillerye. På den ene veggen er det et vindu med gardiner, og på alle veggene henger det bilder eller andre ting til dekorasjon. Kanskje står det en blomst eller en potteplante i vinduet (spesielt hvis det bor en kvinnelig student der) eller kanskje henger det en slyngplante på én av veggene. Under vinduet er det en radiator (hvis det er sentralvarme i huset) eller det er en elektrisk panelovn der. I taket henger det en lampe, og det står antagelig også en lampe på bordet. Over sengen er det kanskje en sengelampe. Forøvrig finnes det flere kontakter rundt i rommet hvor man kan koble til elektriske apparater: radio, strykejern, barbermaskin etc.

Det kan hende at studenten har adgang til vask på bad eller toalettrom, eller det kan hende at det er en vask med varmt og kaldt vann inne på hybelen. Over vasken er det da et speil, og ved siden av vasken henger det håndklær. På speilhyllen står det toalettsaker av forskjellig slag, og på vasken ligger det et stykke såpe.

Glemmer vi noe? Ja. Det henger en bokhylle på veggen, det står en papirkurv mellom bordet og sengen og det er et klesskap i det ene hjørnet.

Og så til slutt bare én ting til: Det sitter en student ved bordet og leser. Stakkars mann: Han skal snart opp til eksamen, og det er ikke spøk.

GLOSSAR

fra all ˋe kan ˋter av land ʹet – from all parts of the country
ho ˋvedstad (en) – capital (Plural: hovedsteder)
fleʹre – more (*and* several)
mu ˋlighet (en) – possibility, opportunity
fakulteʹt (et) – faculty
biblioteʹk (et) – library
museʹum (et) – museum (Plural: museer)
kuṇʹstsamling (en) – art collection
arkiʹv (et) – archives, collection of documents
det går mang ˋe teaʹterstykker der – many plays are performed there
for hvertʹ åʹr – year by year
de komm ʹer for å studeʹre – they come (in order) to study
på universiteʹtsområdet – on the university campus (**område** = area)
sliʹk som – such as
va ˋnlig – common, usual
steʹd (et) – place (Plural: steder)
grupp ˋe (en) – group
det går bussʹ – buses run, there is a bus service
ba ˋne (en) – railway, line
det strømm ˋer studenʹter uʹt – students are crowding out
begiʹ seg – start walking, start moving

bakk `e (en) – hill, slope
om ´vendt – conversely, the other way round
lø `pe – run (Single Tone in present tense)
en meng `de – a lot of
hy ´bel (en) – single rented room, bed-sitter
kvadra ´tmeter – square meter(s)
en 2–3 sto `ler – something like 2–3 chairs
anta ´gelig – probably (Often spelt *antakelig*)
fill `erye (en) – rag rug
på den e `ne vegg ´en – on the one wall
pott `eplante (en) – potted plant
spesiel ´t – especially, particularly
kvinn `elig – female (Opposite: mannlig)
slyng ´plante (en) – creeper
sentra ´lvarme (en) – central heating
forø ´vrig – besides, in addition
det finn `es – there is/are (to be found)
kontak ´t – socket, wall outlet
koble til ´ – connect (Often spelt *kople*)
stry `kejern (et) – (electric) iron
barbe ´rmaskin (en) – electric shaver
det kan ´ hende – it may be
ha a `dgang til – have access to
vas ´k (en) – wash basin, wash bowl
spei ´l (et) – mirror
ved si `den av – beside, by
hånd `kle (et) – towel (Plural: håndklær)
spei `lhylle (en) – mirror shelf
toalett ´saker – toiletry
av forskjell ´ig sla ´g – of different kinds
et stykk `e så `pe – a tablet of soap
glemm `e – forget
bo `khylle (en) – book-case
papi ´rkurv – wastepaper basket
kle `sskap (et) – wardrobe, closet
e ´n ting til ´ – one more thing
stakk `ars mann ´! – poor man!
han skal opp ´ til eksa ´men – he's in for his exam
de ´t er ikke spø ´k – that's no joke

SUBSTITUSJONSØVELSER

Det studerer 20 000 studenter ved universitetet.

mange mennesker, en god del utlendinger.

Det kommer studenter fra alle kanter av landet.

Norge, Europa, verden (the world).

Det ligger mange institusjoner i hovedstaden.

biblioteker, muséer.

Det går mange teaterstykker på teatrene.

filmer på kinoene, programmer på TV.

Det går trikk til universitetet.

buss til byen, tog til Bergen, båt til København, fly til London.

Det strømmer studenter ut.

passasjerer, folk.

Det står en seng på hybelen.

et bord ved veggen, et skap i hjørnet.

På gulvet ligger det et lite teppe.

en liten fillerye, to små tepper.

På den ene veggen er det et vindu.

. . andre veggen . . et bilde, . . tredje veggen . . en slyngplante, . . fjerde veggen . . en vask.

Kanskje står det en blomst i vinduet.

en vase på bordet, en papirkurv på gulvet, et klesskap i hjørnet.

Kanskje henger det en slyngplante på veggen.

et bilde over sengen, en lampe i taket.

● **Snipp, snapp, snute – så er eventyret ute**
('Snip, snap, snout – then the fairy-tale is out.')
The traditional ending of Norwegian fairy-tales.

146

● **Hastverk er lastverk**
('Haste is waste'. Or: More haste less speed.)

HUSKER DU SUBSTANTIVENES KJØNN OG FLERTALLSFORMER?

____navn   mange _____

____lærer   mange _____

____bil   mange _____

____dame   mange _____

____rom   mange _____

____mann   mange _____

____pike   mange _____

____hus   mange _____

____stol   mange _____

____glass   mange _____

____gulv   mange _____

____veske   mange _____

____bok   mange _____

____vegg   mange _____

____auditorium mange _____

____menneske mange _____

____tre   mange _____

____ord   mange _____

____laboratorium mange _____

____lydbånd   mange _____

____skap   mange _____

____språk   mange _____

____innbygger mange _____

____dag   mange _____

____nabo   mange _____

____såpe   mange _____

____trapp   mange _____

____gate   mange _____

____student	mange _____
____venn	mange _____
____vei	mange _____
____barn	mange _____
____bilde	mange _____
____gutt	mange _____
____sønn	mange _____
____vindu	mange _____
____mugge	mange _____
____hånd	mange _____
____dør	mange _____
____bord	mange _____
____hefte	mange _____
____ovn	mange _____
____tavle	mange _____
____sykkel	mange _____
____bygning	mange _____
____problem	mange _____
____plass	mange _____
____program	mange _____
____nordmann	mange _____
____by	mange _____
____butikk	mange _____
____kontor	mange _____
____bank	mange _____
____hund	mange _____
____lys	mange _____
____land	mange _____

Skriftlig oppgave

Beskriv ditt hjemsted (home place). Prøv å bruke konstruksjonene *det kommer* (går, ligger, bor, finnes, er, står, etc.) pluss ubestemt form av substantiv (entall eller flertall) pluss stedsbestemmelse. Varier beskrivelsen ved å skifte mellom normal ordstilling (word order) og invertert ordstilling.

GRAMMATIKK

Use of 'det' to introduce a sentence with an intransitive verb

In older Norwegian the word 'der' was used to introduce these sentences. 'Der' can still be used, but in modern Riksmål it has in most cases been replaced by 'det'. In this way Norwegian has lost the distinction that existed earlier between *der er* (there is/are) and *det er* (it is), which causes difficulty when Norwegians are learning languages that have this distinction. If foreigners find it easier to use 'der' than 'det' they can do so. The only harm done is that their language will seem slightly conservative.

Whereas in English 'there' in this type of sentence is not used so often with other verbs than *be*, 'det' in Norwegian is used very commonly with a great number of intransitive verbs, particularly verbs of motion and *er* (eksisterer, finnes), *står*, *ligger* and *sitter*.

The normal pattern is as follows:–

Det (Der) + verb + indefinite noun + prepositional phrase or adverb

Det sitter	en student	ved bordet
Det kommer	mange mennesker	hit
Det står	noen gutter	utenfor

Some typical examples

Det henger en lampe i taket.

Det ligger en fabrikk midt i byen.

Det sitter folk ved alle bordene.

Det står en statue utenfor posthuset.

Det kommer en mann der borte.

Det sykler en gutt på veien.

Det kjører en motorsykkel forbi her hver dag.

Det biler mange folk forbi her.

Det løper en mengde studenter til trikken.

Det strømmer studenter ut av trikken.

Det stopper en bil ved porten (at the gate).

Det går busser til universitetet.

Det går en fin film på kino nå.

Det går mange historier om ham. (There are many stories about him).
Det går meslinger (measles) i byen nå.
Det går 5 passasjerer i bilen. (The car takes 5 passengers.)

Difference between «ligger» and «står»

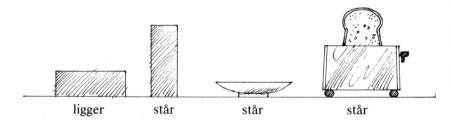

| ligger | står | står | står |

Det ligger *en gaffel* på bordet   (a fork)
     en skje   (a spoon)
     en kniv   (a knife)
     en serviett   (a napkin)
     en avis   (a newspaper)
     en duk   (a tablecloth)

Det står *et glass* på bordet   (a glass)
     en kopp   (a cup)
     en tallerken   (a plate)
     en skål   (a saucer)
     en flaske   (a bottle)
     en vase   (a vase)
     en brødrister   (a toaster)

'Ligger' and 'står' to indicate location
Norge ligger langt mot nord.
Det ligger mange byer på kysten (the coast).
Hvor ligger Elverum?
Fornebu ligger utenfor Oslo.

150

Moss ligger sør for Oslo.
Det ligger et hus på høyre hånd.
Hvor ligger posthuset?
Banken ligger på hjørnet.
Det ligger en stor skog nord for Oslo.
Det ligger en bensinstasjon litt lenger nede.
Det ligger en restaurant på venstre side av veien.

Det står en bil utenfor huset (outside the house).
Hvor står syklene?
Det står mange trær i hagen (the garden).
Det står en statue foran Slottet (the Palace).
Det står et bord ved vinduet.
Det står en sofa i kroken (the corner).
Det står en antenne på taket.
Det står et skilt (sign) ved veien.

Det står = it says, it is written, there is
Det står i Bibelen. (It says in the Bible)
Hva står det i avisen i dag? (What's in the paper today?)
Hva står det på skiltet der borte? (What's on that sign over there?)
Det står en interessant artikkel i avisen i dag.
Det står et dikt (poem) på side 25.
Det står om presidenten i avisen i dag.
Det står at presidenten kommer i morgen.
Det står et bilde her i boken.
Det står en forklaring (explanation) under bildet.

Sitter = is, sticks, is attached
Håret sitter på hodet.
Det sitter fem fingre på hver hånd.
Det sitter (står) en spiker (nail) i veggen.
Det sitter (står) en nøkkel (key) i døren.
Det sitter en knapp på oppslaget (a button on the lapel).
Det sitter en torn i fingeren (a thorn in the finger).
Den sitter fast. (It sticks fast.)

For å = in order to

Studentene kommer til Oslo for å studere.
For å klare eksamen, må de studere hardt. (To make the exam. .)
Jeg kommer for å be dere til kaffe.
Jeg leser mye norsk for å lære så mye som mulig.
Hun arbeider hardt for å bli så flink som mulig.
Vi er i Norge for å lære norsk.
Han går til byen for å handle.
Vi må spise og drikke for å leve.

Oversettelse: (Use introductory 'det' wherever possible)
Many students study at the University of Oslo. Students come from all over the country because there are many possibilities for students in the capital. Many institutions are situated there and there are plays running at the theatres and films at the cinemas. Quite a few foreigners come to the university too. Few students live on the university campus, but many live in lodgings in town or with friends or relations (slektninger) in the city or the neighbouring districts (nabodistriktene). The majority (majoriteten) of them consequently (altså) have to travel a long way every day to get to the university. Many use a car (bruker bil) – several hundred cars usually stand outside (utenfor) the university buildings – but trains and buses run there too. Every time a train stops at Blindernveien station, students crowd out and begin to walk up the hill to the university.

Hvor går denne veien?

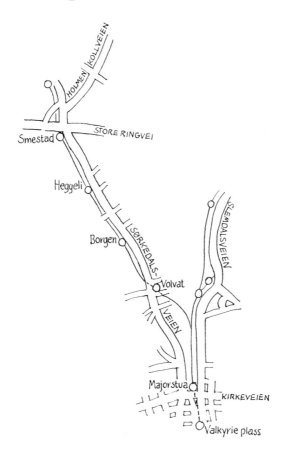

Unnskyld, hvor går denne veien?	Mener De denne veien her, eller den veien der?
Jeg mener denne veien her til venstre.	Å, den ja. Den går ned til Frogner Plass.

Hva heter dette stedet her?

Mener De denne bydelen?

Ja, akkurat, dette strøket her.

Dette strøket her er Majorstuen, eller Majorstua som noen sier.

Går denne veien til Holmenkollen? Vi er på vei dit, skjønner De.

Nei, denne veien går ikke til Holmenkollen, men den der borte gjør det.

Hva står det på det skiltet der borte?

På det skiltet står det Valkyriegaten. Men denne veien som De skal ta, heter Bogstadveien, ser De.

Da tar jeg altså til venstre i dette krysset her da?

Ja, nettopp. Ser De de trafikklysene der foran? Der begynner det en fin, bred vei som heter Sørkedalsveien.

Hvor langt følger jeg den?

Den følger De opp til Smestad. Når De kommer dit, kjører De først gjennom krysset, og tar så første vei til høyre.

Hva heter den veien?

Den heter Holmenkollveien, og den følger De helt opp til Holmenkollen.

Unnskyld, De kan ikke vise meg dette på kartet, vel?

Jo, så gjerne. Nå skal vi se. Ser De disse gatene her? Her står vi nå. Dette er Valkyriegaten, og det er Bogstadveien.

Er den veien der Sørkedalsveien?

Ja, akkurat. Det er Sørkedalsveien.

154

Unnskyld, hva betyr disse strekene her på kartet?

Det betyr at det går busser på de veiene. Men se nå her. De følger altså denne veien helt opp til dette krysset her. Det er Smestad. Ser De disse ringene på kartet? Det er stasjoner på Holmenkollbanen. De kjører forbi Smestad stasjon, og tar så denne veien til høyre.

Er det Holmenkollveien?

Nettopp. De kan se det står «Til Holmenkollen» her på kartet. De følger den veien helt opp. De kan ikke ta feil.

Nei, det går nok bra. Takk skal De ha for hjelpen!

Å, ikke noe å takke for. Jeg håper De finner frem.

GLOSSAR

strø′k (et) – quarter, district, part
de′r bort`e – over there
de′r for′an – there in front
bre′d /*bre:*/ – wide, broad
hvor′ lang′t? – how far?
kjø`re – drive
he′lt opp′ til – all the way up to
vi`se – show
kart′ (et) – map (**på kartet** – on the map)
nå′ skal vi se′ – now let's see (Often the Nynorsk version is used:
    Nå′ skal vi sjå′)
stre′k (en) – line, stripe
bety′ – mean, signify; matter
ring′ (en) – ring
forbi′ – past
nett′opp = akkurat – exactly, precisely, that's it
Å′, ikk`e noe å takk`e for – You're welcome, don't mention it,
    it's all right
jeg hå`per De finn`er frem′ – I hope you'll find your way

SUBSTITUSJONSØVELSER

Unnskyld, hvor går denne veien?

bussen, toget, flyet,
veiene, trikkene.

Mener De denne veien her,
eller den veien der?

gaten, krysset, veiene.

Mener De dette stedet her?

bydelen, gatene.

Dette strøket her er Majorstuen.

gaten . . Storgaten,
krysset . . Smestadkrysset,
trikkene . . Frognertrikkene.

Hva står det på det skiltet der borte?

huset, veggen, skiltene.

Denne veien som De skal ta, heter
Bogstadveien.

gaten . . Storgaten,
toget . . Drammenstoget,
veiene . . Bogstadveien og
Sörkedalsveien.

Ser De de trafikklysene der foran?

trafikklyset, bygningen.

Hva heter den veien?

gaten, krysset, veiene.

Two colloquial expressions

● **ditt og datt** (this and that):

Vi snakket om (talked about) ditt og datt.
Hun vet både ditt og datt om oss.

● **hist og pist** (here and there, in scattered places):

Hist og pist var det noen få blåbær (blueberries).
Vi skal lete (search) litt hist og pist.

156

SPØRSMÅL OG SVAR

Eksempel: Mener De denne veien?
Svar: Nei, ikke den veien der, men denne veien her.

Mener De denne gaten?   _____
Skal jeg ta denne bussen?   _____
Skal du ta dette toget?   _____
Bruker du disse skoene (shoes)?   _____
Leser du denne boken?   _____
Kan jeg få dette heftet?   _____
Kan jeg ta disse sigarettene?   _____
Liker du dette huset?   _____

Eksempel: Skal jeg lese denne boken?
Svar: Ja, først den der, og så denne her.

Skal jeg ta denne pillen?   _____
Skal jeg lese dette heftet?   _____
Spiser du disse fruktene (fruits)?   _____
Kjører du denne veien?   _____
Skal du lese disse bøkene?   _____
Kjører du gjennom dette krysset?   _____

Eksempel: Er det vanskelig?
Svar: Nei, *det* er ikke vanskelig, men *dette* er vanskelig.

Er det riktig?   _____
Er det norsk?   _____
Er det lett?   _____
Er det nord?   _____
Er det østover?   _____
Er det godt?   _____

Eksempel: Er *det* en engelskmann?
Svar: Nei, *det* er det ikke, men *dette* er en engelskmann.

Er det engelskmenn?
Svar: Nei, *det* er det ikke, men *dette* er engelskmenn.

Er *det* en pistol?   _____

Er *det* pistoler?   _____

Er *det* en Ford?   _____

Er *det* tomater?   _____

Er *det* en kino?   _____

Er *det* aviser?   _____

Er *det* en skole?   _____

Er *det* studenter?   _____

Eksempel: Er det *denne* veien som går til Ås?
Svar: Ja, det er *den* som går til Ås.

Er det *denne* bilen som er din?   _____

Er det *dette* huset som er til salgs
(for sale)?   _____

Er det *disse* bøkene som er på
norsk?   _____

Er det *dette* rommet som er ditt?   _____

Er det *disse* folkene som er fra
Amerika?   _____

Er det *denne* radioen som er ny?   _____

Skriftlig oppgave

Forklar veien til et bestemt sted for en bilist (motorist).
Bruk mest mulig de demonstrative pronomer *denne, dette, disse, den, det, de*. Begynn slik: «Jeg skal vise Dem veien til . . . . . . på dette kartet . . .

GRAMMATIKK

Demonstrative pronouns (Demonstrative pronomener)

The most common ones are:

Common gender sing.:	*denne* (this)	*den* (that)
Neuter gender sing.:	*dette* (this)	*det* (that)
Plural (both genders):	*disse* (these)	*de* (those)

The pronouns can refer to persons, things and ideas. The first three are used to denote nearness, the last three to denote that something is more remote. To emphasise the idea of nearness and remoteness the words *her* and *der* are often added. The pronouns have special genitive forms (dennes, dettes, etc.), but no object forms (except *de*, which in literary language may have the object form *dem*). They can be used both adjectivally (denne veien her, det huset der) and substantivally (denne her, den der).

Definite form of noun after demonstrative pronouns

The normal thing is that the noun is in the definite form after a demonstrative pronoun: *denne veien, dette huset, disse husene.* In other words, it is 'double definite' since it may also be said to be defined by the demonstrative. This double definite form is particularly typical of nouns with a concrete sense: –

denne bilen	*dette rommet*	*disse veiene*	*den gaten*
de stolene	*den bygningen*	*det huset*	*etc.*

Indefinite form of abstract nouns after demonstratives

Even if the definite form is quite common also in the case of abstract nouns following demonstratives, there are many exceptions here, particularly in the written language: –

denne idé (this idea) (But also: denne idéen)
denne filosofi (this philosophy) (But also: denne filosofien)

på den tid (at that time) (But also: på den tiden)
til denne tid (so far, up to this moment)
i disse tider (these days)
dette ideal (this ideal) (But also: dette idealet)
denne mulighet (this possibility) (But also: denne muligheten)
disse forhold (these conditions) (But also: disse forholdene)

The more literary and solemn the style, the more frequent these indefinite forms, and they are particularly common when the noun functions as the antecedent of a defining (necessary) relative clause that follows: –

Den mulighet som ligger åpen, er å konsentrere ressursene.
Det parti som appellerer til massene, vil vinne.
De idealer vi tror på, er frihet, likhet og brorskap.
Den mann som forstår dette, vil bli lykkelig.
Den oppgave vi står foran, er vanskelig.
Det skuespill som står på programmet, er Vildanden av Ibsen.

In the type of sentences quoted above it is only *den, det, de* that are used in this restrictive sense before defining relative clauses, and it is a question whether they should be classified as demonstratives or definite articles. It will be seen that in the above examples they correspond to the definite article in English, not to a demonstrative.

'Dette' and 'det' used with common gender and plural nouns

Dette and *det* are used substantivally with the verb *være* (er, var) even when they refer to common gender nouns in the singular and plural. That is, they do not then refer directly to the nouns, but are used independently with the meaning this/these or that/those: –

Hvilke bøker er dette? (Which books are *these*?)
Hvilken avis er dette?
Hvilket sted er dette?

160

Hva slags bilder er det?   Dette er bøker.   Dette er en ovn.
Hva slags stol er det?   Det er tegninger.   Det er en sofa.
Hva slags hus er det?

Dette er de bildene han snakker om. Det er den bilen hun kjører i. Dette er den piken fra Stavanger. Det er de barna fra Bergen.

And also with demonstratives not followed by nouns:

Dette er den han mener. Det er de som kommer. Det var den. Det var disse.

'Den herre', 'det derre', etc.

Colloquial variations of *denne her, dette her, disse her, den der, det der,* and *de der* are *denne herre (her), dette herre (her), disse herre (her), den derre (der), det derre (der),* and *de derre (der).*

Quite often these forms are used in a derogatory sense:

Den derre bilen (der) er ikke mye verdt. (is not worth much)
De derre syklene (der) gir jeg ikke mye for.
Denne herre hunden kommer her hver dag.

Personal pronouns used as demonstratives

In colloquial or popular speech the personal pronouns *han* and *hun* are often used as demonstratives: –

Mener du han mannen der? Ser du hun piken der?
Han studenten som var her i går, var hyggelig.
Han Per er en fin en. (That Per is a nice one.)
Hun Sofie kan jeg ikke fordra. (That Sofie I cannot stand.)

'Så' used as a demonstrative

In a few fixed expressions *så* is used as a demonstrative: –

i så fall = i så tilfelle (in that case)
i så måte = i så henseende (in that respect)

om så skjer (if that happens),
om så var (even if this was so),
han sier så (he says so),
er det ikke så? (isn't that so?)
og han så gjorde (and that's what he did)
du kan så si (you have a point there)

Different constructions

In this country	Her i landet
In that country	Der i landet
In this district	Her i distriktet
In that town	Der i byen
In this house	Her i huset

The relative pronoun 'som'

The most commonly used relative pronoun is *som,* which can refer to all kinds of nouns, many pronouns, and to whole sentences. The form *som* is used regardless of the gender and number of the antecedent: –

Vi skal flytte til en by som heter Bodø.
Er det dette huset som er til salgs? (for sale)
Barna, som er ganske små, skal begynne på skolen.
Dette er Majorstuen, eller Majorstua, som noen sier.
(Den) bilen (som) du sitter i, er min.

As in English the relative pronoun is often left out when it is not the subject of the relative clause.

The genitive form of *som* is *hvis,* but it is not used very much in the spoken language:

Gutten, hvis mor er på landet, bor helt alene.

Other meanings of 'som'

= **as:** Frisk som en fisk. Så snart som mulig.
    Som lærer var han ikke særlig flink.
= **like:** Hun var som en mor for ham. Du snakker som en prest.
    (But: Du snakker som prest = You speak *as* a priest).

162

13. Leksjon tretten

Klær og farger

Det er iallfall én god grunn til å bruke klær i Norge: Store deler av året er klimaet kaldt eller kjølig. Man trenger varme klær for å beskytte seg mot kulden.

En annen god grunn til å bruke klær – overalt i verden – er at klærne har lommer hvor man kan putte viktige ting: lommebok, lommekam, lommetørkle, nøkler, småpenger, bilde av kjæresten osv.

La oss se litt på de klærne vi bruker. Når det er varmt om sommeren, trenger vi ikke stort: en skjorte eller en bluse og en bukse eller et skjørt. Som undertøy: en truse eller en annen kort underbukse – damer kanskje også en brystholder (BH). På bena har vi noe lett: et par sandaler eller noen andre lette sommersko.

Om vinteren trenger vi mye mer: varmt undertøy (for eksempel lange strømpebukser og en undertrøye), en tykk genser eller jakke utenpå skjorten eller blusen, og tykke bukser eller et varmt skjørt. I tillegg må vi ha yttertøy: en varm frakk eller kåpe – kanskje en fôret kappe – lue, hatt eller skaut på hodet; tykke sko eller støvletter på bena; ordentlige vinterhansker eller ullvotter på hendene. Du bør også ha et godt skjerf rundt halsen.

Til hverdags går unge mennesker i dag ofte i blå dongeriklær: olabukser og olajakker, mens den eldre generasjon gjerne går i en hverdagsdress eller hverdagskjole. Men når vi skal bort i selskap, pynter vi oss alle sammen. Mennene bruker en pen dress og har skjorte med slips. Kvinnene tar kanskje på seg lang kjole og pynter seg med smykker.

Kvinner bruker mer fargerike klær enn menn: rød kjole, grønt skjørt, blått skaut, gule sko, fiolette strømper. Eller hva sier du til en grønn kjole med blå prikker? Eller et rødt skjørt med gule striper? Eller orange bluse med grønne ruter? Det er ting man kan se nå til dags.

Denne skjorten er hvit, dette lommetørkleet er også hvitt og disse knappene er likeledes hvite. Andre foretrekker andre farger, for eksempel gul skjorte, blått lommetørkle og fargeløse knapper.

En skjorte

En bluse

En bukse

Et skjørt

En dametruse

En herretruse

Et par strømpebukser

Et par lange
underbukser
(Et par longs)

Et skaut

En topplue

En jakke

Et par hansker

En damehatt

Et par damesko

En frakk

Et slips

En lang kjole

En kåpe

Hvilken farge er det på den skjorten der? Er den hvit, grå, brun eller grønn? Hvilken farge er det på det skjørtet der? Er det hvitt, grått, brunt eller grønt? Hvilken farge er det på de sokkene der? Er de hvite, grå, brune eller grønne? Dette er brune sko. Er det også brune sko? Dette er en brun jakke. Er det også en brun jakke? Dette er et brunt slips. Er det også et brunt slips?

Her følger til slutt en etterlysning med signalement av en ung kvinne:

Etterlysning

Politiet i Oslo etterlyser frk. Olga Rasmussen, Kirkeveien 175, Oslo. Olga Rasmussen er 25 år gammel og snakker Oslo-dialekt. Hun er 170 centimeter høy, har lyst hår, brune øyne og pene tenner. Hun har et stort, hvitt arr på høyre hånd. Hun hadde på seg hvit kappe, grønt skaut og brune spasersko. Under, hadde hun grått skjørt, lysegul bluse og grå genser. Hun hadde mørkebrune hansker og en stor, rød håndveske. Mulige opplysninger til Oslo Politi, telefon 66 99 66, eller nærmeste politimyndighet.

GLOSSAR

(For names of colours and parts of the body see page 168)

klæ′r og far‵ger – clothes and colours
grunn′ (en) – reason
kjø‵lig – cool, chilly
beskytt′e seg (mo′t) – protect oneself (against, from)
kuld‵e (en) – (the) cold
overal′t i ver′den – everywhere in the world (**verden** = (the) world)
lomm‵e (en/a) – pocket
vik‵tig – important
lomm‵ebok (en/a) – wallet
lomm‵ekam (en) – pocket comb
lomm‵etørkle (et) – handkerchief
nøkk‵el (en) – key (pl:nøkler)

små`penger (pl) – small change
kjæ`reste (en) – sweetheart, girl/boy friend
ikke stort´ – not much
skjort`e (en/a) – shirt
blu`se (en) – blouse
buk`se (en/a) – pair of trousers (= **et par bukser**)
skjørt´ (et) – skirt
und`ertøy (et) – underwear
tru`se (en) – pair of briefs (= **et par truser**), panties
brys`tholder (en) – brassiere (**BH** /ˈbeːhɔ·/ – bra)
lett´ – light
sko´ (en) – shoe (pl: sko)
strøm`pebukser – tights, panty-hose, leotards
und`ertrøye (en) – vest, undershirt
tykk´ – thick (**tynn** – thin)
gen´ser (en) – sweater
jakk`e (en/a) – jacket
u`tenpå – on top of, over
i till`egg – in addition
ytt`ertøy (et) – outer garments, outside clothes
frakk´ (en) – man's overcoat
kå`pe (en/a) – woman's overcoat
fôr`et – lined
kapp`e (en/a) – light overcoat
lu`e (en/a) – cap or soft hat without a brim
hatt´ (en) – hat
skau´t (et) – kerchief, headscarf
støvlett´ (en) – boot
ordentlig /ɔrn̩t̩li/ – proper, real
han`ske (en) – glove
ull`vott (en) – woollen mitt
skjer´f (et) – scarf
til hve`rdags – on workdays, for everyday use
dong´eriklær – dungarees, denim clothes
o`labukser og o`lajakker – denim trousers and denim jackets
den el´dre generasjo´n – the older generation
gjerne /ˈjæːrn̩ə/ – here: as a rule, on the whole, usually
dress´ (en) – man's suit

kjo`le (en) – woman's dress
når vi ska! bort´ i sel`skap – when we go to a party
pyn`te seg – dress up, smarten up, fix oneself up
slip´s (et) – neck-tie
smykk`e (et) – piece of jewelry, ornament
far`gerik – colourful (**fargeløs** – colourless)
prikk´ (en) – spot, dot
li`keledes – likewise, also
ru`te (en) – check, square
knapp´ (en) – button
ett`erlysning (en) – SOS, APB, police bulletin (**etterlyse** – seek, look for)
signalement /siŋnalə'maŋ:/ (et) – description of person
høy´ – tall, high (**la´v** – low)
ly´s – light, fair, bright (**mør´k** – dark)
arr´ (et) – scar
hadd`e (past tense of *ha*) – had
spase´rsko (pl) – walking shoes
opply´sninger (pl) – information (**en opplysning** = a piece of information)
nær`meste politi´myndighet – the nearest police authority.

SUBSTITUSJONSØVELSER

Denne skjorten er hvit.	lommetørkleet, knappene.
Er den skjorten grønn?	skautet, skoene.
Dette er brune sko.	et . . slips, en . . bluse.
Er det en brun jakke?	et . . skjørt, strømper.
Her er et signalement av en ung kvinne.	et . . par (couple), to . . mennesker
Olga Rasmussen er 25 år gammel.	huset, huset og garasjen.
Hun er høy.	de, det.

Hun har lyst hår

Hun har brune øyne.

Hun har pene tenner.

Hun har et stort, hvitt arr på høyre hånd.

kappe, sokker.

hår, veske.

ansiktsfarge, hår.

en . . stripe, flekker (spots)

Fargene (Colours)

rød, rødt, røde (red)
gul, gult, gule (yellow)
brun, brunt, brune (brown)
grønn, grønt, grønne (green)
blå, blått, blå (blue)
grå, grått, grå (grey)
hvit, hvitt, hvite (white)
sort, sort, sorte (black)
orange, orange, orange
beige, beige, beige (beige)
rosa, rosa, rosa (rose)

en **rød** lue, et **rødt** slips, **røde** sko

luen er **rød**, slipset er **rødt**, skoene
er **røde**

den er **rød**, det er **rødt**,
de er **røde**.

Kroppsdelene (Parts of the body)

hodet (the head)
håret (the hair)
ansiktet (the face)
øynene (the eyes) (et øye)
nesen (the nose)
munnen (the mouth)
haken (the chin)
ørene (the ears)
halsen (the neck; the throat)
brystet (the chest, the breast)
magen (the stomach)
ryggen (the back)

skuldrene (the shoulders)
armene (the arms) (en arm)
hendene (the hands) (en hånd)
fingrene (the fingers) (en finger)
bena (the legs, feet) (et ben)
knærne (the knees) (et kne)
føttene (the feet) (en fot)
tærne (the toes) (en tå)
neglene (the nails) (en negl)
hjertet (the heart)
blodet (the blood)
huden (the skin)

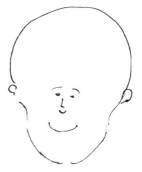

Har du lite
og smalt ansikt?

Eller stort og rundt?

Hvordan er kroppsdelene?

Er du lang og tynn
og har spiss nese?

Har du stor mage
og lite hår på hodet?

Kroppen er **stor** eller **liten, tung** eller **lett, tykk** eller **slank** (slim).

Håret er **mørkt** eller **lyst: sort, brunt, blondt, grått, hvitt.**

Øynene er **lyse** eller **mørke, blå** eller **brune.**

169

Munnen er **rød, stor** eller **liten,** med **tynne** eller **tykke lepper** (lips).

Magen er **stor** eller **liten, rund** eller **flat, hard** eller **bløt** (soft).

Bena (benene) er **lange** eller **korte, tykke** eller **tynne.**

Føttene er **store** eller **små, fine** eller **klumpete** (clumsy, dumpy).

Hjertet er **stort** eller **lite, godt** eller **dårlig.**

Ryggen er **rett** eller **krum,** stiv eller **myk** eller **svai.**

Et barnerim (A nursery rhyme)

MIN ONKEL TRILLER PILLER
Av Inger Hagerup

Min onkel triller piller
på byens apotek.
Han er så tynn og trist og blek
og triller hvite piller.

Min tante baker kaker
i byens bakeri.
Hun er så rund og rød og blid
og baker bløte kaker.

Min fetter fanger slanger
til byens brannstasjon.
Han er en underlig person
og fanger lange slanger.

Men min kusine Line
som får gjøre hva hun vil,
hun gjør seg bare til.

on´kel (en) – uncle
trill`e pill`er – roll pills
apote´k (et) – pharmacy, chemist's
ble´k – pale
tan`te (en) – aunt
ba`ke ka`ker – bake cakes
bakeri´ (et) – bakery
blid /bli:/ – cheerful, smiling
blø`te ka`ker – soft cakes, i.e.
  layer cakes = **bløtkaker**
fett´er (en) – male cousin
fang`e – catch
slang`e (en) – 1. snake 2. hose
brann´stasjon (en) – fire station
un´derlig – strange, peculiar
som får gjøre hva´ hun vil´ – who
  may do whatever she wants
gjøre seg til´ – be vain and
  conceited, show off, put on airs

En moderne vise (A modern ballad)

SJØMANNSVISE
Av Harald Sverdrup

Solen står i ruten.
Glasset på ditt bord.
Gyllen er din tørst.
Skål, min bror,
skål for denne skuten.

Kvinner står i ruten.
Banker på din dør.
Gyllent er ditt ord.
Hjertet blør.
Skål for denne skuten.

Barnet står i ruten.
Stjerner i ditt blikk.
Sølvgrått ble ditt hår.
Drikk din drikk,
skål for denne skuten.

Månen står i ruten.
Døden bak din rygg.
Havet er vår lodd.
Tøm ditt brygg,
skål for denne skuten.

sjø`mannsvi´se (en/a) – a sailor's
  song
ru`te (en/a) (= **vindusrute**) – win-
dow pane
gyll`en – golden
tørs´t (en) – thirst
(en) skå´l for – a toast to, let's
  drink to
sku`te (en/a) – craft, vessel, ship
ban`ke – knock
blø´ – bleed
stje`rne (en) (e = æ) – star
blikk´ (et) – look, eyes
sølv`grått ble ditt hå´r – your hair
  became silver grey
må`nen – the moon
dø´den – death
ha´vet – the ocean
vår lodd´ – our lot, our destiny
tømm`e – drain, empty, drink
brygg´ (et) – brew, alcoholic drink

Hva forteller diktet om?

HVA ER DET MOTSATTE ADJEKTIV?
(What is the opposite adjective)

Eksempel: Hva er det motsatte av
en liten mann   **Svar:** en stor mann
et stort hus   et lite hus
små barn   store barn

171

Hva er det motsatte av

en stor frakk ———————————

et lite lommetørkle ———————————

store sko ———————————

et sort skjørt ———————————

hvite sokker ———————————

en sort jakke ———————————

en pen dress ———————————

et stygt slips ———————————

pene bukser ———————————

mørke strømper ———————————

en lys skjorte ———————————

et mørkt skaut ———————————

et mørkerødt belte ———————————

lyserøde kjoler ———————————

høye hæler ———————————

en lav pris ———————————

et høyt bord ———————————

lange strømper ———————————

en kort kjole ———————————

et langt skjørt ———————————

et smalt belte ———————————

en bred vei ———————————

smale hender ———————————

en tynn bluse ———————————

tykke hansker ———————————

et tynt skjørt ———————————

en gammel mann ———————————

unge kvinner ———————————

et gammelt menneske ———————————

et nytt TV-apparat ———————————

en gammel radio ———————————

nye klær ———————————

en varm dag ———————————

et kaldt rom ———————————

varme land ———————————

snille gutter ———————————

et slemt barn ———————————

en snill søster   _____
et kjedelig teaterstykke   _____
en interessant bok   _____
kjedelige mennesker   _____

Er du vrien og vrang –
og helt utilnærmelig?

Har du godt hjerte og godt humør?

Skriftlig oppgave

Skriv et utførlig (comprehensive) signalement av deg selv. Fortell hvor gammel du er, hvor høy du er, hva slags ansikt du har (øyne, nese, munn), hår, hudfarge etc. Beskriv klærne. Hvordan er humøret?

GRAMMATIKK
The Adjective (Adjektivet)

The indefinite form of the adjective normally appears in three different shapes:

1. Common gender singular: *stor*
2. Neuter gender singular: *stort*
3. Plural (both genders): *store*

Det er en *stor* bil.	Bilen er *stor*.	Den er *stor*.
Det er et *stort* hus.	Huset er *stort*.	Det er *stort*.
Det er *store* hus.	Husene er *store*.	De er *store*.

173

The adjective agrees with the gender or number of the noun or pronoun it qualifies. Plural -*e* is added to the common gender singular form.

Special rules for the form of the adjective

a) A final double consonant in the common gender form is reduced to single before the neuter -*t*:

en grønn hatt	et grønt skjørt	grønne sokker
en stygg kjole	et stygt skaut	stygge hansker

b) Adjectives with the suffix -*ig* or -*lig* take no neuter -*t*:

en riktig uttale	et riktig svar	riktige adjektiver
en vanskelig vei	et vanskelig ord	vanskelige oppgaver

c) When the common gender form ends in a stressed vowel, double *t* is added in the neuter:

en fri mann	et fritt land	frie mennesker
en ny dress	et nytt belte	nye sko

d) The adjectives *blå* and *grå* normally do not take plural -*e*:

en blå jakke	et blått skaut	blå bukser
en grå veske	et grått skjørt	grå kapper

e) If the common gender form ends in -*t* preceded by a consonant, no change is made in the neuter gender:

en lett oppgave	et lett spørsmål	lette øvelser
en sort kåpe	et sort tørkle	sorte sko

f) Most adjectives with the ending -*sk* in common gender add no -*t* in the neuter:

en norsk pike	et norsk flagg	norske farger
en utenlandsk bil	et utenlandsk firma	utenlandske aviser

(Common exceptions: frisk/friskt (healthy), fersk/ferskt (fresh), falsk/ falskt (false))

g) If the common gender form ends in an unstressed -e, no suffix is added in the other forms:

en moderne drakt	et moderne hus	moderne tider
en smilende gutt	et smilende ansikt	smilende mennesker
(smiling)		

h) Some adjectives ending in -d take no neuter -t:

en fremmed mann	et fremmed ansikt	fremmede mennesker
en absurd idé	et absurd spørsmål	absurde teorier

i) Some adjectives ending in -s in the common gender remain unchanged in the neuter and the plural:

en stakkars mann	et stakkars barn	stakkars folk
en felles telefon	et felles kjøkken	felles interesser

j) Note particularly *bra*:

en bra frakk	et bra svar	bra mennesker

k) *Liten* is the most difficult of all adjectives:

en *liten* gutt	et *lite* barn	*små* piker

There is also a special neuter form *smått* (petty, poor, little) in the singular, which is used in a few fixed expressions.

The form of adverbs

There is very little difference in form between adjectives and adverbs, often none at all. The rule is that an adverb that is derived from an adjective has the -t-ending — or is identical with the neuter form of the adjective. The latter is the better rule because it allows for the cases in which the neuter adjective has no -t. Adverbs are also compared the same way as adjectives (with -ere, -est or mer, mest). (See pp 185–186)

Adjective	Adverb
en *pen* dame	du skriver *pent*
et *pent* hus	
en *god* uttale	du snakker *godt*
et *godt* hjerte	
en *riktig* uttale	han snakker *riktig*
et *riktig* ord	dette var *riktig* godt (really good)

Note the three adverbs *lite* (little), *litt* (a little) and *smått* (slowly): **Han kan lite engelsk** (knows little English). **Han er lite hyggelig** (not very nice). **Han kan litt engelsk** (knows a little English). **Han er litt hyggelig** (a little nice, rather nice). **Det går smått** (It's going slowly). **Jeg begynner så smått å forstå** (I'm beginning slowly to understand).

Other adverbial endings

-vis:
heldigvis (fortunately)
naturligvis (naturally)
nødvendigvis (necessarily)
sannsynligvis (probably)
tilfeldigvis (accidentally)
vanligvis (usually)

-over:
bakover (backwards)
bortover (along, away)
forover/fremover (forward)
innover (inwards)
utover (outwards)

There are many more:

oppover, nedover, østover etc.

They are also prepositions.

14. Leksjon fjorten

Er potetene dyre?

Ekspeditrise: Vær så god. Kan jeg hjelpe Dem?

Kunde: Takk. Er potetene dyre i dag?

Nei, de er billige. Det vil si, vi har to forskjellige sorter: noen store til 4,50 (fire femti) pr. kilo og noen små til 3 kroner kiloen (kiloet).

Da er de billigere enn i går.

Ja, de blir billigere og billigere for hver dag nå.

La meg få en liten pose av de små som er billigst.

Er denne posen passe stor?

Ja, den er stor nok for meg. Hvor mye koster tomatene?

Vi har bare norske tomater i dag, og de er dyrere enn de italienske, men de er mye større.

Hva koster de for kiloen?

De koster egentlig 20 kroner kiloen, men vi kan selge dem for 19,50.

Å, det var dyrt. Men la meg få en halv kilo (et halvt kilo) og plukk ut de som er størst, er De snill.

Ja, jeg skal bare ta de som er fine.

Takk, det var snilt av Dem. Har De noen god ost?

Ja, vi har en fin geitost her. Skal vi ta et lite stykke av den?

Nei, tusen takk, geitost synes jeg er vondt.

177

Ja, det er en smaksak. Noen synes den er god, andre synes den er vond. Den er litt spesiell i smaken. Da liker De vel ikke gammelost heller?

Nei takk, den synes jeg er enda vondere enn geitost. Men har De ikke en god gaudaost?

Jo, vi har et bra stykke her, tror jeg. Kom hit, så skal De få smake om De synes den er bra.

Takk. Nei, jeg synes det er litt lite smak i den. Jeg tror den er for fersk. Har De ikke én som er litt eldre – som det smaker litt mer av, mener jeg?

Jo, nå skal vi se. Her har vi én som er litt skarpere i smaken, tror jeg. Smak på den!

Ja takk, den var mye bedre. Den er best når den er litt gammel.

Ja, det er noe i det. Nå skal vi se. Vi har to stykker her, et ganske stort og et nokså lite. Hvilket av dem vil De ha?

Jeg tar det som er minst, takk.

Forresten, her er et mellomstort stykke. Det er kanskje riktigere i størrelsen?

Ja, det er fint. Det er akkurat passe stort for meg.

Var det så noe mer?

Ja, De har kanskje noen gode appelsiner?

Ja, vi har noen riktig fine og saftige Jaffa-appelsiner her.

Har De ikke noen som er litt mindre?

Jo, vi har noen spanske her som er litt mindre. De er også bra.

Hva er prisen?

6,20 for de spanske og 8 kroner for Jaffa-appelsinene.

Jeg tenker jeg tar de spanske, jeg. Jeg tror de er like bra som Jaffa, og så er de tynnere i skallet, tror jeg.

Ja, jeg tror gjerne det. Hvor meget skal vi ta?

La meg få 2 kilo, takk.

2 kilo, ja. Var det så noe mer?

Jeg står her og ser på disse to boksåpnerne. Jeg lurer på hvilken av dem som er mest praktisk. Hva mener De?

Jeg tror nok den De holder i hånden er mer praktisk enn den andre. Den virker også mer solid.

Da er den vel også dyrere, kan jeg tenke meg.

Det stemmer. Den koster 5 kroner mer enn den andre – 16 kroner og 70 øre.

Ja, det får ikke hjelpe. Jeg tar den.

Det er greit. La meg pakke den inn. Var det så noe mer?

Nei takk, det var nok alt for i dag, tror jeg. Hvor mye blir det?

Et øyeblikk, så skal vi se. Poteter, tomater, gaudaost, appelsiner og boksåpner. Da blir det treogfemti kroner og femogåtti øre, takk.

Treogfemti femogåtti ja. Femogfemti, vær så god.

Takk. Og så var det én krone og femten øre tilbake. Vær så god.

Takk skal De ha. Morn da.

Morn da og velkommen tilbake.

Takk for det.

GLOSSAR

pote´t (en) – potato
dy´r – dear, expensive
ekspeditri`se (en) – saleswoman, shop-girl (**ekspeditø´r** – salesman)
vær så go´d – said when you give or offer something:
                                      your services, a gift, a ticket, money, etc.
kun`de (en) – customer
bill`ig – cheap
det vil si´ – that is (to say)
sort´ (o = å) (en) – kind, sort
la meg få´ – let me have
po`se (en) – bag
pass`e sto´r – the right size, just right
hvor my`e kos`ter (= **hva kos`ter**) – how much is/are?
toma´t (en) – tomato
selg`e /´sel:ə/ – sell
plukk`e ut – pick out
os´t (en) – cheese
gei`tost (en) – goat cheese
stykk`e (et) – piece
vond´ – bad (-tasting)
de´t er en sma´ksak – that's a matter of taste
sma´k (en) – taste
for fers´k – too fresh, too new
gamm`elost (en) – special Norwegian cheese (pungent)
ikk`e . . . hell´er – not . . . either
gau´daost (en) – Gouda cheese
sma`ke (på) – taste
skar´p – sharp, strong, pungent
det e´r no`e i´ det – you've got a point there, there's something
                                      in what you say
gan`ske sto´rt – quite big, fairly big
nok´så li`te – quite small, rather small
mell`omstor – medium sized
akk´urat pass`e (stor) – just right
var det så´ noe mer? – anything else (that you wanted)?
appelsi´n (en) – orange

180

saf`tig – juicy
like bra´ som – as good as
skall´ (et) – peel, skin
bok`såpner (en) – tin-opener, can-opener
lu`re på (colloquial for *undre seg på*) – wonder
prak´tisk – practical
me`ne – here: think (When *think* means expressing a view
                 it corresponds to *mene*)
hold`e – hold, keep
vir`ke – seem
soli´d – strong, durable
det stemm`er – that's right, that's correct
det få´r ikke hjel`pe – it can't be helped
de´t er grei´t – all right, that's good, that's fine
pakke inn´ – wrap up
Hvor my`e bli´r det? – What does it come to? How much is it?
et øy`eblikk – just a moment
velkomm´en tilba`ke – come again

SUBSTITUSJONSØVELSER

Er potetene dyre?

fisken (the fish), kjøttet (the meat).

Nei, de er billige.

den, det.

Da er de billigere enn i går.

rimeligere (more reasonable), dyrere.

De blir billigere og billigere for hver dag.

bedre . . uke, større . . måned.

De små er billigst.

store . . dyrest, lyse . . størst, faste . . best.

Er denne posen passe stor?

stykket, stykkene.

Den er stor nok for meg.

det, de.

De norske er dyrere enn de italienske.

De italienske . . de spanske, De spanske . . de greske.

De er mye større enn de italienske.

bedre, finere, penere.

La meg få en halv kilo.

et . . stykke. to . . stykker.

Plukk ut de som er størst.

penest, finest, best.

Jeg skal bare ta de som er fine.

den, det.

Har De noen god ost?

noe . . smør (butter), noen . . sardiner.

Skal vi ta et lite stykke?

en . . bit, noen . . stykker.

Noen synes den er god.

det, de.

Oversettelse:
You need warm clothes if (hvis) you go to Norway in the winter, for example: a thick overcoat, good gloves or mitts and a warm scarf. It's not only cold in the winter, but the days are shorter too, and darker. The further north you go (Jo lenger nord du drar) the (jo) darker it is, until the sun is not (ikke er) above the horizon at all (i det hele tatt). But after Christmas (jul) the days begin to get a little longer and lighter again and life (livet) becomes easier for everyone. Then, after a while, everything (alt, allting) becomes very light and very white when the sun starts shining (begynner å skinne) on the snow (snøen). Then everything is fine.

Jo mere vi er sammen

Jo mere vi er sammen,
er sammen, er sammen,
jo mere vi er sammen,
jo gladere vi blir.

For min venn er din venn,
og din venn er min venn.
Jo mere vi er sammen,
jo gladere vi blir.

Noen ordtak (Proverbs)

- **Bedre sent enn aldri.**

- **En fugl i hånden er bedre enn ti på taket.**

- **Bedre føre var enn etter snar.** (A stitch in time saves nine)

ØVELSER MED KOMPARASJON AV ADJEKTIVET

Eksempel: En bil er stor, men en buss . .
Svar: En bil er stor, men en buss er enda større.

En hest (horse) er stor, men en elefant _____

En mus (mouse) er liten, men en lus (louse) _____

En vei er bred, men en motorvei _____

En sti (path) er smal, men et belte _____

En motorsykkel er tung, men en bil_____

Et papir er lett, men en fjær (feather) _____

Et blondt hår er lyst, men et hvitt hår_____

Et brunt hår er mørkt, men et sort hår _____

En flaggstang er høy, men en skyskraper _____

En terrier er lav, men en dachs_____

En nål (needle) er tynn, men et hår _____

Hansen er tykk, men fru Hansen _____

En bil er dyr, men et fly_____

En eske sardiner er billig, men en eske fyrstikker _____

Min far er gammel, men min bestefar _____

Han er ung, men hun _____

Eksempel: Er en bil større enn en buss? **Svar: Nei, den er mindre.**

Er en elefant mindre enn en hest? _____

Er sokker lengre enn strømper? _____

Er en sykkel tyngre enn en bil?_____

Er en natt lysere enn en dag? _____

Er en finger tykkere enn en arm?_____

Er en gutt eldre enn en mann? _____

Er en sti bredere enn en vei?_____

Er en radio dyrere enn et TV-apparat? _____

Er en ås (hill) høyere enn et fjell?_____

Er en gammel sykkel bedre enn en ny? _____

Eksempel: Hva er størst – en buss eller en bil?   **Svar: Bussen er størst.**

Hva er størst – en elefant eller en mus? _____

Hva er minst – en mus eller en katt? _____

Hva er tykkest – en arm eller en finger?_____

Hva er tynnest – en nål eller en stokk? _____

Hva er tyngst – en buss eller en barnevogn? _____

Hva er lettest – en fjær eller en sten? (stone)_____

Hva er billigst – poteter eller tomater? _____

Hva er dyrest – en bil eller en sykkel? _____

Hvem er eldst – moren eller datteren?_____

Hvem er yngst – sønnen eller faren? _____

Skriftlig oppgave

Du har to biler, en Folkevogn og en Volvo. Du liker begge godt, men synes de er nokså forskjellige. Skriv en sammenligning (comparison) av de to bilene. Bruk komparativ av adjektiver og konjunksjonen *enn*. Knytt setningene sammen med ord som *og, men, også, for eksempel, fordi, når, hvis, derfor, derimot.* Bruk momentene nedenfor og eventuelt (possibly) andre. Skriv først om Folkevognen – deretter om Volvoen.

Folkevognen:

mye mindre, billigere, mer praktisk og allsidig (versatile), mer kompakt, tar mindre plass, kan kjøre på smalere og dårligere veier, er lettere, kan svinge med kortere radius, billigere i drift (in running), bruker mindre bensin (petrol, gas), lettere med luftkjøling (air cooling), lettere å reparere.

Volvoen:

behageligere (more comfortable) å kjøre og å sitte i, har bedre fjærer (springs), motoren lager mindre bråk (noise), har bedre akselerasjon, kan oppnå (attain) større fart (speed), rommeligere (more roomy), tyngre og stødigere på veien, har sterkere (stronger) motor, har mer utstyr (equipment), har større bagasjerom (boot, trunk).

GRAMMATIKK

Comparison of adjectives (Adverbs compared the same way)

Regular:

dyr, dyrt, dyre	dyrere	dyrest	(expensive)
dårlig, dårlige	dårligere	dårligst	(bad, poor)
sparsom (-mt, -mme)	sparsommere	sparsomst	(economical)
sikker (-t, sikre)	sikrere	sikrest	(sure)
doven (-t, dovne)	dovnere	dovnest	(lazy)
nobel (-t, noble)	noblere	noblest	(noble)

Most adjectives add *-ere* to the positive common gender form to make the comparative, and *-est* to make the superlative. The following small irregularities should be noted:

Adjectives with the endings *-ig* or *-som* add only *-st* in the superlative: *dårligst, riktigst, sparsomst, langsomst.*

Adjectives with the endings *-er*, *-en*, *-el* lose one *e* in the comparative and superlative, and if the endings are preceded by a double consonant, this is reduced to single: *sikker, sikrere, sikrest; doven, dovnere, dovnest,* etc.

185

Irregular:

stor (stort, store)	større	størst	(great, large)
liten (lite, smått, små)	mindre	minst	(little, small)
gammel (-t, gamle)	eldre	eldst	(old)
ung (ungt, unge)	yngre	yngst	(young)
tung (tungt, tunge)	tyngre	tyngst	(heavy)
god (godt, gode)	bedre	best (*bra* also compared thus)	
lang (langt, lange)	lengre (lenger)	lengst	(long, far)
ille (predicative use)	verre	verst	(bad, worse, worst)

Note the colloquial expression *ikke så verst* (not too bad(ly)).

Note also:

mye (or meget)	mer(e)	mest
mange	flere	flest
få (few)	færre	færrest
nær (near)	nærmere	nærmest
gjerne (gladly)	heller (rather)	helst (preferably)

Comparison with 'mer' and 'mest'

Adjectives can also be compared by means of *mer* and mest. This method can be used with any adjective, but in the majority of cases it is not felt to be as natural as the *-ere, -est* comparison. However, sometimes the *mer/mest* system has to be used, e.g. in the case of participles:

Present participles:

smilende (smiling)	mer smilende	mest smilende
imponerende (impressive)	mer imponerende	mest imponerende

Past participles:

interessert (interested)	mer interessert	mest interessert
irritert (irritated)	mer irritert	mest irritert

Words with the ending -isk:

barbarisk	mer barbarisk	mest barbarisk
systematisk	mer systematisk	mest systematisk
metodisk	mer metodisk	mest metodisk

Loan-words:

absurd	mer absurd	mest absurd
robust	mer robust	mest robust
solid (also -ere/est)	mer solid	mest solid
moderne	mer moderne	mest moderne
spesiell	mer spesiell	mest spesiell
positiv	mer positiv	mest positiv
revolusjonær	mer revolusjonær	mest revolusjonær
stabil (also ere/est)	mer stabil	mest stabil
interessant (»)	mer interessant	mest interessant

Absolute use of the comparative

Some comparatives can be used absolutely, i.e. without any comparison being expressed or understood. They then have a special meaning:

en eldre herre (dame)	(an elderly gentleman (lady) — not so old as *en gammel herre* (dame)
en yngre dame	(a fairly young lady — not so young as *en ung dame)*
en større by	(a fairly big town — not so big as *en stor by*)
av mindre betydning	(of not so great importance — but of greater importance than *liten betydning)*
i lengre tid	(for quite some time)
et verre spetakkel	(a terrible racket)
en bedre middag	(a very good dinner)
det er mindre bra	(it is not so good, not quite appropriate)

Superlative used in the comparison of two

The comparative is required when the conjunction *enn* is used (or understood): en buss er *større* enn en bil, but otherwise the superlative is used: Hva er *størst* – en buss eller en bil? Bussen er *størst*. Hvilken av de to er *størst*?

Object form of pronouns in comparisons (normally)

Han er større enn *meg*. Jeg er mindre enn *ham*. Han er snillere enn *henne*. De er rikere enn *oss*. Vi er fattigere enn *dem*.

But usually not before relative clauses (when the pronouns are demonstratives):

Jeg er mindre enn *han* som var her i går. Han er snillere enn *hun* som bor i nabohuset. Vi er fattigere enn *de* som var her før.

Conjunctions and adverbs used in comparisons

Kari er *like stor som* Per. Jeg er *like så sulten som* deg. Liv er *ikke så pen som* deg. Hun er *akkurat så stor som* deg. Den er *nesten så bra som* denne. Den er *ikke riktig så god som* min. Per er *(ikke) på langt nær så sterk som* Ola (not nearly). Min er *dobbelt så dyr som* din.

En mus er *mye mindre enn* en elefant. Kari er *langt penere enn* Liv. Potetene er *en god del billigere* nå. Tomatene er *en tanke* (a trifle) *dyrere*. Denne er *enda bedre* (even better). Melk er *aller best*.

Jo snillere du er *jo bedre*. *Jo billigere jo bedre*. *Jo lenger* du venter, *jo trettere* blir du. *Dess fortere, dess bedre*. *Dess før* du går, *desto snarere* kommer du tilbake.

Neuter form of adjectives in special cases

Expressing personal taste or judgment

Some adjectives that express taste or evaluation occur in the singular neuter form when they are used predicatively after indefinite nouns, regardless of the gender and number of the noun, e.g. *kaker er godt, fiskeboller er vondt, bilder på veggen er pent, flekker på duken er stygt, gymnastikk er sunt, røyking er usunt, 10 mil er langt, 200 kroner for et skjørt er dyrt.*

In the above examples the neuter adjective does not directly qualify the noun in the sentence, but is more an expression of the speaker's taste or judgment. The examples could be translated as: I like cakes, I don't like fishballs, I like pictures on the wall, I think stains on the tablecloth is a bad thing, etc.

In all the above examples you speak of cakes, fishballs, etc. in general. If you mean some special cakes, fishballs, pictures, etc. the sentences will change to:

Kakene er gode, fiskebollene er vonde, bildene på veggen er pene, flekkene på duken er stygge, gymnastikken er sunn, røykingen er usunn, de 10 milene er lange.

In the first examples (with indefinite nouns) the word *det* could have been included before the verb:

Kaker, det er godt. Fiskeboller, det er vondt. Bilder på veggen, det er pent, etc.

With infinitives

å danse er morsomt (dancing is fun)
å gå på kino er populært
å gå fra små barn om kvelden er galt (leaving small children in the evening is wrong)
(*Det er* is understood in these phrases)

With that-clauses

at han spiser mye er sant (that he eats a lot is true)
(= det er sant at . . .)
at han er glad i dyr er sikkert (that he loves animals is a sure thing)
(= det er sikkert at . . . . .)
at det regner i kveld er fint (it's good that it's raining tonight)
(= det er fint at . . .)
så fint at du kommer nå! (how nice that you're coming now)
(= det er så fint at . . .)

With 'mye' (meget), 'noe', 'intet' (ikke noe)

Det er mye rart her i verden	(There are many strange things in this world)
Har du noe godt?	(Have you got something (anything) good?)
Det er intet nytt under solen	(There is nothing new under the sun)

In the expressions 'ha det godt', 'ha det fint', etc.

Vi har det godt i Norge	(We are well off, have it good)
De har det fint	(They're fine, happy, etc.)
Jeg har det greit på den måten	(I have no problem as far as that is concerned)

After 'allting' (everything), 'ingenting' and 'noenting':
Allting er fint. Ingenting er sikkert. Han sier ikke noenting som er dumt.

Occasional singular form of adjective instead of plural

There is a certain tendency in modern Norwegian, particularly in the spoken colloquial language, to drop the plural -e of the adjective when it is used predicatively. This only happens with a few adjectives and particularly when they are followed by prepositions:

Vær ikke lei(e) for det! (Don't be sorry for that!)

Vi var ikke oppmerksom(me) på det. (We were not aware of it.)

Vi er ikke sint(e) på deg. (We are not angry with you.)

Vi var glad(e) for det. (We were happy about it.)

190

Er dere ferdig(e)? (Are you ready?)

Vi er klar(e). (We are ready.)

No preposition normally used with expressions of quantity

When an expression of quantity is followed by a noun in the indefinite form no preposition is normally used:

En kilo smør (butter).	To flasker vin.
En kasse appelsiner.	Tre kopper kaffe.
En sekk poteter.	Ti liter bensin.
En pose sukker (sugar).	To pakker sigaretter.
En eske fyrstikker (matches).	Flere kartonger melk.
Et stykke ost.	En mengde mennesker.
En meter stoff (material).	En masse folk.

The only preposition that could be used in the above examples is *med:*

En sekk med poteter.

En kasse med appelsiner, etc.

but usually the preposition is left out.

Preposition 'av' used in special cases

When an expression of quantity is followed by a pronoun or the definite form of the noun the preposition *av* has to be used:

En kilo av smøret.

En del av varene. (Some of the goods)

En kasse av de små appelsinene.

En sekk av de store potetene.

To av disse.

Tre av de andre.

Mange av dem.

Noen av oss.

Note also *full* (fullt, fulle) *av:* Kassen er full av appelsiner.

Huset er fullt av folk.

Sekkene er fulle av poteter.

Min familie

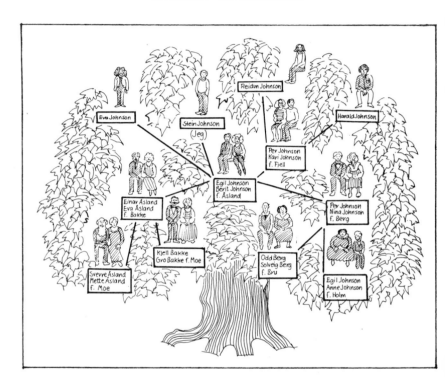

Dette er min stamtavle – eller en oversikt over mine slektsforhold, om dere vil. Mitt navn er Stein Johnson, og jeg er født den første juni 1950. Jeg har to søsken – en bror og en søster. Deres navn er Eva og Per. Min søster er to år yngre enn meg. Hun er født den annen juli 1952. Min bror er tre år eldre enn meg. Han er født den tredje august 1947.

Min bror er gift. Hans kone, som altså er min svigerinne, heter Kari og er født Fjell, det vil si hennes pikenavn er Fjell. Per og Kari har to barn: sønnen Harald og datteren Reidun, som er tvillinger. Harald er altså min nevø og Reidun er min niese ettersom jeg er deres onkel.

Min søster Eva er ugift, men forlovet. Hennes forlovede heter Bjørn Eggen. De skal gifte seg om noen måneder, så da skal mine foreldre holde stort bryllup for dem. Så vidt jeg vet, kommer det ca. 45 gjester. Vårt familienavn er altså Johnson, og det har vi etter vår far og hans slekt. Vår mor derimot er født Åsland. Som dere forstår, lever våre foreldre, og de er nokså unge begge to, iallfall til å være besteforeldre. Begge våre besteforeldre på morssiden lever også, men vår morfar er svært gammel nå, og han er ikke så frisk lenger. Derimot er både min bestefar og bestemor på farssiden døde for lenge siden.

Begge mine foreldre har mange søsken, både brødre og søstre, så jeg har mange tanter og onkler og en mengde søskenbarn, dvs. kusiner og fettere. De fleste av dem bor her i byen, så vi er ofte sammen. Min onkel Gunnar, som er bror av min far, har sitt hjem like i nærheten av oss, så vi er spesielt mye sammen. Onkel Gunnar gjør det godt. Han har sin egen forretning, sitt eget hus og sine egne ridehester. Han tjener nok sine 200 000 kroner i året. Likevel er han svært sparsommelig. Han har for eksempel både sin kone og sin sønn til å hjelpe seg i forretningen.

Jeg selv er verken gift eller forlovet, dvs. jeg er ungkar og spelemann. I grunnen har jeg ikke så veldig lyst til å gifte meg heller, men min mor, som er en ordentlig Kirsten giftekniv, gir meg ikke fred. Hun foreslår stadig døtre av sine bekjentskaper som passende partnere for meg. Mødre er seg selv like.

Dette er mitt problem. Hva er ditt?

Ordspråk

- **Like barn leker best**
}
- **Krake søker make**

(Birds of a feather flock together)

- **Navnet skjemmer ingen**   (What's in a name?)

GLOSSAR

stam'tavle (en) – pedigree, genealogical table
o'versikt (en) – survey (Note: en oversikt *over* – a survey *of*)
slek'tsforhold (here pl.) – kinship, family relations

193

er født′ – was born

søs`ken (pl.) – brothers and sisters, siblings

svigerinn`e (en) – sister-in-law (**svoger** (en) – brother-in-law)

født′ Fjell′ – née Fjell

pi`kenavn (et) – maiden name

tvill`inger (pl.) – twins (**trillinger** – triplets)

nevø′ (en) – nephew

nie`se (en) – niece

ett`ersom – as, since

forel′dre (pl.) – parents

bryll`up (et) – wedding

så vidt′ jeg vet′ – as far as I know

gjes′t (en) – guest

slek′t (en) – family (in a wide sense)

iall′fall til å være – at any rate for, at least considering that they are

bes`teforeldre (pl.) – grandparents

død /′dø:/ – dead

for leng`e siden – a long time ago

søs`kenbarn (et) – cousin

kusi`ne (en) – female cousin

fett′er (en) – male cousin

dvs. – short for: **det vil si** – that is to say (i.e.)

de fle`ste av dem – most of them

li`ke i næ′rheten av oss – very near us, nearly next door to us

han′ gjør det godt′ – he is doing well, he is well off

forret′ning (en) – business

e`gen/e`get/e`gne – own (**min egen** – my own)

ri`dehest (en) – riding horse

tje`ne – earn

li`kevel (= **allikevel**) – all the same, nevertheless

sparsomm′elig – economical, thrifty

ver`ken . . eller – neither . . nor

i grunn′en – after all, actually

ha lys′t til – feel like, want, would like to

en Kirs`ten gif`tekniv – a match-maker

gi fre′d – leave alone (literally: give peace)

fo`reslå – suggest, propose

sta`dig – constantly, all the time

bekjen′tskap (et) – acquaintance

pass`ende – suitable, fitting
mø`dre er seg selv´li`ke – mothers are all the same
kra`ke is a variant of krå`ke (en/a) – crow
ma`ke (en) – 1. match, equal, 2. mate, spouse
skjemm`e – bring shame or disgrace on, disgrace, spoil

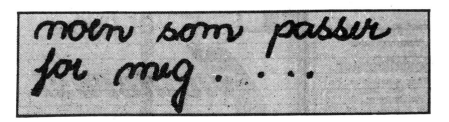

En pluss en er to

Mann, 36 år, halvslank, 176 cm høy, ugift, bosatt i Oslo-området, ønsker kontakt med kvinne i passende alder.
Bor i egen leilighet som er moderne utstyrt. Her trives jeg veldig godt, men savner kvinnelig kontakt — en til å ta i og være glad i, å snakke med osv.
Jeg er glad i å sykle, leser ofte bøker og steller mine potteplanter så godt som jeg kan. Musikk og fotografering er mine spesielle hobbier, og jeg danser så ofte som anledningen byr seg.
Ellers er jeg stadig på tur i skog og mark.
Hvor er du som jeg leter etter?
Kan vi avtale et møte på et passende sted i Oslo eller et annet sted, så får vi snakket sammen?

Savner kvinnelig kontakt

En god kamerat først og fremst

Omsider har jeg satt meg ned for å skrive til denne spalten, noe jeg i lengre tid har tenkt på. Jeg, en kvinne, søker på denne måten å komme i kontakt med en snill mann. Jeg har passert de 40, er slank, 167 cm høy, bra utseende, tror jeg.
Det jeg først og fremst søker er en god kamerat, alder 40—50 år, helst høy.
Jeg har en snill gutt på 5 år, enebolig og en interessant jobb, så jeg burde vel være fornøyd, men jeg er ensom og savner en venn.
Ellers liker jeg hjemmehygge, elsker blomster, synes det er morsomt å danse.
Send meg et brev, gjerne et foto.

Dina

(Fra Dagbladet)

SUBSTITUSJONSØVELSER

Mitt navn er Stein Johnson.

far . . Egil Johnson, foreldre . .
Egil og Berit Johnson.

Jeg er født den første juni 1950.

hun . . annen juli 1952, han . .
tredje august 1947.

195

Min søster er to år yngre enn meg.	din . . deg, hans . . ham, hennes . . henne, vår . . oss.
Min bror er gift.	søster . . ugift, svoger . . forlovet.
Vårt navn har vi etter vår far.	mitt . . jeg . . min, ditt . . du . . din, sitt . . han . . sin, sitt . . hun . . sin, deres . . dere . . deres, sitt . . de . . sin.
De er unge til å være besteforeldre.	gamle . . foreldre, ulike . . søsken.
Vår morfar er svært gammel.	hus, biler.
Min onkel Gunnar er bror av min far.	din onkel Anton . . din, hans onkel Ole . . hans, hennes onkel Per . . hennes, vår onkel Petter . . vår, deres onkel Odd . . deres.
Han har sin egen forretning.	. . eget hus, . . egne ridehester.
Han har sin kone i forretningen.	arbeid, slektninger (relatives).
Jeg selv er verken gift eller forlovet.	forlovet . . forelsket (in love), gift . . skilt (divorced).
Vi har alle våre problemer.	dere . . deres, de . . sine.

VANDRINGSVISE

Av Einar Skjæraasen

Og jeg har ingen bondegård med hest og hund og dreng.
Nei, jorden er min eiendom, og skogen er min seng.
Og våren er min fiolin med dans på hver en streng,
med dans på hver en streng.

Og jeg har ingen penger, men min fattigdom er god.
Den rike har sitt levebrød, den fromme har sin tro;
men *jeg* har høysang i hver li og kirke på hver mo,
og kirke på hver mo.

Og jeg vil ikke gifte meg, men jeg er ikke kald,
for møter jeg en pike-lill, går livet som det skal.
Da rødmer hun og rekker meg en krans av hvit konvall,
en krans av hvit konvall.

Og jeg har ingen almanakk og ingen klokke, nei,
jeg har naturens vandresans som varsler tid og vei.
Og dag og natt og vår og høst er vandringsmenn som jeg,
er vandringsmenn som jeg.

Når kvelden stenger for min fot, da tar jeg hatten av.
Og mørket faller i mitt fang og skjuler sti og stav.
– Og sol går opp og sol går ned ved vogge og ved grav,
ved vogge og ved grav.

Men før jeg nynner visen ut, vil jeg – en jordens sønn –
få takke for de åpne smil, for marken som var grønn,
for strå og blomst og sang og alt som lever uten lønn,
som lever uten lønn.

GLOSSAR TIL VANDRINGSVISE

van `dringsvise (en) – wanderer's song (ballad)
bond´egård (en) – farm
dreng´ (en) – farmhand (farmer's assistant who lives on the farm)
jo´rden – the earth
ei`endom (en) – property
sko´g (en) – wood, forest
vå´r (en) – spring
fioli´n (en) – violin
streng´ (en) – here: string (of violin)
fatt`igdom (en) – poverty
den ri`ke – the rich man
le`vebrød (et) – livelihood
den fromm`e – the pious man
tro´ (en) – faith
høy`sang (en) – hymn(s), song(s) of praise
li´ (en) – hill, hillside
mo´ (en) – moor
en pi`ke-lill – a maiden fair (Literally: a little girl)
går li´vet som det skal´ – things happen as they should
rød`me – blush, redden
rekk`e – hand, extend
kran´s (en) – garland, wreath
konvall´ (en) (= liljekonvall) – lily of the valley
natu´rens van`dresans – the wanderer's natural sense
vars`le – tell, warn (me) of
høs´t (en) – autumn, fall
van`dringsmann (en) – wanderer
steng`e for – stop, check, bar, block
mør`ke (et) – darkness
fang´ (et) – lap
skju`le – hide, conceal

198

sti′ og sta′v – path and staff
vogg`e (en) (variant of **vugge**) – cradle
gra′v (en) – grave
nynn`e u′t – finish (the song) (**nynne** – hum)
mar′k (en) – field, ground
strå′ (et) – straw, grass
u`ten lønn′ – without pay (rewards)

Study the following examples with possessive adjectives

Min mor bor i *mitt* hjem og passer (looks after) *mine* barn. (my)
Din mor bor i *ditt* hjem og passer *dine* barn. (your – familiar)
Deres mor bor i *Deres* hjem og passer *Deres* barn. (your – polite)
Hans mor bor i *hans* hjem og passer *hans* barn. (his)
Hennes mor bor i *hennes* hjem og passer *hennes* barn. (her)
Vår mor bor i *vårt* hjem og passer *våre* barn. (our)
Deres mor bor i *deres* hjem og passer *deres* barn. (your/their)

Jeg tar på meg *min* hatt, *mitt* skjerf (scarf) og *mine* hansker.
Du tar på deg *din* hatt, *ditt* skjerf og *dine* hansker.
De tar på Dem *Deres* hatt, *Deres* skjerf og *Deres* hansker.
Han tar på seg *sin* hatt, *sitt* skjerf og *sine* hansker.
Hun tar på seg *sin* hatt, *sitt* skjerf og *sine* hansker.
Vi tar på oss *vår* hatt, *vårt* skjerf og *våre* hansker.
Dere tar på dere *deres* hatt, *deres* skjerf og *deres* hansker.
De tar på seg *sin* hatt, *sitt* skjerf og *sine* hansker.

Jeg har *min* bil og han har *sin* bil.
(Jeg har ikke *hans* bil, jeg har *min egen* bil.
Han har ikke *min* bil, han har *sin egen* bil.)

Han sitter ved *sitt* bord, og hun sitter ved *sitt*.
(Han sitter ikke ved *hennes* bord, han sitter ved *sitt eget*.
Hun sitter ikke ved *hans* bord, hun sitter ved *sitt eget*.)

Vi har *våre* problemer, og de har *sine*.
(Vi har ikke *deres* problemer, vi har *våre egne*.
De har ikke *våre* problemer, de har *sine egne*.)

ØVELSER MED EIENDOMSPRONOMENER

Eksempel: Er den bilen din?   **Svar: Ja den er min.**

Er den frakken din? _____

Er det skjerfet ditt? _____

Er de skoene dine? _____

Er den hatten hans? _____

Er det slipset Pers? _____

Er de sokkene Ivars? _____

Er de strømpene hennes? _____

Er det skautet Annes? _____

Er den kjolen Elisabeths? _____

Er den sykkelen din og Pers? _____

Er det huset ditt og Oles? _____

Er de papirene dine og Elses? _____

Er den bilen Antons og Ellens? _____

Eksempel: Eier du den bilen? Svar: Nei, den er ikke min.
        (Do you own that car?)

Eier du den boka? _____

Eier du det huset? _____

Eier du de hanskene? _____

Eier han den frakken? _____

Eier hun det skautet? _____

Eier dere den sofaen? _____

Eier dere det bordet? _____

Eier dere de møblene? _____

Eier vi den hunden? _____

Eier de det TV-apparatet? _____

Eksempel: Jeg setter meg i min stol og du _____
Svar: Jeg setter meg i min stol og du setter deg i din.

Du setter deg i din stol og han _____

Han setter seg i sin stol og hun_____

200

Hun setter seg i sin stol og vi _____

Vi setter oss i vår stol og dere _____

Dere setter dere i deres stol, og de _____

De setter seg i sin stol og jeg_____

Eksempel: Jeg har min penn og du har _____
Svar: Jeg har min penn og du har din.

Jeg har min hund og du har_____

Du har ditt hus og han har_____

Han har sine venner og hun har_____

Hun har sin radio og vi har_____

Vi har vårt problem og dere har_____

Dere har deres bøker og de har_____

De har sitt hus og vi har_____

Vi har våre feil og du har_____

Du har din bror og jeg har_____

Jeg har mine søstre og han har_____

Han har sitt rom og vi har_____

Vi har våre bøker og hun har_____

Hun har sin penn og dere har_____

Dere har deres hefte og de har_____

Skriftlig oppgave

Beskriv dine egne familieforhold. Bruk teksten på side 192 som mønster og prøv å bruke så mange former av eiendomspronomenene som mulig (min, mitt, mine, vår, vårt, våre osv.)

GRAMMATIKK
Possessive pronouns (Eiendomspronomener)

Common:	Neuter:	Plural:	
min	mitt	mine	(my/mine)
din	ditt	dine	(your(s))
Deres	Deres	Deres	(your(s))

Common:	Neuter:	Plural:	
hans	hans	hans	(his)
hennes	hennes	hennes	(her(s))
dets	dets	dets	(its)
dens	dens	dens	(its)
vår	vårt	våre	(our(s))
deres	deres	deres	(your(s))
deres	deres	deres	(their(s))

Special reflexive forms:
(Referring to a 3rd person subject, i.e.: han, hun, det, den, de)

Common:	Neuter:	Plural:
sin	sitt	sine

For use of these three forms see next page.

Traditionally, the forms *min* (mitt, mine), *din* (ditt, dine), and *vår* (vårt/ våre) are classified as possessive pronouns and the others (Deres, hans, hennes, dens, dets, deres) as possessive forms of the personal pronouns, but there is no reason to uphold this distinction as they all have the same function in modern Norwegian.

The possessives are used both adjectivally[1]) and substantivally:

Det er *mitt hus.* Huset er *mitt.* Vi har *våre problemer,* og de har *sine.*

The reflexive possessives

These constitute a special difficulty to foreigners. They are special object forms, which means that they can never form part of the subject of a sentence. Being object forms they also very rarely occur at the beginning of a sentence. They always refer to a 3rd person subject (singular or plural). Note the difference between the following examples:

---

[1]) In English terminology the adjectival pronouns are called 'possessive adjectives'.

Possessive referring to subject

Han tar sin (egen) hatt. (He takes his (own) hat)
Han bor i sitt (eget) hus. (She lives in her (own) house)
De ligger i sine (egne) senger. (They lie in their (own) beds)

Possessive not referring to subject

Han tar hans hatt. (Another man's hat)
Hun bor i hennes hus. (Another woman's house)
De ligger i deres senger. (Some other people's beds)

Study the following sentences:

Fredrik Jensen og hans sønn kommer i morgen.
Fredrik Jensen kommer i morgen med sin sønn.
Fredrik Jensens sønn kommer i morgen med sin far.
Jeg skal møte Fredrik Jensen og hans sønn på stasjonen i morgen.
Hans sønn følger ham til byen. Sønnen følger sin far til byen.
Faren reiser i følge med sin sønn. Han tar sin sønn med seg.
Det er sin sønn han tar med seg, ikke sin datter.
Det er hans sønn som reiser med ham, ikke hans datter.

Special expressions with possessive pronouns

Jeg går min vei (han går sin vei etc.). (I'm leaving.)
Han tjener sine 100 000 i året. (He makes 100,000 a year.)
Jeg har mitt å tenke på. (I have my problems to think of)
Han har sitt å gjøre. (He has his things to do)
Din tøysekopp! Din skøyer! (You kidder!)
Din tosk! Din idiot! (You fool!)
Og jeg min tosk glemmer hele greia! (And like the fool I am I forget the whole thing)
Du store min! (Good heavens!)

Note specially:

Hvem sin (sitt/sine) in questions:
Hvem sin bil er det? (Whose car is that?)
(Or: Hvem er det sin bil?)

Hvem sitt hus er det? (Whose house is that?)
(Or: Hvem er det sitt hus?)

Hvem sine penger er det? (Whose money is that?)
(Or: Hvem er det sine penger?)

These are colloquial question forms. In formal or literary style the possessive form *hvis* would be used:

Hvis bil er det? Hvis hus er det? Hvis penger er det?

Absence of possessive pronouns

Unlike English, Norwegian does not normally use the possessive pronouns in connection with parts of the body, clothes etc.

She has a hat on her head = Hun har hatt på hodet
His finger is swollen = Fingeren er hoven
He has gloves on his hands = Han har hansker på hendene.
He puts his hand in his pocket = Han stikker hånden i lommen.
He's got a badge on his lapel = Han har et merke på oppslaget.
She's got a ring on her finger = Hun har ring på fingeren.

Note also:
A friend of *mine* (yours, his, etc.) = En venn av *meg* (deg, ham, etc.)

Indefinite pronouns

(For an illustration of the meaning of most of them see page 74)

The following indefinite pronouns are used both adjectivally and substantivally and occur in common gender and neuter forms in the singular and in a plural form:

Common gender:	Neuter gender:	Plural:
noen (some, any, someone, etc.)	**noe** (some, any, something, etc.)	**noen** (some, any)
ingen (no, no one, none)	**intet**[1]) (no, nothing, none)	**ingen** (no, none)

all (all)	alt (all, everything)	alle (all)
(en)hver (every, each, everyone)	(et)hvert (every, each)	----
(en) annen (another)	(et) annet (another)	andre (other, others)
mang en (many a)	mangt et (many a)	mange

Substantival neuter forms: **noenting, ingenting, allting**
                      (something) (nothing) (everything)

Examples:

Har De *noen god ost* i dag?   (any good cheese)

Har De *noe godt kjøtt?*   (any good meat)

Har De *noen gode appelsiner?*   (any good oranges)

Jeg har *ingen venn, intet*[1] *hjem*   (no friend, no home and
    og *ingen slektninger.*   no relatives)

Takk for *all hjelp, alt strev* og *alle pakker!*
    (all help, all trouble and all parcels)

Takk for *alt*! (Thank you for everything!)

Jeg tenker på deg *hver time* og *hvert minutt.*
    (every hour and every minute)

Han har vært her *mang en gang* (He has been here many a time)
Vi har hatt *mangt et møte* (We have had many a meeting)
Vi har *mange felles venner* (We have many friends in common)

---

[1]) The form *intet* is felt to be rather literary today and is usually replaced by *ikke noe* in the spoken language. Also *ingen* is frequently replaced by *ikke noen.*

'Noe', 'mye' and 'lite' used with plural nouns

The above words should, strictly speaking, only be used with singular nouns, but in practice they are frequently used with plurals. This happens when the idea of *quantity* seems more important than the idea of *number*.

Har De *noe appelsiner* i dag?	(instead of *noen appelsiner*)
Jeg har *ikke noe penger*.	(instead of *ikke noen penger*)
Var det *mye folk der?*	(instead of *mange folk*)
Nei, det var *lite folk* der.	(instead of *få folk*)

Nouns with irregular plural

Nouns for kinship:

en far (father)	mange fedre	(fedrene)
en mor (mother)	mange mødre	(mødrene)
en bror (brother)	mange brødre	(brødrene)
en datter (daughter)	mange døtre	(døtrene)

With no singular:

mange søsken (brothers and sisters) (søsknene)
mange foreldre (parents) (foreldrene)

Parts of the body:

en hånd (hand)	mange hender	(hendene)
en tann (tooth)	mange tenner	(tennene)
en fot (foot)	mange føtter	(føttene)
en tå (toe)	mange tær	(tærne)
et kne (knee)	mange knær	(knærne)
et øye (eye)	mange øyne	(øynene)

Others:

en mann (man)	mange menn (mennene) (male persons)	or: mange mann (a group of men — for work, games, etc.)

en and (duck)	mange ender	(endene)
en kraft (force)	mange krefter	(kreftene)
en natt (night)	mange netter	(nettene)
en stang (pole)	mange stenger	(stengene)
en strand (beach)	mange strender	(strendene)
en tang (pliers)	mange tenger	(tengene)
en hovedstad (capital)	mange hovedsteder	(hovedstedene)
en bok (book)	mange bøker	(bøkene)
en bot (fine; patch)	mange bøter	(bøtene)
en not (seine, net)	mange nøter	(nøtene)
en rot (root)	mange røtter	(røttene)
en glo (ember)	mange glør	(glørne)
en klo (claw)	mange klør	(klørne)
en bonde (farmer)	mange bønder	(bøndene)
et tre (tree)	mange trær	(trærne)
en gås (goose)	mange gjess	(gjessene)
en ku (cow)	mange kyr (or: kuer)	(kyrne/kuene)

Common gender nouns with no plural ending:

(All of them monosyllabics)

en ting (thing)	mange ting	(tingene)
en feil (mistake)	mange feil	(feilene)
en sko (shoe)	mange sko	(skoene)
en ski (ski)	mange ski	(skiene)
en mus (mouse)	mange mus	(musene)
en lus (louse)	mange lus	(lusene)
en rein (reindeer)	mange rein	(reinene)
en mygg (mosquito)	mange mygg	(myggene)
en maur (ant)	mange maur	(maurene)

Also these words for measure and money:
en mil, en meter, en kilometer, en centimeter, en kilo, en hekto, en fot, en dollar, en cent, en shilling, en mark, en pfennig, en gylden, en lire, en kopek, en yen.

Foreldrene våre

Karin (10 år) har ordet:

Søsteren min og jeg er ikke noe fornøyd med foreldrene våre. Alle de andre får masse penger av foreldrene sine, men vi får nesten ingenting. Alle vennene våre får sitte oppe og se på TV om kvelden, men vi må gå og legge oss. Alle de andre i klassen vår får gå på kino en gang i uken, men vi må pent holde oss hjemme. Vi får bare gå når foreldrene våre ser at det står «familiefilm» i kinoannonsen. Alle naboene våre har bil, men vi har bare moped og sykkel.

Og ta nå for eksempel det med sykkelen vår. Det er søsteren min som eier den, og nå er den gått i stykker. Faren vår lover og lover at han skal gjøre den i stand – men han gjør det ikke. Han sier at han ikke har tid, men det er bare tull. Kontordamen hans sier at forretningen hans går så fint som bare det, og at han ikke behøver å være på kontoret sitt i det hele tatt. Hun kan klare forretningen hans helt alene, sier hun. Kan du da skjønne at han ikke kan klare å gjøre i stand sykkelen vår? Jeg kan iallfall ikke få det inn i hodet mitt at det skal være så vanskelig å klare det.

Jeg sier sykkelen *vår*, men det er altså søsteren min som eier den. Men hun er veldig snill, så jeg får alltid låne den når jeg spør. Derfor er det like ergerlig for meg som for søsteren min at den er gått i stykker, for jeg kan ikke reise og besøke bestevenninnen min som bor på den andre siden av byen. Det er ikke noen sak for faren og moren vår, for de kan kjøre moped. Og mopeden sin – den passer de på! Den gjør de i stand med en gang den går i stykker!

Jeg synes foreldrene våre skulle tenke litt mer på barna sine og ikke alltid være så dumme og gammeldagse og strenge når barna deres ber dem om noe.

Ta nå for eksempel dette med lommepengene våre. Søsteren min og jeg får ikke noen faste lommepenger enda vi ber om det, og enda lærerinnen vår sier at det bare er på den måten barn kan lære seg å ta vare på pengene sine. Vi får ikke noe fast pr. uke, bare en krone nå og da når foreldrene våre synes at det passer. Alle de andre i klassen vår får minst 10 kroner uken i lommepenger. Jeg tror foreldrene deres forstår barna sine mye bedre enn foreldrene våre gjør.

Alltid skal foreldrene våre være så dumme og gammeldagse og strenge. Det er veldig ergerlig altså, og ordentlig urettferdig, synes jeg.

Er foreldrene dine også sånn?

EN SVENSK FOLKEVISE

Hvem kan seile foruten vind,
hvem kan ro uten årer?
Hvem kan skilles fra vennen sin
uten å felle tårer?

Jeg kan seile foruten vind,
jeg kan ro uten årer,
men ei skilles fra vennen min
uten å felle tårer.

GLOSSAR

ha o´rdet – speak, have the floor
ikk`e noe fornøy´d – colloquial: not very pleased
mass`e – a lot of, heaps of
nes`ten – nearly, almost
venninn`e (en) – girl friend (Often pronounced: /ve ᵛnində/)
vi må pe´nt holde oss hjemm`e – we have simply to stay at home
ki´noannonse (en) – movie ad
na`bo (en) – neighbour
den er gått i stykk´er – it's broken
lo`ve (o = å) – promise
gjøre i stan´d – repair, mend
ba`re tull´ – just nonsense, rubbish
den gå´r så fi´nt som ba`re de´t – (coll.) it goes like anything
behø´ve – need (= **trenge**)
ikk`e i det he`le tatt – not at all
kla`re – manage
he´lt ale`ne – quite alone
lå`ne – borrow *and* lend
er`gerlig – irritating, annoying
besø´ke – visit
det e´r ikke noen sa´k – it's no problem, it's not difficult
pass`e på` – look after, watch
dum´ – foolish, stupid, dumb
gamm`eldags – old-fashioned
streng´ – strict
fas´t – here: fixed, regular
en`da – here: even though
lærerinn`e (en) – school mistress, woman teacher
på den´ må`ten – in that way
ta va`re på – take care of
pass`e – fit, be suitable
min´st – here: at least
u`rettferdig – unfair, unjust
sånn´ – like that, in that (this) way (= **slik**)
sei`le – sail
foru`ten – here: without (= **uten**)

å`re (en/a) – oar
skill`es – part
fell`e tå`rer – shed tears (en tåre)

SUBSTITUSJONSØVELSER

De får masse penger av foreldrene sine.   faren, tantene

Vi må gå og legge oss.   jeg, hun, alle.

Alle de andre i klassen vår får gå på kino.   strøket, blokken (block of flats).

Alle naboene våre har bil.   hele strøket, hele gaten.

Ta nå det med sykkelen vår.   pengene, problemet.

Hun sier at han ikke behøver å være på kontoret sitt.   (Hun sier at) jeg, du, vi, de.

Jeg kan ikke få det inn i hodet mitt.   han, vi, de.

Og mopeden sin – den passer de på.   huset, barna.

Jeg synes de skulle tenke litt på barna sine.   datteren, ryktet (reputation).

Alltid skal foreldrene våre være så dumme.   familien, systemet.

ØVELSER MED ETTERSTILTE PRONOMENER

Eksempel: Vi er ikke fornøyd med *våre foreldre*.
Svar: Vi er ikke fornøyd med *foreldrene våre*.
De andre får lommepenger av *sine foreldre*.

Alle *våre venner* får se TV om kvelden.

Alle i *vår klasse* får gå på kino.

Alle *våre naboer* har bil.

Det er *vår sykkel*.

Det er *min søster* som eier sykkelen.

Hun kan klare *hans forretning* alene.

De passer på *sin moped*.

Jeg synes *våre foreldre* skulle tenke litt mer på *sine barn*.

De skal ikke være så strenge når *deres barn* ber dem om noe.

Barn må lære å ta vare på *sine penger*.

Alle de andre på *vår skole* får 10 kr uken.

Jeg tror *deres foreldre* forstår *sine barn* bedre.

Alltid skal *våre foreldre* være så strenge.

Er *dine foreldre* også sånn?

ØVELSER MED ADVERBETS PLASSERING
I SETNINGEN

Eksempel: Vi *er ikke* fornøyd med foreldrene våre.
    Jeg sier at ─────────
Svar: Jeg sier at vi *ikke er* fornøyd med foreldrene våre.

Vi *får ikke* se på TV om kvelden.
De sier at ────────────────────────────────
Vi *får ikke* gå på kino.
De sier at ────────────────────────────────
Han *har ikke* tid.
Han sier at────────────────────────────────
Han *behøver ikke* være på kontoret.
Hun sier at────────────────────────────────
Han *kan ikke* gjøre i stand sykkelen.
Kan du skjønne at ──────────────────────────
Jeg *kan ikke* få det inn i hodet.
Jeg sier at ────────────────────────────────
Jeg *kan ikke* reise og besøke bestevenninnen min.
Det er ergerlig at ──────────────────────────
Det *er ikke* noen sak for faren vår.
Det er klart at ─────────────────────────────
Det *er bare* på den måten at barn kan lære.
Vi vet jo at────────────────────────────────
Vi *får bare* en krone nå og da.
Tenk på at ──────────────────────────────────
De *kan aldri* lære.
Det er merkelig at ──────────────────────────

Skriftlig oppgave

Skriv et brev til Karin og si hva du synes om foreldrene hennes og beklagelsene hennes (her complaints). Bruk mest mulig etterstilt eiendomspronomen (vennen min, jenta mi (my girl), foreldrene dine osv.). Bruk også mest mulig negative at-setninger hvor *ikke* skal stå foran verbet (f.eks. jeg forstår at du *ikke er* fornøyd med foreldrene dine, du

213

sier at du *ikke får* så mange lommepenger, jeg hører at faren din *ikke gjør* i stand sykkelen deres, du må forstå at du *ikke kan* få alt de andre får etc.). Begynn brevet med «Kjære Karin.» (Dear Karin) eller «Kjære vennen min.» eller «Kjære jenta mi.» Avslutt brevet med «Lykke til!» (Good luck) og «Mange hilsener fra. . .» (Many greetings from . . .)

GRAMMATIKK

Bruk av foranstilte og etterstilte eiendomspronomener

Foranstilt eiendomspronomen (min far, mitt navn, mine venner) er det normale i skriftspråket og i det formelle talespråk. Dessuten er det vanligst å bruke foranstilt pronomen når man legger trykk på pronomenet (altså *min* bil i motsetning til f.eks. *din* bil). Videre er det normalt å bruke denne formen i forbindelse med abstrakte begreper (min mening, hans tanke, deres religion).

Etterstilt eiendomspronomen tilhører først og fremst det uformelle dagligspråket, og i forbindelse med konkrete ting i dagliglivet er det normalt å bruke denne formen (sykkelen min, huset vårt, læreren hans). I barns talespråk (og i voksnes tale til barn) forekommer nesten bare etterstilte pronomener.

Etterstilt pronomen i talespråket gir talen et visst emosjonelt preg. Hvis man snakker om sin ektefelle til fremmede mennesker, vil man i de fleste tilfeller si *min kone* og *min mann*. Men i en uformell sammenheng, f.eks. blant venner, vil man nesten alltid si *kona mi* og *mannen min*. Dette emosjonelle element ser man tydelig i tiltale. Til sin ektefelle kan man ikke si: «Min (kjære) kone» eller «Min (kjære) mann». Man *må* si: «(Kjære) kona mi» eller «(Kjære) mannen min». Når man snakker til sine barn, sier man: «Gutten min» eller «Jenta mi» («Min gutt» eller «Min jente» er umulig).

Hunkjønnsformene 'mi', 'di' og 'si'

I forbindelse med substantiver som normalt tar hunkjønnsendelsen -a i bestemt form entall (jenta, kona, hytta, kua, buksa, boka, osv.) *må* man

214

bruke hunkjønnsformene *mi, di* og *si* hvis man bruker a-formen av substantivet:

Kom nå, jenta mi, så går vi hjem.
Kommer kona di også i kveld?
Hvor ligger den hytta di?
Bonden har kua si i fjøset.
Se og få på deg buksa di, gutt!
Jeg har boka mi her, og han har boka si der.

Husk! Foranstilt eiendomspronomen kan bare brukes ved substantiver i *ubestemt form* (min kone, mitt navn, mine venner).
Etterstilt eiendomspronomen kan bare brukes ved substantiver i *bestemt form* (kona mi, navnet mitt, vennene mine).

That car (house, cabin) of yours
svarer til: Den bilen din, det huset ditt, den hytta di.
I flertall: De bilene dine, de husene dine, de hyttene dine.
Altså: Bare etterstilte pronomener er mulig her.

Adverbets plassering i setningen

Den generelle regel er at adverbet (eller adverbielle uttrykk) plasseres rett *bak* verbet (eventuelt hjelpeverbet) i hovedsetninger og rett *foran* verbet (eventuelt hjelpeverbet) i bisetninger. Dette gjelder de fleste adverber. (Intet ord mellom subjekt og predikat i hovedsetning).

Jeg *spiser ikke* fisk. Han sier at han *ikke spiser* fisk.
Jeg *vil ikke* ha fisk. Han sier at han *ikke vil* ha fisk.
Jeg *vil gjerne* komme. Han sier at han *gjerne vil* komme.
Jeg *spiser ofte* ute. Han er en mann som *ofte spiser* ute.
Jeg *drikker aldri* vann. Du kan ikke leve hvis du *aldri drikker* vann.

Unntak: Stedsadverber, gradsadverber og måtesadverber står ikke foran verbet i bisetninger.

Han sier at han *spiser ute*. Det er han som *snakker best.*

Disse adverbene og bestemte tidsadverber står ofte til slutt i setningen. Forøvrig kan alle adverber stå først i setningen hvis man vil gi dem trykk. De forårsaker da inversjon.

Ikke den grønne, men den blå

Kunden: Hva koster den pene lusekoften De har der borte?

Ekspeditrisen: Mener De den sorte eller den brune?

Ingen av dem. Jeg mener den blå med det hvite mønsteret.

Å, den ja. Nå skal vi se. Den koster 295 kr.

Å, er den så dyr? Er det den dyreste De har?

Nei, vi har dem atskillig dyrere. Den mørkegrønne De ser der borte koster over 500 kr, men den er håndstrikket og av absolutt beste kvalitet.

Hva koster den aller billigste De har?

Den grå De ser her, er den rimeligste. Den selger vi for 120 kr.

Å jaså? Ja, kanskje jeg kan få prøve den?

Ja, nå skal vi se. Hvilket nummer bruker De? Disse billige koftene er litt små i nummerne.

Å, er de det? Jeg bruker normalt nr. 48, men det beste er kanskje da å prøve nr. 50.

Nr. 50 – da er jeg redd vi må gå over i en annen farge. Hva synes De om denne mørkegrønne?

Nei, den liker jeg ikke. Da kan jeg heller tenke meg den mørkeblå med det spesielle mønsteret.

Å ja, den morsomme typen der, ja. Den er faktisk den mest populære vi har nå, men den ligger i neste prisklasse. Den koster 140 kr, og samme pris er det også for denne hvite.

216

La meg prøve den blå, er De snill.

Ja, vær så god. Ta den på, så får vi se. De kan se Dem selv i det store speilet der.

Ja, dette er den peneste. Men passer den til de sorte buksene?

Javisst. De går fint sammen. Den mørke blåfargen der kler Dem virkelig godt.

Sier De det? Ja takk, da tror jeg jeg tar denne blå her.

Takk skal De ha. Da skal jeg bare ta av den stygge merkelappen der før jeg pakker den inn. Var det så noe mer?

Hva er prisen for det morsomme trollet der borte?

Mener De det lille eller det store?

Det store med den lange nesen.

Det koster 185 kroner.

Å, er det så dyrt? Enn det lille da?

Det er en god del billigere. Denne lille gubben her koster bare 52 kroner.

Er det samme pris for den vesle trollkjerringa også?

Ja, akkurat samme pris, og det er den siste vi har.

La meg få begge to da, er De snill, både gubben og kjerringa. Kanskje det kan bli noen småtroll av det.

GLOSSAR

lu`sekofte (en/a) – special kind of thick, knitted woollen jacket
møn´ster (et) – design, pattern
hånd`strikket – handknitted
kvalite´t (en) – quality
ri`melig – reasonable
numm´er (et) – here: size
norma´lt – normally
redd´ – afraid (**Jeg er redd vi må** . . . I'm afraid we have to . . .)
gå o´ver i (til) en annen farge – change to another colour
Hva sy`nes De om denn`e? – How do you find this one?
Jeg kan hell´er tenke meg – I'd rather fancy, I'd rather have
spesiell´ – special
mors`om – amusing, nice, interesting, funny
ty`pe (en) – type
fak´tisk – actually, in fact, as a matter of fact
nes`te – (the) next
pri´sklasse (en) – price class (bracket)
pass`e til – go with, match well with, suit
kle´ – here: become, (**Den fargen kler Dem** – That colour becomes you)
samm`e – the same
stygg´ – ugly; naughty
mer`kelapp (en) – price tag (Også: **en prislapp**)
pakke inn´ – wrap up
troll´ (et) – troll
Enn´ det lill`e da? – What about the little one then?
gubb`e (en) – old man, greybeard
kjerr`ing (a) – old woman (**den vesle kjerringa** – the little old woman)
små`troll (pl) – small trolls, but colloquially: kids, babies

SUBSTITUSJONSØVELSER

Hva koster den pene lusekoften?   røde kjolen, grønne slipset, brune
                                    sokkene.

Mener De den sorte eller brune?   hvite . . sorte, lille . . store,
                                    gule . . blå.

Er det den dyreste De har?	billigste, største, minste.
Den er av beste kvalitet.	fineste, dyreste, samme.
Den grå er den rimeligste.	sorte . . dyreste, blå . . beste.
Den blå ligger i neste prisklasse.	hvite . . samme, sorte . . høyeste.
Samme pris er det for denne hvite.	høyeste . . sorte, laveste . . grå.
Passer den til de sorte buksene?	grå skjørtet, hvite blusen, brune strømpene.
Den mørke blåfargen kler Dem godt.	skjørtet, jakken, brillene (spectacles).
Hva er prisen for det morsomme trollet?	kjerringa, trollene.
Mener De det lille eller store?	tykke . . tynne, lange . . korte.
Det er den siste vi har.	eneste (only one), fineste.

SPØRSMÅL OG SVAR ETTER MØNSTER

Eksempel: Hva foretrekker du – den grønne eller *den gule*?
Svar: Jeg foretrekker den gule.

Hva foretrekker du – den store eller *den lille?*   _____

Hva vil du helst ha – den brune eller *den hvite?*   _____

Hva har du mest lyst på – det største eller *det minste?*   _____

Hva ønsker du deg helst – de første eller *de andre?*   _____

Hva kan du helst tenke deg – de små eller *de store?*   _____

219

Eksempel: Hvilken synes du er penest – den sorte eller *hvite?*
Svar: Jeg synes den hvite er den peneste.

Hvilken synes du er penest – den grønne eller *gule?* _____

Hvilken synes du er morsomst – den tynne eller *tykke?* _____

Hvilket synes du er riktigst – det lyse eller *mørke?* _____

Hvilke synes du er best – de amerikanske eller *norske?* _____

Hvilke synes du er saftigst – de spanske eller *marokkanske?* _____

Eksempel: Er den hvite billigst?
Svar: Ja, jeg tror den hvite er den billigste.

Er den store best? _____
Er den andre rimeligst? _____
Er den tykke sterkest? _____
Er det første riktigst? _____
Er det billige dårligst? _____
Er det gule lengst? _____
Er de neste lettest? _____
Er de siste vanskeligst? _____

Eksempel: Vil du ha den *sorte* hatten?
Svar: Nei, takk, jeg tar heller den *hvite*.

Vil du ha den *store* boka? _____
Vil du ha den *lange* kjolen? _____
Vil du ha den *mørke* blusen? _____
Vil du ha den *gamle* radioen? _____
Vil du ha det *smale* beltet? _____
Vil du ha det *høye* bordet? _____
Vil du ha det *billige* slipset? _____
Vil du ha de *store* eplene? _____
Vil du ha de *lyseblå* sokkene? _____

220

Eksempel: Er dette høyeste pris?
Svar: Nei, det er laveste pris.

Er dette dårligste kvalitet? _____

Er dette minste størrelse? _____

Er dette en annen type? _____

Er dette siste side? _____

Er dette annen etasje? _____

Er dette venstre side? _____

To barnesanger

SE MIN KJOLE

Våre kjoler er i alle farger,
grønn, blå, rød, hvit, sort og mange fler.
Men hør nå bare hva jeg kan fortelle,
grønn, blå, rød, hvit, sort og mange fler.

Se min kjole, den er grønn som gresset,
alt hva jeg eier, det er grønt som den.
Det er fordi jeg elsker alt det grønne
og fordi en jeger er min venn.

Se min kjole, den er blå som havet,
alt hva jeg eier, det er blått som den.
Det er fordi jeg elsker alt det blå(e)
og fordi en sjømann er min venn.

Se min kjole, den er rød som rosen,
alt hva jeg eier, det er rødt som den.
Det er fordi jeg elsker alt det røde
og fordi et postbud er min venn.

Se min kjole, den er hvit som snøen,
alt hva jeg eier, det er hvitt som den.
Det er fordi jeg elsker alt det hvite
og fordi en snømann er min venn.

Se min kjole, den er sort som kullet,
alt hva jeg eier, det er sort som den.
Det er fordi jeg elsker alt det sorte
og fordi en feier er min venn.

(Gammel dansk barnesang – fornorsket)

mang`e fle´r (or **fle´re**) – many more
el`ske – love
je`ger (en) – hunter
ha´v (et) – ocean
sjø`mann (en) – sailor
ro`se (en) – rose
pos´tbud (et) – postman
snø´ – snow (The form **sne** is often used too)
kull´ (et) – coal
fei`er (en) – chimney sweep

BÆ, BÆ, LILLE LAM

Bæ, bæ, lille lam, har du noe ull?
Ja, ja, kjære barn, jeg har kroppen full.
Søndagsfrakk til far og søndagsskjørt til mor
og to par strømper til bitte lille bror.

ull' – wool
bitt'**e lill**'**e** – very little (But: **han er bitte liten**)

Skriftlig oppgave

Skriv en dialog mellom en kunde og en ekspeditrise (ekspeditør) og bruk
e-formene av adjektivet mest mulig. Bruk foregående dialog som mo-
dell.

GRAMMATIKK
E-formene av adjektivet (I)

E-formene av adjektivet (de bestemte former) er i positiv identiske med
flertallsformene – bortsett fra formen *lille* – og de brukes etter de

223

demonstrative pronomener (den, det, denne, dette osv.) og etter trykklett *den* og *det,* som vi kaller adjektivets bestemte artikler. Superlativ har også spesielle e-former.

E-formene kan brukes substantivisk (uten substantiv etter seg) eller adjektivisk foran substantiver:

den store, den hvite,	den store jakken, den hvite lua,
det lange, det pene,	det lange huset, det pene taket,
den billige, dette dyre.	den billige genseren.

Det normale er at substantivet står i bestemt form etter et bestemt adjektiv, men her er det en del unntak. Hvis man vil poengtere *det generelle,* bruker man ubestemt form av substantivet. Merk forskjellen i følgende uttrykk:

Generelt (Typefiserende)	Spesielt (Individuelt)
Den hvite mann.	Den hvite mannen (mellom de sorte).
Den norske sjømann.	Den norske sjømannen (der borte).
Den norske kirke.	Den norske kirken (i Amsterdam).
Det norske flagg.	Det norske flagget (i vinduet).
Den voksne elefant.	Den voksne elefanten (under treet)
Det demonstrative pronomen.	Det demonstrative pronomenet (her)

Av denne grunn vil man ofte finne at *navn* på institusjoner og kjente begreper har ubestemt form av substantivet: Den Norske Turistforening, Den amerikanske ambassade, Det medisinske fakultet, Det akademiske kollegium, Det kaspiske hav, Den persiske gulf, De forente stater, Den engelske kanal, De puniske kriger, Den russiske revolusjon, Det europeiske fellesskap osv.

Man vil også finne at ubestemt form av substantiv er ganske vanlig etter superlativer (og *første, siste, eneste*) fordi disse ordene så ofte brukes i generelle (typefiserende) uttrykk: Den største mann i historien, det hurtigste fly i verden, det høyeste fjell på jorden, det første fly til å krysse Atlanterhavet, den siste mohikaner, den eneste kvinne i parlamentet.

Forøvrig skal man merke seg at det er vanlig å sløyfe artikkelen foran superlativer, ordenstall, og ordene *venstre, høyre, samme, eneste, siste, forrige, neste, foregående, følgende, ovenstående, kommende:*
Er dette *beste kvalitet?* (høyeste poengsum, laveste pris, nærmeste kiosk). *Første juli, annen juli, tredje juli* (første etasje, annen etasje) Han bor på *venstre side* av veien. Huset ligger på *høyre hånd.* Det er *samme pris* for denne. Fortsett videre *samme vei.* Er du *eneste pike* her? Det var *eneste gang* jeg så ham. *Siste post* på programmet. Dette er *siste gang* jeg er her. Hvor var du i *forrige uke?* Se på *forrige side.* Jeg så deg på *forrige møte.* Hva skal du gjøre i *neste uke?* (til neste år) Merk deg *følgende uttrykk:* . . Studer *følgende setning:* . . . . Jeg refererer til *ovenstående eksempel* (the above example).

Hele brukes normalt uten foranstilt artikkel og med substantivet bestemt: hele dagen, hele uken, hele året, hele livet. (Men: hele forrige uke, hele siste år, hele mitt liv). *Det hele* brukes i betydningen the whole thing: Det hele var en spøk. Han var lei det hele (tired of it all).

Ordenstallene

(1.) første
(2.) annen/annet/andre
(3.) tredje
(4.) fjerde
(5.) femte
(6.) sjette
(7.) syvende (sjuende)
(8.) åttende
(9.) niende
(10.) tiende
(11.) ellevte
(12.) tolvte
(13.) trettende
(14.) fjortende
(15.) femtende

(16.) sekstende
(17.) syttende
(18.) attende
(19.) nittende
(20.) tyvende (tjuende)
(21.) énogtyvende
      (tjueførste)
(22.) toogtyvende
      (tjueandre)
(30.) tredevte
      (trettiende)
førtiende, femtiende,
sekstiende, syttiende,
åttiende, nittiende,
hundrede, tusende.

NB! Hvert **femte** år = Every **five** years.

Merk skrivemåten: 4. etasje, 5. juli, 1. plass, 3. serie osv.

Brøkdeler   (Fractions)

Tradisjonelt (og i vanlig talespråk i dag) brukes ordenstallene i brøkdeler (bortsett fra ½ – *en halv* og også *en kvart,* som nå og da blir brukt istedenfor *en fjerdedel).*

⅓ - en tredjedel (Men: en tredjedels uke, et tredjedels år)
¼ - en fjerdedel (Men: en fjerdedels dag, 3 fjerdedels side)
⅖ - to femtedeler (Men: to femtedels liter)
⅗ - tre sjettedeler (Men: tre sjettedels kilo)
4⁄7 - fire syvendedeler, osv. (Men: fire syvendedels gram)

Men i skolebøker i dag brukes grunntallene: en tredel, en firedel, to femdeler, en tredels uke osv.

Entalls substantiv etter brøkdeler
1¼ (én og en kvart) uke (**ikke** uker)
1½ (én og en halv) dag
1½ (ett og et halvt) minutt
4⅘ (fire og fire femtedels) grad (degrees)

18. Leksjon atten

Kristian skriver brev
til sin gode venn Tor

Oslo, 10. februar 1980

Kjære Tor.

Takk for ditt siste brev av 5. februar. Det er visst første gang jeg er så rask til å svare, men i dag, lørdag, har jeg min ukentlige fridag, og jeg har tid til å sette meg ned og skrive. Ellers har jeg nok å gjøre, vet du. For det første har jeg hendene fulle på kontoret hver dag, og for det annet er jeg, som du vet, med i diverse kommunale komitéer. Jeg gjør bare min simple plikt, som det heter, men du store verden så mye tid som dette kommunale arbeidet tar. I hele forrige uke var jeg på møter hver eneste kveld, og i neste uke blir det nesten like ille. Jeg skal sitte ut denne perioden, men til neste år vil jeg ikke mer, så da får de finne en annen til å ofre seg for «det felles beste».

Du spør i brevet ditt om vi kommer og besøker deg til sommeren. Vi er ikke sikre på hva vi kommer til å gjøre ennå. Vi får se. Vi tror vi kanskje kommer til å ta en biltur over til Vestlandet. I så tilfelle er det jo mulig vi kan legge veien om den vakre bygda di. Vi snakker ofte om hvor hyggelig vi hadde det siste gang vi var der. Jeg glemmer ikke den fine lia ovenfor huset ditt med utsikt over hele dalen og de grønne, saftige beitene for dyrene dine. Og så den rene, fine fjellufta der oppe! Den gjør oss stakkars byfolk godt. Det eneste aber for deg som bor der hele året, er vel at det kan bli litt ensomt i det lange løp?

Vi vet ikke riktig når vi kommer til å reise på ferie, men det blir antagelig på samme tid som i fjor, det vil si i første halvdel av juli. Vi skal snart planlegge alt i detalj, og da skal du få vite hvor turen går og hvordan vi skal gjøre det hele. Inger Johanne kommer ikke til å bli med oss i år. Hun skal til Paris med sin bestevenninne. Det blir første gang hun reiser utenlands, og hun skjelver nok litt ved tanken, men jeg tror hun vil ha godt av det. På den annen side kommer vi antagelig til å ta med oss naboens yngste sønn, Henrik, som er Pers gode venn og klassekamerat.

Forøvrig har vi det bare bra og holder oss stort sett spreke og friske. Else var forresten syk noen dager i forrige uke – det var en halsinfeksjon – men nå er hun i fin form igjen.

Husker du gamle Gurine Lofstad som var hos oss i fjor sommer? Hun døde i forrige måned. Det var hjertet. Hun var et fint menneske som Else og jeg vil savne. Mens jeg husker det, hvordan står det til med gamle Jens som bor i lia ovenfor deg? Du må hilse ham så meget fra meg.

Nå kommer min kjære viv og sier jeg må slutte, for hun skal dekke middagsbordet her hvor jeg sitter og skriver. Så dette blir alt for denne gang. Mange hilsener fra oss begge. Skriv snart igjen!

Din gamle venn
Kristian

GLOSSAR

bre'v (et) – letter
kjæ`re Tor – dear Tor
viss't – here: probably

ras'k – quick, prompt
u`kentlig – weekly
sett`e seg ne'd – sit down

for det førs`te – in the first place (**for det annet** – secondly)
være me´d i – take part in, be engaged in
divers`e – divers, various, a whole lot of
komité´ (en) – committee
kommuna´l – municipal, local political
min simp`le plikt´t – my simple duty (**en simpel plikt** – a plain duty)
som det he`ter – as they say, as the saying is
du sto`re ver´den – good gracious, gosh
i he`le forr`ige u`ke – /ˈfɔrjə ˇʉːkə/ – for the whole of last week
mø`te (et) – meeting
nesten li`ke ill`e – nearly as bad
en a`nnen /en ˇaː-n·/ – here: somebody else
of`re seg for – devote oneself to (with the idea of *sacrificing* sth)
det fell´es bes`te – the common good
komm`er til å – will, are going to
ennå – as yet, so far, still
vi får se´ – we shall see
i så´ tilfelle – in that case, if so
legge vei´en om – lay the itinerary through, go via
den vak`re bygda di – your beautiful district (valley, rural community)
li´ (a) – hillside
o`venfor – above
da´l (en) – valley
bei`te (et) – pasture, grazing-land
dyr (et) – animal, beast
re´n – clean
fjel`luft (en) – mountain air
det e`neste a´ber – the only snag (disadvantage)
i det lang`e lø´p – in the long run
i fjo´r – last year (**i år** – this year)
pla`nlegge – plan
i detal´j – in detail
du skal få vi`te – we'll let you know, you shall be informed
rei`se u`tenlands – go abroad
skjel`ve ved tan`ken – tremble at the thought
hun vil ha godt´ av det – it will do her good
på den a`nnen si`de – on the other hand
klass`ekamera´t – class mate

sto´rt sett´ – on the whole, generally
sy´k – sick, ill
hal ˋsinfeksjon (en) – throat infection, sore throat
i fjo´r somm ˋer – last summer
hun dø ˋde – she died
sav ˋne – miss
men´s – while
min kjæ ˋre vi´v (humorous) – my dear wife (*viv* is old for *kone*)
slutt ˋe – close, stop, end
dekk ˋe bo´rdet – lay the table, set the table
ve´dlegge – enclose

SUBSTITUSJONSØVELSER

Han skriver til sin gode venn.   jeg, du, hun, vi, dere.

Takk for ditt siste brev.   lange, hyggelige.

Det er første gang jeg er så rask til   skrive, reagere (react).
å svare.

Jeg har min ukentlige fridag.   han . . også,   hun . . også,
                                       du . . også.

Du store verden så mye tid det   så lang vei du har, så mange folk
tar.   det kommer.

Så mye tid dette kommunale ar-   denne . . jobben,   disse . . ver-
beidet tar.   vene (tasks, duties).

I neste uke blir det like ille.   vil . . bli, kommer . . til å bli.

Vi er ikke sikre på hva vi kommer   vil, skal.
til å gjøre.

Vi kommer til å ta en biltur.   vil, skal, får.

230

Vi kan legge veien om den vakre bygda di.	pene, deilige.
Inger Johanne kommer ikke til å bli med.	vil, skal.
Hun skal til Paris med sin beste venninne.	han . . London . . venn, de . . Italia . . venner.
Det blir første gang hun reiser utenlands.	siste, eneste.
Vi kommer til å ta med oss naboens yngste sønn.	Pettersens, deres.

SPØRSMÅL OG SVAR ETTER MØNSTER

Eksempel: Skal dere ikke reise på fjellet?
Svar: Jo, vi kommer til å reise på fjellet.

Skal dere ikke reise i neste uke? _____

Skal dere ikke dra til Jotunheimen? _____

Skal dere ikke ta med hunden? _____

Skal dere ikke bile helt opp? _____

Skal dere ikke være borte i hele ferien? _____

Eksempel: Når kommer dere til å være ferdige med norskkurset?
_____ 2 måneder.
Svar: Vi vil være ferdige om to måneder.

Når kommer dere til å være ferdige med eksamen? _____ 9 uker.

Når kommer dere til å være klare til å reise? _____ 10 uker.

Når kommer dere til å være fremme i Amerika? _____ 12 uker.

Når kommer dere til å være hjemme hos dere selv? _____ 13 uker.

Når kommer dere til å være tilbake på jobben igjen? _____ 14 uker.

Eksempel: Hvor lenge skal dere være i Spania? _____ **2 uker.**
Svar: I Spania kommer vi til å være i 2 uker.

Hvor lenge skal dere være på Mallorca? _____ 1 uke.
Hvor lenge skal dere være i Italia? _____ 6 dager.
Hvor lenge skal dere være på Capri? _____ 2 dager.
Hvor lenge skal dere være i Hellas? _____ 2 uker.
Hvor lenge skal dere være på Kreta? _____ 4 dager.

Eksempel: Blir det ikke vanskelig å finne en hybel?
Svar: Jo, det vil bli vanskelig.

Blir det ikke vanskelig å studere russisk? _____
Blir det ikke interessant å komme til Moskva? _____
Blir det ikke forskjellig fra Oslo? _____
Blir det ikke kaldt til vinteren? _____
Blir det ikke kjedelig å bo alene? _____

Eksempel: Er ikke tomatene veldig billige nå?
Svar: Jo, de blir billigere og billigere for hver dag nå.

Er ikke appelsinene veldig dyre nå? _____
Er ikke kattungen veldig stor nå? _____
Er ikke fjellet veldig fint nå? _____
Er ikke kveldene veldig lyse nå? _____
Er ikke marka veldig pen nå? _____

Eksempel: Vil han komme i morgen, tror du?
Svar: Ja, han kommer sikkert i morgen.

Vil han begynne i neste uke, tror du? _____
Vil de betale neste gang, tror du? _____
Vil vi få pent vær til uken, tror du? _____
Vil du være hjemme i morgen kveld, tror du? _____
Vil du komme tilbake til neste år, tror du? _____

232

Skriftlig oppgave

Svar på disse spørsmålene – i fullstendige setninger:
Hvem skriver Kristian brev til? Når skriver han brevet? Hva takker han sin venn for? Pleier han å svare sin venn så fort? Hvorfor har han tid til å skrive brev denne dagen? Hva slags arbeid er Kristian opptatt med? Hva er hans store problem? Vil han gjerne fortsette med sitt kommunale arbeid? Hva sier han om familiens planer for sommeren? Kan han tenke seg å besøke vennen til sommeren? Hvor bor vennen? Hvorfor synes han at bygda til vennen er så fin? Når tror Kristian at de kommer til å reise på ferie? Kommer de til å ta med seg Inger Johanne? Hvem kommer kanskje til å bli med dem? Hvordan står det til med familien Jensen nå? Hvem vil de komme til å savne, sier han? Hvem er det Jensen kjenner i bygda til vennen? Hvorfor må han avslutte brevet, sier han?

Tre små vitser

«Du glemmer vel ikke at du skylder meg 10 kroner?»
«Nei, men gi meg tid, så skal jeg gjøre det.»

———

«Jeg kan ikke spise denne råtne fisken. Få tak i hovmesteren!»
«Nytter ikke. Han vil heller ikke spise den.»

———

«Og hva vil du gjøre, lille venn, når du blir så stor som din mor?»
«Slanke meg.»

vit´s (en) – joke
skyld`e – owe
**rått`en** (definite: råt`ne) – rotten
få ta´k i ho`vmesteren – get the head waiter
nytt`er ikke – it's no use
slan`ke seg – slim, lose weight

En barnesang igjen

JEG VIL BYGGE MEG EN GÅRD

Tekst: Elias Sehlstedt.
Til norsk ved Inger Hagerup.

Jeg vil bygge meg en gård
med en hage utenfor.
Eng og åker må der være,
lam og sauer bak et gjerde,
og så bygger jeg til sist
rødmalt hus med trapp og kvist.

Fjøset skal stå like ved.
Der skal være plass til tre
brune kuer som jeg steller
alle morgener og kvelder.
Og i stallen står en hest
som jeg liker aller best.

Gjess og høns og gris er bra.
Og et stabbur vil jeg ha.
Der skal stå i lange rekker
fulle tønner, tunge sekker.
Og så trenger jeg en pus
som kan fange stabbursmus.

Tett ved sjøen vil jeg bo.
Og om kvelden skal jeg ro
ut og se til garn og ruse
for å skaffe mat i huset.
Og så ror jeg hjem til mor,
for hun bor jo der jeg bor.

Studer bruken av «vil» og «skal» i denne sangen.
Rimer «ruse» og «huset» på norsk?

GLOSER:

bygg`e` – build
gå´rd /gɔ:r/ (en) – farm
ha`ge` (en) – garden
eng´ (en/a) – meadow, pasture
å´ker (en) – cornfield, wheatfield, etc.
sau (en) – sheep
gje`rde` /ˈjæ:rə/ (et) – fence
rø`dmalt` – red painted (silent *d*)
kvis´t (en) – attic
fjø´s (et) – cowshed, barn
li`ke` **ve´d** (= *tett ved*) – close by (silent *d* in *ved*)
stell`e` – tend, look after
stall´ (en) – horse-stable
all´er **bes´t** – more than anything else, by far the best
gjess´ (plural of *gå´s* (en) – goose) – geese
høns (pl.) – hens
gri´s (en) – pig
stabb`ur` (et) – store-house on a farm

rekk`e (en) – row
tønn`e (en/a) – barrel
sekk´ (en) – sack, bag
pu´s (en) = **kattepus** = **pusekatt** – pussy-cat
fang`e – catch
ga´rn (et) – fishing net
ru`se (en) – fish trap
skaff`e – get, provide, procure.

GRAMMATIKK

Futurum

Alle modale hjelpeverber refererer i større eller mindre grad til fremtiden, men *vil* og *skal* er de som klarest gjør det. *Vil* uttrykker ren futurum, mens *skal* alltid involverer et predeterminert forhold til fremtiden. Studer forskjellen mellom *vil* og *skal* i følgende setninger:

Toget skal etter ruten være i Oslo klokka 8, men jeg tror ikke det vil være der før klokka 9.
Vi skal etter planen være ferdig i april, men jeg tror ikke vi vil klare det.
Hun sier hun skal kjøpe bil, men jeg tror ikke hun vil gjøre det.
Det vil sikkert bli pent vær i morgen, enda meteorologene sier at det skal bli regn.
Når De kommer opp bakken, vil De se et hus på høyre hånd.
Når De kommer opp bakken, skal De svinge til høyre.
Om ett år vil vi ha 30 000 innbyggere her. (inhabitants)
Om ett år skal vi arrangere et stort skirenn her. (skiing contest)
Det skal bli interessant å prøve, men det vil bli vanskelig.
Du skal få 100 kroner av meg.
Du vil få 1 000 kroner av Universitetet.

En vil se at *skal* involverer et personlig eller aktivt engasjement i fremtiden (plan, intensjon, profeti, løfte, instruks). *Vil* er nøytralt og passivt.

Men ordet *vil* kan noen ganger være vanskelig å bruke fordi det også har betydningen *ønsker*. Det kan derfor lett bli misforståelse. Setningen

236

Vil han komme i morgen? kan bety to ting, nemlig: 1. *Kommer han i morgen?* eller 2. *Ønsker han å komme i morgen?* (Does he want to?)

Derfor bruker man ofte andre konstruksjoner istedenfor *vil,* f.eks. bare *presens* (som i eksempel 1) eller konstruksjonen *kommer til å.* Denne konstruksjonen uttrykker ren futurum og kan alltid brukes istedenfor *vil:*

Toget kommer ikke til å være fremme før kl. 9.
Jeg tror ikke hun kommer til å kjøpe bil.
Det kommer sikkert til å bli pent vær i morgen.
De kommer til å se et hus på høyre hånd.
Om ett år kommer vi til å ha 30 000 innbyggere her.
Det kommer til å bli vanskelig.
Du kommer til å få 1 000 kr av Universitetet.

Merk at verbene *få* og *bli* ofte forekommer i futurumssetninger:

Vi får regn i morgen. Får du fri i neste uke? Vi får se.
Det blir interessant. Han blir 30 år i morgen. Vi blir rike p.g.a. oljen.

Oppsummering

Norsk uttrykker futurum ved hjelp av:

1. *presens* (f.eks. *han kommer i morgen)*
2. *komme til å* (f.eks. *han kommer til å dra)*
3. *vil* (nøytral futurum, f.eks. *vi vil få regn)*
4. *skal* (forhåndsbestemt, *vi skal reise kl. 7)*

E-former av adjektivet (II)

a) Etter genitiv eller possessivt pronomen: Jensens gode venn, min gamle lue, hans yngste sønn. (Men man kan også si, mer uformelt: Den gode vennen til Jensen, den gamle lua mi og den yngste sønnen hans.)
b) Ved navn eller i tiltale: gamle Gurine, lille Martin, kjære mor.
c) I interjeksjoner: du store verden, du store min, gode Gud.

TIDSUTTRYKK I RELASJON TIL NÅTIDEN

Generelt	(Begynn i midtkolonnen)	
Fortid:	**Nåtid:**	**Fremtid:**
før	*nå*	senere
tidligere	*nå til dags*	i tiden som kommer
før i tiden	*nå for tiden*	i fremtiden
i gamle dager ←	*i våre dager* →	i tiden fremover
i tidligere tider	*i disse tider*	i tidene som kommer
for mange år siden	*i dag*	om mange år

År

i forfjor ← i fjor ← *i år* → (til) neste år → om 2 år

Årstider

i vinter	← i vår	← *i sommer*	→ til høsten	→ til vinteren
i vår	← i sommer	← *i høst*	→ til vinteren	→ til våren
i fjor sommer	← i høst	← *i vinter*	→ til våren	→ til sommeren
i fjor høst	← i vinter	← *i vår*	→ til sommeren	→ til høsten

Måneder

for 2 måne- der siden	← (i) forrige måned	← *(i) denne* *måneden*	→ (i) neste måned	→ om 2 måneder

Uker

for 2 uker siden	← (i) forrige uke	← *(i) denne* *uken*	→ (i) neste uke til uken	→ om 2 uker

Dager

i forgårs ← i går ← *i dag* → i morgen → i overmorgen

Deler av en dag

i natt	←	i morges	←	i formiddag	→	i etter-middag	→	i kveld
i morges	←	i formiddag	←	i ettermiddag	→	i kveld	→	i natt
i formiddag	←	i etter-middag	←	i kveld	→	i natt	→	i morgen tidlig
i går etter-middag	←	i går kveld	←	i natt	→	i morgen tidlig	→	i morgen formiddag

Korttidsuttrykk

for en stund siden			om en stund
i sted	←	nå →	snart
for et øyeblikk siden			om et øyeblikk
nettopp			straks

Varianter

For å poengtere nåtiden kan man godt sette ordet *nå* foran nåtidsuttrykket: nå i våre dager, nå i disse tider, nå i år, nå i sommer, nå i høst, nå i denne måneden, nå i denne uken, nå i dag, nå i formiddag etc.

Istedenfor å si *i fjor* kan man si *for et år siden*, for *i forfjor: for 2 år siden* osv. Videre er det mulig å si *sist sommer* istedenfor *i fjor sommer*. Man sier også *sist mandag, sist tirsdag* osv. Forøvrig har man jo ofte anledning til å bruke uttrykket *for . . . . siden* om fortiden og *om . .* om fremtiden; *for noen dager siden, for en time siden, for 5 minutter siden* og *om noen dager, om en time, om 5 minutter.*

Generelle tidsuttrykk

For å uttrykke at noe hender regelmessig (generelt, vanligvis), bruker man preposisjonen *om* + *bestemt form av substantiv:*

Om sommeren (= hver sommer) reiser vi på fjellet. *Om vinteren* går vi på ski. *Om morgenen* står vi opp. *Om natten* sover vi. Man bruker også denne formen når man refererer til et bestemt tidsintervall i fortid eller fremtid, f.eks. *Om morgenen* den 5. november, *om vinteren* i det året etc.

239

Slik begynte Pettersens dag

Denne dagen var en mandag. For å være helt korrekt var det mandag den åttende oktober. Pettersen hadde sovet godt hele natten, og da vekkerklokken ringte klokken kvart på syv, sto han straks opp og gikk ut på badet. Han skrudde på dusjen og lot det varme vannet fosse. For å vise seg selv at han var riktig sprek, avsluttet han med en kald dusj. Vannet var så kaldt at han fikk det rene sjokket, men han kjente at det gjorde ham godt. Blodet rullet raskere i årene, og han følte seg frisk og sterk og opplagt til å møte alle dagens små og store problemer.

Han tørket seg godt med det store badehåndkleet og kledde raskt på seg. Så gikk han bort til vasken og tok en titt på seg selv i det store, runde speilet, mens han langsomt gredde håret. Han så at han var blitt eldre, men syntes i grunnen han holdt seg bra, selv om han var blitt litt gråere i håret og hadde fått noen rynker her og der.

Han tenkte på kvelden i forveien. Det hadde vært riktig hyggelig i selskapet hos Anne og Per. Hans egen Ella hadde vært storartet, et syn i sin nye kjole, rett og slett nydelig. Hun sov fremdeles dypt der inne. Best å la henne sove ennå en stund. Hun trengte det. Barna hadde jo fri fra skolen i dag, så hun behøvde slett ikke å stå opp ennå.

Mens Pettersen tenkte på selskapet kvelden før, på de interessante diskusjonene de hadde hatt, og på avslutningen da de hadde danset, tappet han fort vann i vasken og såpet seg rutinert inn med barber-kosten. Så barberte han seg kvikt med vanlig presisjon. Han foretrakk vanlig gammeldags barbering med kost og høvel. Den elektriske bar-bermaskinen han hadde fått til fødselsdagen, ga ikke noe godt resultat, syntes han.

Etter et par minutter var han ferdig, og han hadde klart det uten å gi seg så meget som en eneste rift i huden. Han skyllet såpen av ansiktet og fylte håndflaten med etterbarberingsvann. Det var i grunnen noe stort tull, men han var som så mange andre blitt et offer for reklamen. Han kjøpte alt som de store sterke menn i annonsene sa var absolutt nødvendig for mannens hygiene: etterbarberingsvann med rosenduft, barbersåpe eller krem med hypereffekt, tannpasta med supervirkning og deodorant med 24 timers garanti.

Han tenkte på noe en professor hadde skrevet i avisen en gang om alle disse fjollete toalettsakene som reklamefolkene prakket på oss. Professoren skrev at han ikke brukte noe av det og likevel overlevde. Han sa han barberte seg uten barberkost, med Sunlightsåpe, og pusset tennene i saltvann. – Jaja, det gikk nok bra det også.

Så knyttet Pettersen slipset, tok på seg jakken og gikk ut på kjøkkenet. Solen flommet inn gjennom vinduet. Han bodde i sjette etasje. Under ham lå hele byen badet i morgensol. Verden var hans.

Studer følgende fenomener i ovenstående tekst:

1. Preteritumsformene av verbene. Lag en liste over dem og skriv presensformen ved siden av preteritumsformen for hvert verb.
2. Adverbene – deres form og plass i setningen.

GLOSSAR

sli'k – like this, this is how
da' – when (refers to a special occasion, whereas *når* refers to what happens regularly or in future.)
vekk`erklokke (en/a) – alarm clock
strak's – immediately, at once
skru på' dusj'en – turn on the shower
foss`e – cascade, gush,pour (**en foss** – a waterfall)
vi`se – show
a'vslutte – finish (up, off)
det re`ne sjokk'et – a real shock
kjenn`e – here: feel
rull`e – literally: roll. Here: run, course
ras'k – quick
fø`le seg – feel
opp'lagt – fit
tør`ke seg – dry oneself, rub oneself (with a towel)

ta en titt′ på – (coll.) take a peep (peek) at
gre′ hå′ret – comb the hair
i grunn′en – after all, all things considered
hold`e seg bra′ – bear one's years well
selv′ om – even if, even though
ryn`ke (en) – wrinkle, line
kveld′en i for`veien = kvelden før – the night before
sto`rartet – magnificent
et sy′n – a (wonderful) sight
rett′ og slett′ – really, nothing less than
ny`delig – beautiful
fremde′les – still
behø′ve = trenge – need
slett′ ikke – not at all
sel`skap (et) – party
rutine′rt – in a practised manner, deftly
kos′t (en) – brush
barbe′rhøvel (en) – safety razor
fød′selsdag (en) – birthday
kla`re – manage
rif′t (en) – cut
skyll`e av – wash off
fyll`e hånd`flaten – fill the palm of the hand
ett`erbarberingsvann′ (et) – after shaving lotion
noe sto′rt tull′ – something very idiotic, sheer nonsense
off′er (et) – victim
rekla`me (en) – advertising
annon′se /a′nɔŋsə/ (en) – advertisement
ro′senduft (en) – rose scent
vir`kning (en) – effect, result
fjoll`et – silly
prakke på′ – palm (fob) off on
o`verleve – survive
barbe′rkost (en) – shaving brush
pusse tenn′ene – brush one's teeth
knytt`e slip′set – tie one's necktie
flomm`e – flood

UT ETTER ØL

(Gammel drikkevise)

Det var en god gammel bondemann
som skulle gå ut etter øl,
som skulle gå ut etter øl,
som skulle gå ut etter øl,
etter øl, etter hoppsasa,
tralalala,
som skulle gå ut etter øl.

Til kona kom der en ung student
mens mannen var ut' etter øl,
mens mannen var ut' etter øl,
mens osv.

Han klappet henne på rosenkinn
og kysset henne på munn,
mens mannen var ut' etter øl,
mens osv.

Men mannen stod bakom døren og så
hvordan det hele gikk til.
De trodd' han var ut' etter øl,
de trodd' osv.

Så skjøt han studenten og kjerringa med
og så gikk han ut etter øl,
og så gikk han ut etter øl,
og så osv.

Moralen er: Ta din kone med
når du skal gå ut etter øl,
når du skal gå ut etter øl,
når du skal gå ut etter øl,
etter øl, etter hoppsasa,
tralalala;
når du skal gå ut etter øl.

(Opprinnelig dansk, noe fornorsket)

bond´emann (en) – farmer (man)
skull`e – was supposed to
gå u´t etter – go out for
klapp`e – pat
ro´senkinn (et) – rosy cheek
kyss`e – kiss
bakom dø´ren – behind the door
hvord´an det he`le gikk til´ – how it all happened
trodd' – short for *trodd`e* – thought, believed
skjø´t – past form of *skyte* = shoot
og kjerringa med – and the wife too
ta din kone med – take your wife along

Et par små vitser igjen:

«Hvorfor gikk du og ga en annen beskjed enn den jeg sa du skulle gi?»
spurte faren sin sønn.
«Jeg gjorde mitt beste», svarte sønnen.
«Ditt beste, din fjompenisse! Hvis jeg hadde visst at jeg skulle sende en
tullekopp, så skulle jeg ha gått selv.»

«Hva gjorde din mor før hun giftet seg»?
«Jeg hadde ikke noen mor før hun giftet seg.»

ØVELSER MED PRETERITUM OG ADVERBER

-et-verber
Stikkord: **Vanligvis snakker han mye, men i går . . . . .**
Svar: **Vanligvis snakker han mye, men i går snakket han lite.**

Vanligvis snakker han langsomt, men i går_____

Vanligvis slutter jeg tidlig, men i går _____

Vanligvis overnatter vi inne, men i går _____

Vanligvis regner det lite, men i går _____

Vanligvis danser han dårlig, men i går_____

Vanligvis kaster han langt, men i går _____

-te-verber

Stikkord: I dag spiser du lite, men i går ⎯⎯⎯⎯⎯⎯⎯⎯⎯⎯
Svar: I dag spiser du lite, men i går spiste du mye

I dag kjører du langsomt, men i går ⎯⎯⎯⎯⎯⎯⎯⎯
I dag leser du godt, men i går ⎯⎯⎯⎯⎯⎯⎯⎯
I dag svarer du riktig, men i går ⎯⎯⎯⎯⎯⎯⎯⎯
I dag kjøper du lite, men i går ⎯⎯⎯⎯⎯⎯⎯⎯
I dag bruker du mange, men i går⎯⎯⎯⎯⎯⎯⎯⎯
I dag trenger du få, men i går ⎯⎯⎯⎯⎯⎯⎯⎯
I dag begynner du sent, men i går ⎯⎯⎯⎯⎯⎯⎯⎯

-de-verber

Stikkord: Nå til dags lever folk lenge.
Svar: I gamle dager levde de ikke så lenge.

Nå til dags krever (demand) folk mye ⎯⎯⎯⎯⎯⎯⎯⎯
Nå til dags prøver folk mye nytt (many new things)⎯⎯⎯⎯⎯⎯⎯⎯
Nå til dags eier folk mange ting⎯⎯⎯⎯⎯⎯⎯⎯
Nå til dags leier folk ofte hus⎯⎯⎯⎯⎯⎯⎯⎯

-dde-verber

Stikkord: Jeg skrur på dusjen nå.
Svar: Men skrudde du ikke på dusjen i sted? (a moment ago)

Jeg skrur av radioen nå ⎯⎯⎯⎯⎯⎯⎯⎯
Jeg kler på barna nå⎯⎯⎯⎯⎯⎯⎯⎯
Jeg har på ovnen nå⎯⎯⎯⎯⎯⎯⎯⎯
Jeg grer ut håret nå ⎯⎯⎯⎯⎯⎯⎯⎯

Sterke verber

Stikkord: Jeg står tidlig opp.
Svar: Jeg sto opp tidlig før, men jeg gjør det ikke lenger.

Jeg går gjerne på fottur ⎯⎯⎯⎯⎯⎯⎯⎯
Jeg tar meg gjerne en drink ⎯⎯⎯⎯⎯⎯⎯⎯
Jeg får ofte influensa ⎯⎯⎯⎯⎯⎯⎯⎯

Jeg står ofte i kø (queue, line) _____

Jeg ligger ofte lenge om morgenen _____

Jeg kommer ofte for sent _____

Jeg ser ofte på TV _____

Jeg skriver gjerne dikt (poems) _____

Jeg sover godt om natten _____

Skriftlig oppgave

Beskriv i detalj hvordan dagen din begynte i går. Bruk preteritum (the past) og pluskvamperfektum (the past perfect).

GRAMMATIKK

Preteritum (imperfektum) av verber

Preteritum brukes på norsk omtrent slik som the past tense brukes på engelsk, det vil si om handlinger som foregår på et bestemt tidspunkt eller i en bestemt tidsperiode i fortiden: I går *våknet* jeg kl. 7. Jeg *sto* opp og *gikk* på badet og *vasket* meg. Deretter *kledde* jeg på meg og *spiste* frokost. Eller som kontrast til nåtiden: Før *bodde* vi her.

Dessuten brukes preteritum i betingelsessetninger (conditional clauses) om imaginære situasjoner: *Reiste* du til månen, ville du se jorden fra en ny synsvinkel. Hvis du *gikk* istedenfor å bile, ville du komme i mye bedre form.

Verbene kan, etter sin form i preteritum, deles inn i *svake* og *sterke* verber. De sterke verber har ingen endelse i preteritum (gikk, sto, kom, tok, så), mens de svake verber har endelsen *-et*, eller *-te* eller *-de* eller *-dde* (vasket, spiste, levde, trodde). Det er meget vanskelig å gi regler for hvilke verber som skal ha den eller den endelse, men utlendinger skal merke seg at *-et*-klassen er den største gruppen av de svake verber og at mange verber som egentlig tilhører andre klasser (særlig *-de*-klassen) også *kan* ta endelsen *-et*. Man kan si både *levde* og *levet*, både *bygde* og *bygget*, både *greide* og *greiet*, *prøvde* og *prøvet*, både *bøyde* (bent) og *bøyet* osv.

246

1. klasse av svake verber (-et-verber)[1]

Infinitiv:	Presens:	Preteritum:	Perfektum:	Pluskvamperfektum:
vaske	vasker	vasket	har vasket	hadde vasket
hate	hater	hatet	har hatet	hadde hatet
bade	bader	badet	har badet	hadde badet

De fleste verber som ender på to konsonanter i stammen, er i denne klassen – enten dobbeltkonsonant som *snakke, rulle, tappe, strømme* eller to forskjellige konsonanter som *virke, vaske, danse, tegne* osv. Hvis stammen ender på -t eller -d, er verbet også ofte i denne klassen, likeledes ofte hvis stammen ender på en diftong. Men det er mange unntak fra alle disse reglene.

2. klasse (-te-verber)

spise	spiser	spiste	har spist	hadde spist
begynne	begynner	begynte	har begynt	hadde begynt
høre	hører	hørte	har hørt	hadde hørt
føle	føler	følte	har følt	hadde følt
barbere	barberer	barberte	har barbert	hadde barbert

I denne klassen er endelsen -*te* i preteritum, men bare -*t* i perfektum og pluskvamperfektum. Mange verber som ender på -*k*, -*l*, -*m*, -*ng*, -*n*, -*r* og -*s* i stammen er i denne klassen, likeledes alle låneord hvis infinitiv ender på -*ere* (barbere, passere, influere, gratulere osv.). Også denne klassen inneholder noen verber hvis stamme ender på dobbeltkonsonant, f.eks. kjenne, glemme, fylle. Den reduseres til enkeltkonsonant i fortidsformene.

2. klasses verber som får vokalskifte i fortidsformene

bringe	bringer	brakte	har brakt	hadde brakt
fortelle	forteller	fortalte	har fortalt	hadde fortalt
følge	følger	fulgte	har fulgt	hadde fulgt

[1]) In popular speech (and Nynorsk) the ending of Class I weak verbs in the preterite (and other past tenses) is not -*et*, but -*a* (vaska, hata, bada)

247

selge	selger	solgte	har solgt	hadde solgt
sette	setter	satte	har satt	hadde satt
spørre	spør	spurte	har spurt	hadde spurt
velge	velger	valgte	har valgt	hadde valgt
vite	vet	visste	har visst	hadde visst

Merk at *spørre* og *vite* er uten endelse i presens (Jeg *spør* ham. Han *vet* alt.)

3. klasse av svake verber (-de-verber)

leve	lever	levde	har levd	hadde levd
suge (suck)	suger	sugde	har sugd	hadde sugd
eie	eier	eide	har eid	hadde eid
bøye	bøyer	bøyde	har bøyd	hadde bøyd

En del verber hvis stamme ender på -*v*, -*g* eller diftongene -*ei* og *øy* følger denne klassen, men klassen er ikke stor og – som sagt, kan mange av disse verbene også ta endelsen -*et*.

Merk spesielt bøyningen av *gjøre*:

gjøre	gjør	gjorde	har gjort	hadde gjort

4. klasse av svake verber (-dde-verber)

bo	bor	bodde	har bodd	hadde bodd
skru	skrur	skrudde	har skrudd	hadde skrudd
gre	grer	gredde	har gredd	hadde gredd

Verber hvis stamme ender på en trykksterk vokal har denne bøyningen. Her er det få unntak fra regelen, men merk bøyningen av *ha* og *dø:*

ha	har	hadde	har hatt	hadde hatt
dø	dør	døde	har dødd	hadde dødd

Istedenfor *har dødd* og *hadde dødd* sier man helst *er død* og *var død.* Man foretrekker altså adjektivformen *død* fremfor verbformen *dødd.*

Bøyning av «være»:

være	er	var	har vært	hadde vært

Bøyningen av de modale hjelpeverber:

burde	bør	burde	har burdet	hadde burdet
få	får	fikk	har fått	hadde fått
kunne	kan	kunne	har kunnet	hadde kunnet
måtte	må	måtte	har måttet	hadde måttet
skulle	skal	skulle	har skullet	hadde skullet
ville	vil	ville	har villet	hadde villet

Bøyningen av noen vanlige sterke verber:
(For lengre liste se Appendix 1)

bli	blir	ble	har*)	blitt	(be, become)
dra	drar	dro	har*)	dratt	(go, leave)
drikke	drikker	drakk	har	drukket	(drink)
finne	finner	fant	har	funnet	(find)
forstå	forstår	forsto	har	forstått	(understand)
få	får	fikk	har	fått	(get)
gi	gir	ga	har	gitt	(give)
gå	går	gikk	har*	gått	(go, walk)
henge	henger	hang	har	hengt	(hang, intr.)
hete	heter	het	har	hett	(be called)
hjelpe	hjelper	hjalp	har	hjulpet	(help)
holde	holder	holdt	har	holdt	(hold, keep)
komme	kommer	kom	har*	kommet	(come)
la	lar	lot	har	latt	(let)
legge	legger	la	har	lagt	(lay, put)
ligge	ligger	lå	har	ligget	(lie)
rekke	rekker	rakk	har	rukket	(reach)
se	ser	så	har	sett	(see)
si	sier	sa	har	sagt	(say)
sitte	sitter	satt	har	sittet	(sit)
sove	sover	sov	har	sovet	(sleep)
stå	står	sto	har	stått	(stand)
ta	tar	tok	har	tatt	(take)

---

*) Istedenfor hjelpeverbene *har* og *hadde* i perfektum og pluskvamperfektum kan man bruke *er* og *var* ved bevegelsesverber og forandringsverber (f.eks. bli, dra, gå, komme). Mange foretrekker det.

249

Leksjon tyve (tjue)

Har du lest avisen i dag?

Jeg ser du har kjøpt en norsk avis. Har du begynt å lese aviser på norsk?

Nei, du har jo ikke studert norsk så lenge, så du har vel ikke fått så stort ordforråd ennå.

Har du funnet noe av interesse i dagens avis, f.eks. om norsk politikk?

Hva var den om?

Å ja, der har du nok truffet på noe interessant. Det er mye krutt i den saken.

Ja, som sagt, det er mye politisk sprengstoff i den saken, og vi har vel ennå ikke sett enden på det hele. Har du ellers kommet over noe interessant i avisen din?

Jeg har gjort det lenge – eller iallfall prøvd å gjøre det – men det har ikke vært så lett.

Nei, det er det som er saken. Hittil har jeg mest konsentrert meg om å forstå overskriftene, tegneseriene og de viktigste politiske nyhetene innenlands.

Ja, jeg har nettopp lest om en interessant debatt i Stortinget.

Den var om språksituasjonen i Norge – eller språknormeringen rettere sagt.

Ja, jeg har forstått det. Jeg har snakket med en del nordmenn om dette, og jeg har skjønt at det er svært delte meninger om det spørsmålet.

Jeg har ennå ikke hatt tid til å studere den så nøye, men så vidt jeg har forstått, har Regjeringen satt opp prisen på tobakk og alkohol.

Nei, det er det verste jeg har hørt. Når har de bestemt det?

Det står her at ved Kongelig resolusjon i går ble prisene på tobakksvarer (røyketobakk, sigarer og sigaretter) forhøyet med 10 %. Videre ble prisene på vin og brennevin satt opp med 8 prosent.

Stump røyken!

Stortinget

Det er satt av tid til tre møter i Stortinget neste uke - henholdsvis tirsdag, onsdag og torsdag. Tirsdag får vi debatten om Hardangervidda, onsdag er det foruten spørretime en interpellasjon om palestinerne og torsdag er det den årlige utenriksdebatten på grunnlag av utenriksministerens redegjørelse.

Barnekryssord

251

Har du hørt på maken? De har visst tenkt å ta fra oss alle gleder i livet. Disse prisene har gått opp – jeg vet ikke hvor mange ganger, de siste årene.

Ja, jeg har vært inne på tanken, men du vet at når man har røkt i 20 år så er det ikke så liketil å bestemme seg for noe sånt.

Jaja, den som lever får se. Når det er blitt så dyrt, har man vel snart ikke noe valg lenger. – Forresten, sto det noe mer i den avisen din?

Ja, det er det vanlige det.

Ja, vi har hatt akkurat den samme utviklingen i mitt land. Men du skulle gjøre som meg: jeg har sluttet å røyke, og jeg har spart mange penger på det, foruten at jeg har fått mye renere lunger.

Nei, men når du først har tatt bestemmelsen, så tror jeg ikke du vil angre på det. Jeg har iallfall aldri gjort det.

Bare det vanlige – elendighet og ulykker av alle slag: flyulykker, bilulykker, branner, mord, innbrudd, narkotikamisbruk osv. osv.

GLOSSAR

avi´s (en) – newspaper
o`rdforråd (et) – vocabulary, stock of words
det er de´t som er sa´ken – that's the point
hitt´il – so far, hitherto
o`verskrift (en) – headline
teg`neserie (en) – strip cartoon, comic strip
vik`tig – important
ny´het (en) – news (**en nyhet** – a piece of news)
inn`enlands – in this country (not abroad)
politikk´ (en) – politics, policy
jeg har nett´opp le´st – I have just read
debatt´ (en) – debate
Sto`rtinget – the Norwegian Parliament
rett`ere sagt – put (said) more correctly, or better:

treff`e på (traff/truffet) – run into, come across
krutt´ (et) – gunpowder, explosive power
sa´k (en) – matter, question, affair
de`lte me`ninger – different opinions, divided opinions
som sag´t – as said before
spreng´stoff (et) – explosive stuff
komm`e o´ver (kom/kommet) – come across
stude´re nøy`e (-te/-t) – study in detail, study carefully
Regje´ringen – the Government, the Cabinet
sette opp´ (satte/satt) – put up, increase, raise
tobakk´ (en) – tobacco
alkoho´l (en) – alcohol
ved kong`elig resolusjo´n – by Order in Council, by government decree
tobakk´svarer – tobacco products
forhøy´e (-et) – raise, put up
brenn`evin (et) – liquor, spirits
har du hø´rt på ma`ken? – have you heard the like? the idea of it!
gle`de (en) – pleasure, joy
u´tvikling (en) – development
rø`ke (-te/-t) – smoke (*røyke* is a more colloquial version,
             but it is normally conjugated as *røke*: røkte, har røkt)
spa`re peng`er (-te/-t) – save money
foru`ten – besides, in addition to
lung`e (en) (u = o) – lung
jeg har vært inn`e på tan`ken – the idea has occurred to me
li`ketil – easy, straightforward, simple
bestemm´e seg for – decide for (on)
noe sån´t – something like that (= **noe slikt**)
når du førs´t har tatt´ bestemm´elsen – once you've made the decision
ang`re på (-et) – regret, repent of
val´g (et) – here: choice
elen´dighet (en) – misery, wretchedness
u`lykke (en) – accident, mishap, disaster
av all`e sla´g – of all kinds
brann´ (en) – fire, conflagration
mor´d (et) – murder
inn`brudd (et) – burglary
narko´tikamisbruk (et) – abuse of drugs

Hundre år gammel?

«Er Deres far blitt hundre år gammel? Det må jeg si var imponerende. Det må ha vært en stor glede for dere alle å ha hatt ham hos dere så lenge.»

«Å, jeg vet ikke, jeg. Han har ikke gjort noe annet enn å bli gammel – og se bare hvor lang tid det har tatt ham å bli det.»

Stråhatt?

«Har du bil?» – «Nei, men jeg har hatt.» – «Hva slags da?» – «Stråhatt.»

NORGES NASJONALSANG

Ja, vi elsker dette landet
som det stiger frem,
furet, værbitt, over vannet,
med de tusen hjem –
elsker, elsker det, og tenker
på vår far og mor
og den saganatt som senker
drømme på vår jord,
og den saganatt som senker,
senker drømme på vår jord.

Norske mann i hus og hytte,
takk din store Gud!
Landet ville han beskytte,
skjønt det mørkt så ut.
Alt hva fedrene har kjempet,
mødrene har grett,
har den Herre stille lempet,
så vi vant vår rett,
har den Herre stille lempet,
så vi vant, vi vant vår rett.

Ja, vi elsker dette landet
som det stiger frem,
furet, værbitt, over vannet,
med de tusen hjem.
Og som fedres kamp har hevet
det av nød til seir,
også vi, når det blir krevet,
for dets fred slår leir,
også vi, når det blir krevet,
for dets fred, dets fred slår leir.

Bjørnstjerne Bjørnson (1859)
(Ortografien er noe modernisert)

---

som′ det sti′ger frem′ – as it emerges
fu`ret – furrowed, with deep furrows
væ`rbitt – weather-beaten, weathered
sa′ganatt (en) – night of sagas, i.e. our great past
sen`ke (-et) – make descend
drømm`e – old for *drømmer* – dreams, visions
beskytt′e (-et) – protect, defend
skjøn′t (= **enda, selv om**) – though
se mør′kt ut (så/sett) – look dark
al′t hva – (through) all that
kjem`pe (-et) – fight
grett′ = modern Norwegian *grått* – wept (gråte/gråt/grått)
den Herr`e – the Lord (Modern Norwegian: Herren)

255

still`e – quietly, secretly, without any fuss
lem`pe (-et) – arrange (in a quiet manner), ease, adapt
vinn`e (vant/vunnet) – win, gain, achieve
rett´ (en) – right
kam´p (en) – struggle, fight
he`ve (-et) – raise, lift
nø´d (en) – distress, need
sei´r (en) (usually *seier*) – victory
kre`ve (-et) – demand
når de´t blir kre`vet – when called upon (when it is demanded)
fre´d (en) – peace
slå lei´r – here: be on guard (literally: pitch (military) camp

ØVELSER MED PERFEKTUM

Stikkord: Du skulle lese denne artikkelen.
Svar: Jeg har allerede lest den.

Du skulle lese dette stykket _____
Du skulle kjøpe de skoene _____
Du skulle begynne på det kurset _____
Du skulle prøve den medisinen _____
Du skulle studere disse artiklene _____
Du skulle treffe den mannen _____
Du skulle snakke med den damen_____
Du skulle se på den saken _____
Du skulle høre den grammofonplaten _____
Du skulle sette opp det skiltet _____

Stikkord: Røyker du sigarer?
Svar: Nei, jeg har aldri røkt sigarer.

Røyker du pipe? _____
Spiser du lutefisk? _____
Danser du vals? _____
Ruller du sigaretter?_____ _____
Bor du i Moss?_____

Bygger du hus? _____

Har du ski? _____

Eier du et hus? _____

Stikkord: Hørte du nyhetene i morges?

Svar: Nei, jeg har ikke hørt dem i dag.

Brukte du bilen i morges? _____

Vasket du kjøkkengulvet i morges? _____

Ringte du til din mor i morges? _____

Gredde du håret i morges? _____

Pusset du tennene i morges? _____

Så du Anne Marie i morges? _____

Traff du din bror i morges? _____

Fikk du avisen i morges? _____

Tok du inn posten i morges? _____

Stikkord: Var du på Hamar i går?

Svar: Nei, men jeg har ofte vært der.

Var du i parken i går? _____

Gikk du Ringveien i går? _____

Stod du i butikken i går? _____

Satt du i baren i går? _____

Lå du på hotellet i går? _____

Sov du på sofaen i går? _____

Badet du på Bygdøy i går? _____

Løp du i marka i går? _____

Skriftlig oppgave

Skriv dialogen på side 250, men prøv å bruke andre verber enn de som der blir brukt i perfektum. For å hjelpe deg gir vi deg nedenfor en liste over verber som er mer eller mindre synonyme med perfektumsverbene i teksten:

lese avisen – se (på) avisen	(se/så/sett)
kjøpe – få tak i (get hold of)	(få/fikk/fått)
begynne – ta til	(ta/tok/tatt)

gjøre – drive med (be busy doing)	(drive/drev/drevet)
prøve – forsøke	(-te/-t)
være – vise seg å være (prove to be)	(-te/-t)
studere – lese	(-te/-t)
få – erverve seg (acquire)	(-et)
konsentrere seg – samle seg	(-et)
finne – komme over (come across)	(komme/kom/kommet)
lese om – arbeide seg gjennom	(-et)
treffe på – finne	(finne/fant/funnet)
forstå – skjønne	(-te/-t)
snakke med – konferere med (confer with)	(-te/-t)
skjønne – forstå	(forstå/forsto/forstått)
se – få se (be given an opportunity to see)	
komme over – treffe på (run into)	(treffe/traff/truffet)
ha tid – få tid	
sette opp – forhøye, heve	(-et, også forhøyde/forhøyd)
bestemme – beslutte	(-et)
forhøye – sette opp	(sette/satte/satt)
sette opp – heve	(-et)
høre – se	
tenke – mene	(-te/-t)
gå opp – stige (rise)	(stige/steg/steget)
ha – gjennomgå	(gå/gikk/gått)
slutte – holde opp	(holde/holdt/holdt)
spare – legge seg opp (save up)	(legge/la/lagt)
få – klare å få	(-te/-t)
være inne på – streife inn på (touch)	(-et)
røyke – holde på å røyke (be smoking, keep smoking)	(holde/holdt/holdt)
ta bestemmelsen – bestemme seg	(-te/-t)
gjøre det – angre	(-et)
bli så dyrt – stige så	

GRAMMATIKK
Perfektum

Studer illustrasjonen. Perfektum (*har spist*) refererer til fortiden, men er nær knyttet til nåtiden.
Når jeg *har spist*, går jeg på jobben.
Jeg *har ikke funnet* boka, så jeg må gå uten den.
Jeg *har alltid vært* slank, og er det fremdeles.

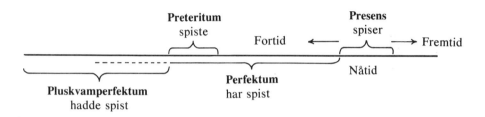

Perfektum brukes ofte sammen med *siden:*
Vi *har hatt* fint vær *siden* 1. juni
Han *har vært* i Norge *siden* januar
og sammen med ordene *ofte, noen gang(er), aldri* eller *alltid:*
Har du *noen gang* vært på fjellet?
Ja, jeg har vært der *mange ganger.*
Jeg har *alltid* likt dette stedet godt.
Jeg har *aldri* vært i Italia.

Pluskvamperfektum

Pluskvamperfektum (*hadde spist*) bruker man sammen med, og i relasjon til, preteritum for å referere til noe som hendte *før* preteritumshandlingen:

Pettersen *hadde sovet* godt hele natten, og da klokken ringte, sto han opp.
Han så at han *var blitt* eldre og *hadde fått* noen rynker.

259

Verber med preposisjonen «om» (= about)

be om – Han ber meg ofte om en sigarett. Jeg ba om et glass vann.

spørre om – Han spør meg om veien. Jeg spurte ham om klokken.

vite om – Vet du noe om det? Jeg visste ikke om hennes bror.

høre om – Hva er det jeg hører om deg? Hørte du om ulykken?

snakke om – Hva snakker dere om? Vi snakket bare om vær og vind.

fortelle om – Han forteller meg om sine barn. Jeg fortalte om Afrika.

skrive om – Hva skriver de om situasjonen? De skriver om problemene.

lese om – Hva leser du om? Jeg leser om Kina.

være om (= **handle om**) – Hva er den artikkelen om? Den er om FN.

synes om – Hva synes du om kjolen min? Jeg synes den er pen.

mene om – Hva mener du om situasjonen? Jeg mener den er kritisk.

Konjunksjonen «om» (= if, whether)

spørre om – Jeg spør ham hver dag om han har hørt noe hjemmefra. Hun spurte meg om jeg kunne komme. Jeg har ofte spurt henne om hun trives her. Han spurte meg om jeg var frisk.

vite om – Vet du om han kommer i morgen? Jeg visste ikke om han hadde vært her før. Jeg vet ikke om det er riktig. Vet du om han er student eller professor?

høre om – Har du hørt om han kan komme? Hørte du om det var Jensens eller Pettersens som var her i går? Vil du være så snill å høre om han skal ha frokost?

undre seg på om (**lure på om**) – Jeg undrer meg på om han kommer. Jeg lurer på om det blir regn i morgen.

Merk: Konjunksjonen *hvis* kan ikke brukes i disse eksemplene.

Regel: Hvis kan aldri knytte seg til et verb. Men *om* kan, og *om* kan alltid erstatte (replace) *hvis*.

Lang vokal blir til kort vokal

Lang vokal i infinitiv og presens av et svakt verb blir ofte til kort vokal i fortidsformene av verbet (fordi den da får 2 konsonanter etter seg). Dette hender når stammen ender på vokal og ofte når den ender på -**k**, -**g**, -**v** og -**p**. Sammenlign: **skru/skrur** og **skrudde/skrudd**, **like/liker** og **likte/likt**, **suge/suger** og **sugde/sugd**, **leve/lever** og **levde/levd**, **rope/roper** og **ropte/ropt** (shouted).

Slik laget Pettersen frokost

Vi hørte at Pettersen hadde stått opp, hadde stelt seg på badet, hadde kledd på seg og var kommet ut på kjøkkenet. Han bestemte seg nå til å lage frokost. Det første han gjorde var å sette kaffekjelen på forplaten på komfyren. Så skrudde han platen på 3 og gikk i gang med å dekke bordet. Først la han en ren, fin duk på. Han foretrakk alltid å ha duk på bordet. Han dekket bare til to – barna kunne sove en stund til. Etter at han hadde lagt på duken, satte han frem tallerkener, glass, kaffekopper med skåler, og eggeglass. Så la han gafler, kniver og teskjeer på bordet. Nå måtte han huske alt, så det ikke ble det vanlige tullet at Ella måtte reise seg og gå og hente både det ene og andre etter at de hadde satt seg. Saltkar hadde han ikke husket, det så han nå, og så var det sukkerbiter til kaffen. Han skar opp noen brødskiver og satte brødristeren frem. Så åpnet han kjøleskapet og tok frem melk og fløte. Ella likte ikke å skjenke av kartonger, så han helte melken opp i en melkemugge og tømte fløtekartongen opp i den lille fløtemuggen. Så tittet han etter pålegg i kjøleskapet. Der var pølse, sardiner, geitost, gauda og syltetøy. Det var visst alt de hadde i dag, og det fikk klare seg.

Heisan! Der kokte kaffen over. For en tosk han var. Den hadde han helt glemt. Han tok kluten og tørket av komfyren som var blitt helt tilsølt av kaffegrut. Ergerlig også, halvparten av kaffen var blitt borte. Han fylte mer vann på kjelen og drysset litt kaffe oppi. Jaja, nå fikk han passe bedre på. Best å stå ved komfyren hele tiden og holde øye med kjelen. Samtidig som han passet på kaffe-Lars, satte han eggevannet til å koke på bakplaten. Denne gangen gikk det bra med kaffen. Etter noen minutter var den ferdig, og han flyttet kjelen til side på komfyren. Så så han på klokka for å kontrollere eggene. Fire og et halvt minutts koking, ikke mer, så var de passe kokt.

Nå var tiden kommet. Han gikk stille inn på soveværelset og bøyde seg ned over henne. Hun slo øynene opp. «Frokosten er servert, jenta mi», hvisket han.

Han gikk tilbake på kjøkkenet og tok et siste overblikk. Var det noe han hadde glemt? Å ja, selvfølgelig: blomstene. Det nyttet ikke å spise et måltid sammen med Ella uten at det sto blomster på bordet. De tre røde rosene begynte allerede å henge litt med hodet, så han tok dem opp, kuttet av stilkene og tappet nytt, friskt vann i vasen. Så plasserte han dem midt på bordet. Nå ville hun nok bli fornøyd.

«Skal jeg skjenke kaffen?» ropte han inn til henne. «Ja, gjør det du, skatten min», kom svaret tilbake.

Så stod hun i døren, morgenfrisk og smilende.

«I dag har du vært flink», sa hun. «Du har bare glemt smøret».

GLOSSAR

la`ge (-et) – make, prepare
sett`e (satte/satt) – put (sth. that will *stå* or *sitte*)
kaff'ekjele (en) – coffee pot, kettle
for`plate (en) – front plate (electric plate)
komfy'r (en) – kitchen range, electric cooker
gå i gang' med å (gikk/gått) – start to, proceed to
dekk`e bo'rdet (-et) – lay the table, set the table
legg`e (la/lagt) – put (sth. that will *ligge*), lay
du'k (en) – tablecloth
fo`retrekke (o=å) (foretrakk/foretrukket) – prefer
en stund' **til**' – for still a while
taller'ken (en) – plate
skå'l (en) – saucer
egg`eglass (et) – egg cup (**et egg** = an egg)
gaff'el (en) – fork
kni'v (en) – knife
te'skje (en) – tea spoon
rei`se seg (-te/-t) – get up, rise
hen`te (-et) – fetch, get
både det e`ne og an`dre – this and that, odd things
sette seg ne'd (satte/satt) – sit down
sal`tkar (et) – salt cellar, salt shaker
sukk`erbit (en) – sugar cube
skjæ`re (skar/skåret) – cut
brø`drister (en) – bread toaster

kjø`leskap (et) – refrigerator
flø`te (en) – cream
skjen`ke (-et) – pour (out)
hell`e (-te/-t) – pour (Literally: tilt)
mugg`e (en/a) – jug, pitcher
tømm`e (-te/-t) – empty, pour
titt`e etter (-et) – look for, peek for
på`legg (et) – sandwich spread, anything put on sandwiches
pøl`se (en/a) – sausage
sardi´ner pl. – sardines (**en sardin**)
syl`tetøy (et) – jam
de´t var visst al´t – that seemed to be all
de´t fikk kla`re seg – that had to do, had better suffice
hei´san! – hey! gosh! gee! (said when things happen suddenly and surprisingly)
koke o´ver (-te/-t) – boil over
klu´t (en) – (dish) rag, cloth
til´sølt – soiled, dirtied
kaff´egru´t (en) – coffee dregs, coffee grounds
dryss`e (-et) – sprinkle
opp`i – into it
passe på´ (-et) – watch (out), look after (it)
holde øy`e med (holdt/holdt) – keep an eye on
sam`tidig som – at the same time as
kaff´e-La´rs (en) – *Colloquial* for coffee pot, kettle
flytt`e (-et) – move
kontrolle´re (-te/-t) – check
slå øy`nene opp´ (slo/slått) – open one's eyes (wide)
hvis`ke (-et) – whisper
o`verblikk (et) – general survey, check
det nytt`et ikke – it was no use
kutt`e (-et) – cut
stil´k (en) – stalk, stem
va`se (en) – vase
plasse´re (-te/-t) – place
ro`pe (-te/-t) – shout, call
skatt´en min – my love, darling (lit. my treasure)
flin´k – clever, sharp
smør´ (et) – butter

GARTNERLØKKA

Av Rudolf Nilsen

Der lå en pjokk og lukte i turnipsåkerns gress.
Han hadde ingen lue, og ikke noen dress.
Han hadde bare bukser, og de var lyseblå.
Og denne enden var det som solen skinte på.

Han lå på alle fire, med fjeset vendt mot jord,
for det var flust med ukrutt, og åkern var så stor.
Og den må slite orntlig som driver på akkord
og har som mål i livet å kjøpe seg en Ford!

Han hadde bare bukser med hyssingseler til.
Og ryggen var som kobber med glans fra solens ild.
Han løftet undertiden en liten jordsvart hånd,
strøk håret vekk fra pannen, fordi det klødde sånn.

Men det var midt på dagen, og solen strålte hett.
Og åkern var så diger. Og pjokken var så trett.
Han gjespet langt og lenge, og sovnet slik han lå.
Og solen skinner vennlig på en ende, lyseblå!

gart′nerløkke (-a) – gardner's plot, gardner's field
pjokk′ (en) – *Colloquial* a little boy, a toddler
lu‵ke (-te/-t) – weed

tu´rnipsåkern – phonetic spelling of *turnipsåkeren* – turnip field
end`e (en) – here: bottom, behind
fje´s (et) – *Colloquial* for *ansikt* – face
vend`e mot (-te/-t) – turn to, face
flus´t med – *coll.* plenty of (flush with)
u`krutt (-et) normally *ugress* – weeds
sli`te (slet/slitt) – toil, labour
orn´tlig – phonetic spelling of *ordentlig* – really (hard)
dri`ve på akkor´d (drev/drevet) – do piece-work, be on piece-work
må´l (et) – goal, aim
hyss`ingse´ler – braces (suspenders) made of string
til´ – here: to go with it
kobb´er (et) – copper (alternative spelling: **kopper**)
glan´s (en) – shine, reflection
ild´ (en) – fire
løf`te (-et) – lift, raise
underti´den – from time to time, now and then
svart´ – black, dirty
stryke vekk´ (strøk/strøket) – brush away, stroke away
pann`e (en) – forehead, brow
klø´ (-dde/-dd) – itch (Note that *klø* also means *scratch*)
sånn´ – here: so awfully
strå`le (-te/-t) – shine (lit. radiate)
hett´ – hot
di´ger – (*coll.*) big
gjes`pe (-et) – yawn

ØVELSER MED PRETERITUM

Stikkord: Han tenkte han skulle lage frokost.
Svar: Og så laget han frokost.

Han tenkte han skulle sette på kjelen._____
Han tenkte han skulle skru på platen. _____
Han tenkte han skulle legge ny duk på. _____
Han tenkte han skulle ta frem melk. _____
Han tenkte han skulle se etter pålegg._____
Han tenkte han skulle tørke av komfyren. _____
Han tenkte han skulle passe bedre på. _____

Stikkord: Jeg spurte om han ville sette frem tallerknene.
Svar: Og han satte dem frem.

Jeg spurte om han ville sette på vannet. _____

Jeg spurte om han ville legge på knivene. _____

Jeg spurte om han ville sette frem osten. _____

Jeg spurte om han ville legge frem skjeene. _____

Stikkord: Ligger duken på bordet?
Svar: Ja, han la den der.

Ligger gaflene på bordet? _____

Står kaffekjelen på komfyren? _____

Sitter lokket (lid) på kjelen? _____

Ligger eggene i vannet? _____

Står blomstene på bordet? _____

Ligger teskjeene på skålene? _____

Sitter Pettersen på stolen? _____

Stikkord: Skal jeg sette frem smøret?
Svar: Nei, jeg satte det frem i sted.

Skal jeg sette frem osten? _____

Skal jeg legge frem skjeene? _____

Skal jeg skjenke opp kaffen? _____

Skal jeg dekke bordet? _____

Skal jeg åpne sardinboksen? _____

Skal jeg hente avisen? _____

Skal jeg helle opp fløten? _____

Skal jeg kutte blomsterstilkene? _____

Stikkord: Har du tatt inn posten?
Svar: Ja, jeg tok den inn i sted.

Har du tatt frem syltetøyet? _____

Har du skåret opp brødet? _____

Har du sett saltet? _____

Har du drukket kaffen? _____

Har du funnet hanskene dine? _____

Har du fått telegrammet? _____

Skriftlig oppgave

Bruk teksten på side 261 som modell og beskriv i detalj hvordan du laget frokost eller middag i går eller en annen dag.

GRAMMATIKK
E-former av partisipper brukt adjektivisk

Når en fortidspartisipp brukes som bestemt adjektiv etter artikkel, demonstrativt pronomen, eiendomspronomen, genitiv av substantiv osv. får den i likhet med andre adjektiver endelsen -e.

Når det gjelder partisipper av svake verber, er systemet nokså ukomplisert. Man kan bare legge -e til partisippformen:

det nygredde håret
den bøyde stangen (the bent rod)
min interesserte elev
konas nyvaskete kjole

Men i det siste tilfellet (konas nyvaskete kjole) foretrekker man som regel å skrive *nyvaskede*. Det vanlige er altså at partisipper av 1. klasse svake verber får endelsen -de istedenfor -te i bestemt form:

den dypt hatede diktatoren
den høyt elskede kongen (King)
det nytappede vannet
verdens minst utviklede land (least developed)

Ved partisipper av sterke verber er systemet litt mer komplisert. Hvis partisippet ender på -et, er regelen at den bestemte adjektivformen ender på -ne:

Ubestemt	Bestemt (e-form)
et stjålet ur (uret er stjålet)	det stjålne uret
en brukket arm (armen er brukket)	den brukne armen
et bundet esel (eselet er bundet)	det bundne eselet
et funnet brev (brevet er funnet)	det funne brevet
en utsprunget blomst (den er sprunget ut)	den utsprungne blomsten

267

Disse spesielle ne-formene kommer av gamle partisippformer (stjålen, brukken, bunden, funden, sprungen) som man ennå kan møte i dialekter eller i litterært språk. I noen tilfeller brukes disse en-formene ennå i vanlig språk som ubestemte adjektiver: han følte seg *frossen* (he felt cold) en *søvndrukken* person (a person drunk with sleep), jeg er *sliten* (exhausted, worn out), en *flybåren* sending (airborne shipment), jeg er *sulten* (literally: hungered), en *holden* mann (a well-to-do man).

Spesielle e-former av substantivet

I visse faste uttrykk har man i norsk rester av gamle kasusendelser (old case endings). Av gammel dativ har man rester i en del standarduttrykk etter preposisjon:

et liv (a life)	men:	han er *i live* (he is alive)
et sted (a place)	men:	hun er *til stede* (she is present)
en søvn (a sleep)	men:	jeg går *i søvne* (I walk in my sleep)
en gård (a farm, building)	men:	de drar *av gårde* (they are leaving)
en tid (a time)	men:	vi kom *i tide* (we came in time)
		det er *på tide* (it's about time)
takk (thanks)	men:	vi må ta *til takke* (be content with it)

Spesielle s-former av substantivet

På samme måte har man rester av gamle genitivsformer i visse standarduttrykk etter preposisjonen *til*:

en fot (a foot)	men:	jeg kom *til fots* (I came on foot)
en seng (a bed)	men:	gå *til sengs* (go to bed)

Det er mange av disse uttrykkene:

til sjøs, til skogs, til fjells, til lands, til vanns, til værs (aloft), til topps, til bunns, til bords, nå til dags, til hverdags, være rask til bens (be quick footed), til dels (partly), til salgs (for sale), osv.

Et brev hjem

Oslo, 5. september

Kjære Bestefar.

Jeg har nå vært i Norge i 4 måneder, og jeg har lært så mye av språket at jeg kan skrive til deg på norsk. Jeg håper du setter pris på det. Jeg har studert hardt for å kunne klare det.

Jeg har nå tenkt å fortelle deg litt om hva jeg har sett, hørt, gjort og opplevd siden jeg kom til Norge for 4 måneder siden, og om hvilke forandringer som har skjedd her i landet siden du var her for 50 år siden. Jeg har allerede reist en del omkring og har sett mange forskjellige steder. Jeg har fått noen gode norske venner, og de har tatt meg med i bilen sin. Vi har bilt rundt og sett på alle severdighetene her i Oslo og omegnen: Vikingeskipene, Kon Tiki, Folkemuseet osv. Vi har også tatt noen turer ut på landet. Jeg har lenge hatt lyst til å reise til Vestlandet og nordover, men har dessverre ikke hatt tid til det ennå.

Jeg må gi deg rett i at Norge er et vakkert land. Jeg kan forstå at du som er vokst opp i Norge, mang en gang har lengtet tilbake. Jeg har ofte tenkt på deg i denne tiden, og jeg har husket mange av de tingene du fortalte meg om Norge da jeg var liten.

Jeg har hilst på alle slektningene våre, og de har vært kjempehyggelige mot meg. Jeg har truffet både tante Klara, onkel Einar og alle søskenbarna mine. Tante Klara har fortalt meg mange interessante historier om deg, og jeg har også hørt forskjellige ting om deg fra onkel Einar. Du var nok en farlig fyr i din ungdom, skjønner jeg. Vi får snakke mer om det når jeg kommer hjem.

Vi har hatt fint vær nesten hele tiden siden jeg kom. Det har nesten ikke regnet, og jeg har kunnet nyte badelivet og friluftslivet. Jeg har badet både i Oslofjorden og i vannene i Nordmarka, og jeg har gått på mange fine turer i skog og mark. Nesten hver søndag siden jeg kom hit, har jeg tatt en lang tur i marka, akkurat som nordmenn pleier å gjøre. Jeg gleder meg til vinteren. Da skal jeg gå på ski.

Jeg har dessverre spist litt for mye av den norske maten, så jeg har lagt på meg flere kilo på disse fire månedene. Jeg har nå bestemt meg til å begynne å trene hardt, så jeg kan bli litt slankere igjen. Den norske bløtkaka er farlig. Den serverer de alltid når man kommer på besøk her. Jeg har også smakt på alle de rettene du fortalte meg om: fårikål, fenalår og flatbrød, lutefisk og rakørret – og så selvfølgelig sursild, gammelost og geitost. Det er kraftig kost, vet du, som man fort blir tykk av.

Ellers har det skjedd store forandringer siden du var her, Bestefar. De fleste nordmenn bor i dag i byer, og urbaniseringen fortsetter. Jeg har hørt si at i gjennomsnitt blir ti gårdsbruk nedlagt hver dag nå. Ute på landet er folk blitt svært påvirket av bykultur og moderne teknikk. Her finnes nesten ikke hester lenger – det er bare traktorer å se. Nesten alle folk har bil, og hvert hus har TV-antenne på taket. Nå har Norge også gått inn i oljealderen og er blitt et rikt land.

Så du forstår, Bestefar, at mye har forandret seg i gamlelandet. Det er heller ikke så mange nisser og troll her som før. Men nå må jeg slutte. Du får hilse alle de andre så meget.

Mange hilsener
Ivar

GLOSSAR

sette pri′s på – appreciate
opp′leve – experience
foran′dring (en) – change
skje′ – happen, take place
sever′dighet (en) – sight (place worth seeing)
om′egn (en) – surroundings
dessverr′e – unfortunately
gi deg rett′ i – agree with you, admit that you are right
vokse opp′ – grow up
mang′ en gang′ – many a time (Note neuter form: *mangt et*)
leng`te tilba`ke – long to go back
slek`tning (en) – relative
hygg`elig mo′t** – nice to, kind to (**kjem`pehyggelig – awfully nice)
en fa`rlig fy′r – a wild guy (Literally: a dangerous fellow)
ung`dom (en) – youth

ny`te – enjoy
ba`deli´vet – swimming, life on the beach
fri´luftsli´vet – open air life, the outdoors
vann´ (et) – here: lake
plei`e å gjøre – be in the habit of doing, usually do
gle`de seg til – look forward to
for my´e – too much
legge på´ seg – put on (weight)
bestemm´e seg til å – decide to
tre`ne – train
bli slan´k – get slim (**å slanke seg** – to slim)
blø`tkake (en) – layer cake
serve´re – serve
rett´ (en) – dish, course
få´rikål (en) – mutton and cabbage stew (literally: mutton in cabbage)
fe`nalå´r (et) – cured leg of mutton
flat´brød (et) – flatbread (crisp, very thin bread)
lu`tefisk (en) – cod treated in a lye solution and served boiled
ra`kørret (en) – half-fermented trout
su´rsild (en) – pickled herring
kraf`tig kost (en) – heavy food
jeg har hørt si´ – I have heard said
i gjenn`omsnitt – on the average
gå´rdsbruk (et) – farm
bli ne´dlagt – be closed down
bli på´virket av – be influenced by
niss`e (en) – pixie, puck, brownie
ol`jealderen – the oil age

KOM INN
Av Ole Paus

Jeg har latt en lampe brenne.
Skulle noen gå forbi,
så stikk innom,
jeg er fri
for i kveld.

Jeg har trukket frem en flaske.
Er du tørst, så er den din.
Gjør den deg glad,
er gleden min
for i kveld.

Og hvis noen andre kommer,
mens vi sitter for oss selv,
tar vi dem inn allikevel.
Her er rom nok,
her er varme og lys –
alt er ditt.
Og du fryser?
Kom inn!

trekk `e frem – pull out, take out

la´ (lot/latt) – let
brenn `e (brant/brent) – burn
stikk `e inn `om – drop in

tørs´t – thirsty
gla´d – happy
fry `se (frøs/frosset) – be cold

ØVELSER MED PERFEKTUM

Stikkord: Skal du ikke lære leksen?
Svar: Jeg har lært den.

Skal du ikke studere teksten? _____

Skal du ikke tenke på saken?_____

Skal du ikke fortelle historien? _____

Skal du ikke se TV-programmet? _____

Skal du ikke høre sangen? _____

Skal du ikke lese boken? _____

Skal du ikke ta bildet?_____

Skal du ikke hilse på gutten? _____

Stikkord: Er du syk?
Svar: Ja, jeg har vært syk siden søndag.

Hoster (cough) du? _____ siden lørdag.

Har du feber? _____ siden søndag.

Ligger du til sengs? _____ siden mandag.

Får du medisin? _____ siden tirsdag.

Er du bedre? _____ siden i går.

Tar du det med ro? _____ siden mandag.

Stikkord: Jeg har *studert* norsk i 4 måneder. *(lese)*
Svar: Jeg har også *lest* norsk i 4 måneder.

Jeg har *vært* i Norge i 5 måneder. *(bo)* _____

Jeg har *gått* på Universitetet i 3 måneder. *(studere)*_____

Jeg har *planlagt* å være her i ett år. *(tenke)* _____

Jeg har *kjent* ham i 1 år *(være sammen med)* _____

Jeg har *hatt* bil i 2 år *(bruke)* _____

Jeg har *vært* her i 10 minutter nå. *(stå)* _____

Jeg har *ventet* her i 1 time nå. *(sitte)* _____

Jeg har *sovet* her i 2 timer nå. *(ligge)* _____

Stikkord: Jeg har sett ham to ganger. *(treffe)*
Svar: Jeg har også *truffet* **ham to ganger.**

Jeg har *møtt* henne en gang. *(treffe)*_____

Jeg har *sett* ham to ganger. *(hilse på)* _____

Jeg har *besøkt* mine slektninger en gang. *(være hos)* _____

Jeg har *bedt* ham om det mange ganger. *(spørre om)* _____

Jeg har *kjørt* til Moss to ganger. *(bile)*_____

Jeg har *vært nødt til å* gjøre det en gang. *(måtte)* _____

Jeg har *villet* gjøre det mange ganger. *(ønske å)* _____

Stikkord: Jeg har ikke *truffet* **ham på tre dager nå.** *(se)*
Svar: Jeg har heller ikke *sett* **ham på tre dager nå.**

Jeg har ikke *spist* fisk på 3 uker nå. *(smake)* _____

Jeg har ikke *reflektert over* det på lenge nå. *(tenke på)* _____

Jeg har ikke *sendt* noe brev på lenge nå. *(skrive)* _____

Jeg har ikke *kjøpt* sigaretter på 2 uker nå. *(røke)* _____

Jeg har ikke *sett* gjester hos meg på 1 måned nå. *(ha)*_____

Jeg har ikke *følt* meg frisk på lenge nå. *(kjenne)* _____

Jeg har ikke *tatt dusj* på en uke nå. *(bade)*_____

Jeg har ikke *brukt* skjerf på 1 måned nå. *(gå med)* _____

ØVELSER MED STEDSADVERBER

Her/hit

Stikkord: Bor du . . . .?   **Svar: Bor du** *her*?
　　　Når kom du . . . .? **Svar: Når kom du** *hit*?

Er han fremdeles . . . .? Ja, ser du ikke at han står . . . .? Hvor lenge har han vært . . . .? Det er to timer siden han kom . . . . Spiser du ofte . . . .? Nei, det var bare i dag at jeg gikk . . . . Min bror sa jeg skulle gå . . . .

Der/dit

Hvorfor reiste dere . . . .? Min søster sa at det var så fint . . . . Du er langt borte fra byen . . . . Bilte dere . . . .? Nei, vi gikk . . . . Har dere funnet noen bær (berries) . . . .? Ja, vi så noen i skogen på vei . . . .

Ute/ut

Er han . . . .? Ja, han sa han ville . . . . Og du vet det er jo fint vær . . . . Jeg selv har ikke vært . . . . Men nå skal jeg sannelig ta meg en tur . . . . Når det er pent vær, er det virkelig deilig å være . . . . Hei, er du der . . . .

Inne/inn

Er du på vei . . . .? Ja, er ikke Einar . . . .? Jo han løp . . . . Kom så går vi også . . . . Jeg tror det er litt varmt der . . . . Men vi kan jo slippe litt luft . . . . Tok du hunden . . . .? Nei, den skal ikke . . . . Den trives ikke . . . .

Hjemme/hjem

Når kom du . . . .? Det var visst midnatt før jeg var . . . . Er Anne . . . .? Ja, hun sitter alltid . . . . Men det er mange timer siden jeg så Ivar . . . . Og det blir nok ennå en stund før han setter kursen . . . . Når reiser du . . . .

På samme måte med: *Oppe/opp, nede/ned, borte/bort, fremme/frem.*

Skriftlig oppgave

Skriv et brev hjem og fortell hva du har sett, hørt, gjort og opplevd siden du kom til Norge – eller den siste måneden. Bruk mest mulig perfektum og tidsuttrykk som *i . . . . måneder, lenge, i lang tid, ofte, mange ganger, noen ganger, av og til, sjelden, aldri, alltid, hele tiden, siden* (i forbindelse med dato, dag, måned eller preteritum av verb, f.eks. *siden den 3. mars, siden mandag, siden oktober, siden jeg kom hit, siden jeg begynte på kurset* osv.

GRAMMATIKK

Preposisjoner brukt som adverbial

Norsk bruker ofte preposisjoner elliptisk, dvs. man utelater substantivet eller pronomenet som egentlig skal følge etter preposisjonen. Man sier:

Ta din kone med istedenfor *Ta din kone med deg.*
De har tatt meg med istedenfor *De har tatt meg med seg.*
Han la en ren duk på istedenfor *Han la en ren duk på bordet.*
Han fikk passe bedre på istedenfor *Han fikk passe bedre på kjelen.*
Han drysset litt kaffe oppi istedenfor *. . . oppi kjelen.*
Det var noe inni istedenfor *. . . inni esken* (inside the box).
Han hoppet uti istedenfor *. . . uti vannet* (into the water).
Vil du ha noe til? istedenfor *. . . til maten* (something to go with the food).
Vil du sitte på? isteden for *. . . sitte på bilen* (Do you want a lift?)

I noen tilfeller er preposisjonene rene adverber, dvs. det er ikke mulig å bruke substantiv eller pronomen etter dem:

Hun gjør seg til.	(She's showing off)
Jeg får det ikke til.	(I can't do it)
Hvordan står det til?	(How are things?)
Vil du ha en kopp til?	(Do you want another cup?)
Hva står på?	(What's up? What's wrong?)
Stå på! (Kjør på!)	(Push on! Don't give up!)
Pass på!	(Look out! Watch it!)
Heng I!	(Put in some effort! Hurry!)
Ta i!	(Use all your strength!)
Jeg kan ikke komme fra.	(I can't leave my work)
Du må si fra!	(You must let me (them, etc.) know!)
Hør godt etter!	(Listen carefully!)
Se etter!	(Look for it!)

Boligsituasjonen

Norske hus må bygges solide på grunn av den strenge vinteren. Før et hus kan reises, må kjelleren graves ut og kjellermuren støpes. Og kjelleren må gjøres dyp for å komme under telen eller den frosne bakken. Hvis ikke kjellermuren legges dypt nok, vil den bli ødelagt av teleløsningen om våren.

Så må husene isoleres godt på grunn av kulden. De fleste privatboliger bygges av tre, og steinull eller glassvatt brukes i dag som isolasjonsmateriale i vegger, gulv og tak. Hvis huset bygges av murstein eller betong, må veggene lages tykke nok til å holde kulden ute. Vannledninger og kloakkledninger må også graves dypt ned i bakken og isoleres godt inne i huset. De kan ikke legges utenpå husene som i mange andre land.

På grunn av de store snømasser som ofte ligger på takene om vinteren, må tak- og veggkonstruksjoner lages ekstra sterke for å kunne bære den store tyngden av våt snø.

De fleste hus oppvarmes i dag elektrisk eller med oljefyring. Men tidligere bruktes mest ved, koks eller kull. I svært mange hus i dag reguleres varmen automatisk ved hjelp av termostat som innstilles på en bestemt temperatur – helst så lavt som mulig for å spare energi.

Det bygges i dag flere boliger i Norge enn noen gang før, spesielt i nærheten av de store byene. Foruten de store boligblokkene bygges det rekkehus, tomannsboliger og eneboliger.

Etter siste verdenskrig er det gjort store fremskritt innen byggeteknikken, og stadig nye metoder og materialer tas i bruk. Husene lages i dag bedre enn før, og de reises hurtigere enn tidligere.

På en byggeplass blir det i dag i stor utstrekning brukt maskiner. Store gravemaskiner brukes til å grave ut tomten. Byggematerialene transporteres inn med lastebiler eller traktorer og kuttes deretter opp i passende lengder av motorsager som er blitt montert på stedet. Selve byggingen utføres av bygningsarbeidere som kan sitt fag.

Alt blir stadig mer rasjonalisert og effektivisert. Likevel blir det sagt at vi i dag bare står ved begynnelsen. Om noen år vil de fleste hus bli produsert i store fabrikker og deretter i løpet av noen dager bli montert på byggeplassen. Akkurat som bilene og kjøleskapene blir masseprodusert, vil husene etter hvert bli produsert etter samlebåndprinsippet.

Det arbeides altså intenst på boligsektoren i Norge i dag. Likevel bygges det ikke på langt nær nok boliger. Under krigen ble det nesten ikke bygget noe, og på den måten fikk man et underskudd som skulle dekkes etter krigen. Men da var det så mange andre ting som skulle gjøres: Norges industrielle kapasitet skulle gjenopprettes og økes. Det skulle investeres i fabrikker, elektrisitetsverk, veier og jernbaner. Det var rett og slett ikke penger og resurser nok til boligbyggingen.

Folk håper selvfølgelig at boligkrisen snart skal bli overvunnet. Men i mange år fremover vil det nok ennå være boligmangel, blant annet fordi levestandarden stadig stiger og folk krever større og bedre boliger.

Situasjonen i dag illustreres godt av alle boligannonsene i avisene. Det blir avertert etter hus, leilighet eller hybel – spalte opp og spalte ned: Rom søkes, leilighet søkes, hus søkes . . Og prisene for det som tilbys? Ja, de er ofte sjokkerende.

BOLIG SØKES

Hybel – værelse – Oslo og omegn

Fagmann søker hybel.
Bm. 18921 Allsidig.

Kan noen hjelpe dame med hybel snarest. Er stille og rolig. Sikker bet. Ring 20 07 56, e. 16.30.

Hyb./hyb.leiligh. ø. leid av ung kv. i fast jobb. Rolig, ikke-røker.
T. 23 05 86, l. 7851, Aspaas.

Ung mann søker hybel/hybelleil.
Fast jobb, ikke-røker. Tlf. 69 12 49.

Hybel/hybelleil. ø. av 19-årig skoleelev, jente. Tlf. 20 17 38, form.

LÆRER I REALFAG
s. enkel hybel i byen. Ikke røk, drikk ell. festing. Tlf. 46 61 10.

Grei student, Haugesunder, 27 år, søker hybel i Oslo fra nå til juni 80.
Tlf. 33 18 33 (9—14), Johnsen.

Hybel — rom søkes
Kv., 30, skoleelev, ikke-røker, ønsker sentralt. Reiser ofte hjem.
Tlf. 78 31 69, e. kl. 17.00.

Jente, 21 år, ansatt v/Brattlikollen Blomster, ø. hybel/hybelleilighet.
Tlf. 28 69 58, før kl. 17.

Legedatter fra Trøndelag
søker hybel/hybelleil. i Oslo, snarest. Ordnet økonomi. Bm. 5785.

Hybel
Jente, yrkesskoleelev, søker hybel med egen inngang eller lite bokollektiv. Tlf. 55 57 27, spør efter Monica.

Rolig dame, 24 år, trønder, s. sentralt bel. hybel snarest. Ikke-røker.
Sikker bet. Eva Berg, tlf. 11 30 00, l. 1029.

278

GLOSSAR

bo`ligsituasjon (en) – housing situation
bygg`es – be built
soli´d – strong
på grunn´ av – because of
streng´ – rigorous, severe, hard
rei`ses – be erected
kjell`er (en) – cellar
gra`ves – be dug
kjell`ermu´r (en) – foundation
stø`pes – be cemented, be cast
**den fros`ne bakken** (= te`len) – the frozen ground
bli ø`delagt – be ruined, be destroyed
te`lelø´sning (en) – thaw
isole´res – be insulated
kuld`e (en) – cold
steinull (en) – rock wool
glass`vatt (en) – glass wool
mu`rstein (en) – brick (red brick)
betong´ (en) – concrete
vann`ledning (en) – water pipe
kloakk´ledning (en) – sewer pipe
bæ`re (bar/båret) – carry
tyng`de (en) – weight, load
vå´t snø´ – wet snow
bruk`tes – was used (More normal: ble brukt)
ve´d /ve:/ (en) – wood
kok´s (en) – coke
kull´ (et) – coal
inn´stille (-te/t) – set, adjust
en bestem´t temperatu´r – a certain temperature
hel´st – preferably
rekk`ehus (et) – row house (many houses built together)
frem`skritt (et) – progress (**store fremskritt** – much progress)
hurt`ig – rapid; rapidly
bygg`eplass (en) – building site
i sto´r u´tstrekning – to a great extent

gra`vemaski´n (en) – excavator, steam shovel
tom´t (en) – site
las`tebil (en) – lorry, truck
mo´torsag (en/a) – power saw
monte´re (-te/-t) – assemble, mount, fit
sel`ve bygg`ingen – the building process itself
u´tføre (-te/-t) – carry out
byg`ningsarbei`der (en) – construction worker
fa´g (et) – here: trade (**kunne et fag** – know a trade)
fabrikk´ (en) – factory
etter sam`lebåndsprinsipp´et – on the assembly line principle
ikke på lang´t næ´r – not nearly
unde`erskudd (et) – deficit, shortage
dekk`es – be covered
gjen´opprette (-et) – restore
ø`ke (-te/-t), increase; grow
elektrisite´tsverk (et) – electric power station
o`vervinne (overvant/overvunnet) – overcome
bo`ligmang´el (en) – housing shortage
blant a`nnet – among other things
sti`ge (steg/steget) – rise, be increasing
kre`ve (-de/-d) – demand
averte´re etter – advertise for
spal`te (en) – column
sø`ke (-te/-t) – seek
til´by (tilbød/tilbudt) – offer

ØVELSER MED PASSIV

Stikkord: Husene *bygges* solide i Norge.
Svar: Husene *blir bygd* solide i Norge.

Kjelleren *graves* ut.   _____

Grunnmuren *støpes.*   _____

Så kan huset *reises.*   _____

Kjelleren *gjøres* dyp.   _____

280

Muren *legges* dypt under bakken. _____
Den kan *ødelegges* av telen. _____
Husene *isoleres* godt. _____
De fleste boliger *bygges* av tre. _____
Glassvatt *brukes* i veggene. _____
Veggene *lages* tykke. _____

Stikkord: Det *blir bygd* mange boliger i dag.
Svar: Det *bygges* mange boliger i dag.

Det *blir gjort* store fremskritt. _____
Nye metoder *blir tatt* i bruk. _____
Husene *blir laget* bedre enn før. _____
De *blir reist* hurtigere enn tidligere. _____
Det *blir brukt* maskiner i stor
grad. _____
Materialene *blir transportert* inn
med biler. _____
De *blir kuttet opp* i passende leng-
der. _____
Motorsager *blir montert* på stedet. _____
Byggingen *blir utført* av bygnings-
arbeidere. _____

Passiv med agent

(Agentpreposisjon *av*)

Stikkord: Jeg kjører bilen.
Svar: Bilen blir kjørt av meg.

Jeg bygger huset. _____
Du spiser sjokoladen. _____
Han spør henne. _____
De kjøper huset. _____
Han monterer sagen. _____

Han lager maten.   _____
Hun leser boken.   _____
Vi bruker bilen.   _____
Hun sender brevet.   _____
Ford produserer bilen.   _____

Stikkord: Jeg har skrevet boka.   (*er blitt skrevet* forkortes til *er*
Svar: Boka er skrevet av meg.   *skrevet*

Han har bygd huset.   _____
Legen har utført operasjonen.   _____
Hun har tatt inn posten.   _____
Alle har bestått eksamen.   _____
Katten har spist fisken.   _____
Alle har forstått teksten.   _____
Hun har spurt alle.   _____

Skriftlig oppgave

Beskriv en arbeidsprosess som du kjenner og bruk mest mulig passiv form
av verbene (*s*-form eller *bli*-form).

GRAMMATIKK

Passiv

Passiv brukes ikke så meget i talespråket, men er ganske alminnelig i
skriftspråket. Som vi har sett, er det to måter å danne passiv på. Vi kan
bruke hjelpeverbet *bli* sammen med *perfektum partisipp* av hovedverbet
(bli bygd, bli produsert, bli laget osv.) Denne formen av passiv kan
brukes i alle tider, f.eks. *huset blir bygd nå, huset ble bygd i fjor, huset
er blitt bygd i løpet av 2 år, huset var blitt bygd før 1970, huset vil bli
bygd neste år, han sa at huset ville bli bygd før 1982.*

Den andre passivformen man kan bruke, er s-formen. Den brukes i infinitiv og presens, men meget sjelden i andre tider (*å bygges, det bygges mange hus i Norge nå*). Visse verber *kan* imidlertid også brukes med *s* i preteritum, f.eks. i gamle dager *bruktes* ved.

I infinitiv og presens er det meget liten forskjell på *bli*-formen og *s*-formen. I de fleste tilfeller kan den ene form være like bra som den andre. Likevel foretrekker man *s*-formen for å beskrive *det generelle* og *bli*-formen for *det spesielle*. Altså: *det bygges mange hus hvert år*, men: *det blir bygd et stort hus nede i svingen nå*. Vanligvis foretrekker man også å bruke *s*-form etter et modalt hjelpeverb: et egg *bør kokes* i minst 4 minutter. Verbet *kan brukes* i passiv.

Ettersom *bli* er et forandringsverb, foretrekker man i tradisjonelt riksmål å bruke hjelpeverbet *være* i perfektum (*er* blitt er mer normalt enn *har* blitt). I perfektum av passiv foretrekker man derfor å si *huset er blitt bygd* fremfor *huset har blitt bygd*. Men ofte bruker man den forkortede form: *huset er bygd*. Dette skjer når man vil poengtere *resultatet*. F.eks. *huset er bygd av tre*. Det er det samme som å si: *Det er et trehus*. Hvis man bruker fullstendig form og sier *huset er blitt bygd av tre*, understreker man *handlingen* (the action) og ikke *resultatet*. Man sier at man brukte materialer av tre hele tiden under byggingen.

Preposisjon i passivsetninger

Agent-preposisjonen i passivsetninger er alltid *av*:
Byggingen utføres *av* bygningsarbeidere.
Boken er skrevet *av* Hamsun. (Boken *er av* Hamsun.)
Legen ble tilkalt *av* politiet

Verber med passiv form, men aktiv betydning

Noen verber har passiv form, men brukes som aktive verber. Vi kjenner allerede noen av dem: *synes, finnes, trives*. Det er enda noen flere: *minnes* (remember), *lykkes* (succeed), *slåss* (fight). Disse verbene kan brukes i alle tider og har følgende bøyning:

283

Infinitiv:	Presens:	Preteritum:	Perfektum:
å finnes	finnes (fins)	fantes	—— (ingen form)
å lykkes	lykkes	lyktes	har lykkes
å minnes	minnes	mintes	har minnes
å synes	synes (syns)	syntes	har synes
å slåss	slåss	sloss	har slåss
å trives	trives	trivdes	(har trives)

Lykkes brukes ofte som upersonlig verb: *det lyktes meg å gjøre det* (I succeeded in doing it). *Synes* kan også brukes som upersonlig verb: *det synes som (om) han tar feil* (it seems as if he is wrong). Merk også: *det spørs* (om) (it's uncertain (whether)): *det spørs om han kommer, det spørs om det hjelper.*

Flere relative pronomener

hvilket (which): Hun er syk, hvilket er synd.
I talespråket sier man oftest **noe som** istedenfor 'hvilket', som er nokså formelt.

hva (what): Hva du sier der, er uforståelig.
I talespråket sies helst **det som** el. bare **det**.

alt (hva) (all that): Alt (hva) han gjorde, var galt.

Kombinasjoner med 'som'

den som (the one who): Den som har gjort det, må si fra.
det som (what): Det som irriterer meg, er at han lyver (lies).
hva som (what): Hva som teller, er å delta (take part).
alt som (all that): Alt som er godt, er også umoralsk.
noe som (something that): Noe som hjelper er å hoste (cough).

24. Leksjon fireogtyve (tjuefire)

På et hengende hår

Da jeg kom gående til jobben i morges, hadde jeg en sjokkerende opplevelse. Jeg var kanskje litt fraværende der jeg gikk. Jeg nøt det fine været og den deilige morgenen og tittet på de søte jentene som kom gående forbi på fortauet. Alle folk var på vei til jobben. Ut fra undergrunnen kom det strømmende massevis av mennesker som skyndte seg av sted i alle retninger.

Så kom jeg til en kryssende gate og begynte å gå over den på grønt lys. Plutselig hører jeg hvinende bremser og oppdager at en bil kommer svingende inn i gaten fra venstre i rasende fart. Det var fullstendig sjokkerende, men jeg fikk kastet meg til side i siste øyeblikk. Bilen bråstoppet og ble stående bare en hårsbredd fra meg.

Bilisten var rasende og ga seg til å skjelle meg ut. Men oppriktig talt, det var jo ikke min feil. Han hadde stoppeplikt for meg.

Reglene er klare: Når du kommer kjørende til et kryss og skal svinge til høyre (eller til venstre), har du plikt til å la passerende fotgjengere gå over den kryssende gaten først. Ventende biler har ikke lov til å forsere seg frem, og du har ikke under noen omstendighet lov til å svinge inn i en kryssende gate i full fart.

Jeg syntes jeg hadde vist en imponerende åndsnærværelse ettersom jeg hadde kastet meg til side og på den måten unngått å bli truffet av den skrensende bilen. Det var jo på et hengende hår at jeg ikke ble kastet i gaten, men sjåføren ville ikke innrømme noen skyld.

Dette gir meg anledning til å si noen ord om trafikkforholdene i Oslo. De er meget lite tilfredstillende. Det er en stadig økende biltrafikk i hovedstaden, men trafikkapasiteten er faktisk synkende. I stadig flere gater blir det forbudt å kjøre, forbudt å parkere, forbudt å stoppe. Med andre ord, det hele blir mer og mer enerverende for bilistene. Og *det* var vel den egentlige grunnen til at min bilist ble så rasende i morges: nervene hans sto på høykant. Folk klarer ikke dette nervepresset, de blir sinte for et godt ord.

Trafikkpolitiet gjør en imponerende innsats for å holde det hele gående – for å holde trafikken flytende som det heter – men de kan ikke forandre det faktum at Oslo aldri ble bygd for moderne biltrafikk.

Etter å ha vært her i landet i noen år skrev en engelskmann en tankevekkende artikkel i et engelsk blad. Der sier han blant annet følgende:

«Bilkjøring i Norge er en stor kunst. I byene hersker jungelloven: den sterkeste vinner. Trikkene, som i grunnen er tog, og derfor større enn alt annet, er den dominerende faktor – eller om man vil: jungelens herrer. Alt og alle må resignere for dem. Deretter kommer bussene, så lastebilene, så personbilene og til slutt de stakkars fotgjengerne, som er jaget vilt. Det hele er en nervekrig. Man skal stoppe for trafikk fra høyre, men den som kjører fortest, vinner vanligvis.»

Altså – kommer du bilende til Norge, så pass på!

GLOSSAR

på et heng`ende hå´r – by the skin of its teeth, a close shave
en sjokke´rende opple´velse – a shocking experience

fra´værende – absent(-minded)
ny`te (nøt/nytt) – enjoy
dei`lig – lovely
sø´t – sweet
fort`au (et) – pavement, sidewalk
und`ergrunnen – the Underground, the Subway
skyn`de seg (-te/-t) **av ste´d** – hurry off
i all`e ret `ninger – in all directions
plut`selig – suddenly
hvi`nende brem`ser – screeching brakes
i ra`sende fart´ – at a furious speed, at top speed
fullsten´dig – completely
jeg fikk kas`tet meg til si`de – I managed to throw myself to the side
brå`stoppe (-et) – stop dead
bli stå`ende (ble/blitt) – here: come to a standstill
en hå´rsbredd – a hair's breadth
bilis´t (en) – motorist
ra`sende – furious, in a rage
gi seg til´ å (ga/gitt) – start to
skjell`e u´t (-te/-t) – scold, tell off
opprik´tig ta´lt – honestly, frankly
ha stopp`eplikt (en) – be supposed to give right of way (to)
fo`tgjeng´er (en) – pedestrian
har ikke lo´v til å – are not allowed to
forse´re seg frem´ (-te/-t) – force one's way through
ikke under no`en omsten´dighet – under no circumstance
en impone´rende ånd´snærværelse – an impressive presence of mind
unn´gå (unngikk/unngått) – avoid
bli truff`et av – be hit by
den skren`sende bi´len – the skidding car
inn´rømme (-et) – admit
skyld´ (en) – guilt, blame, fault
trafikk´forholdene – traffic conditions, the traffic situation
me`get li`te til`fredstillende – far from satisfactory
ø`kende – increasing, on the increase
syn`kende – decreasing, on the decrease
bli forbudt´ – be prohibited, be forbidden
med an`dre o´rd – in other words

enerve´rende – enervating, nerve-racking
ner`vene han´s sto på høy`kant – his nerves were on edge
kla`rer ikk´e – can't stand, can't face up to
for et godt´ o´rd – over nothing, over a trifle
gjøre en impone´rende inn`sats – make an impressive effort
fly`tende – here: flowing
tan`kevekkende – thought-provoking
bla´d (et) – here: newspaper, magazine, periodical
opp`hold (et) – stay
en sto´r kun´st – a great art
hers`ke (-et) – prevail, reign
ja`get vil´t – hunted game
pass på! – look out! watch it!

SUBSTITUSJONSØVELSER

Da jeg kom gående til jobben, hadde jeg en sjokkerende opplevelse.	spaserende . . skremmende (frightening) ruslende . . enerverende
Jentene kom gående forbi.	menneskene . . strømmende forbi, folk . . hastende forbi (hurrying).
Plutselig hører jeg hvinende bremser.	skrikende, skingrende (shrill)
En bil kommer svingende inn.	susende (dashing), durende (rumbling)
Bilen ble stående.	mannen . . sittende, pasienten . . liggende
Det er en stadig økende trafikk.	voksende, stigende.
Men kapasiteten er synkende.	fallende, minkende (decreasing)
Politiet gjør en imponerende innsats.	enestående, glimrende (excellent)

ØVELSER MED PRESENS PARTISIPP

Eksempel: Kommer Ola til fots eller med bil?
Svar: Han kommer bilende.

Kommer Per med bil eller *på sykkel*? Han _____
Kommer Åse med tog eller *med buss*? Hun _____
Kommer Arne og Tor med buss eller *bil*? De _____
Kommer Jens på sykkel eller *til fots*? Han_____

Eksempel: Kjørte han hit?
Svar: Ja, han kom kjørende

Bilte han hit? Ja, han _____
Gikk hun hit? Ja, hun _____
Syklet han hit? Ja, han _____
Kjørte han nedover gaten? Ja, han _____

Eksempel: Skal jeg sitte her fortsatt?
Svar: Ja, bare bli sittende der du.

Skal jeg stå her fortsatt? Ja, bare _____
Skal jeg ligge her fortsatt? Ja, bare _____
Skal jeg være her fortsatt? Ja, bare _____
Skal jeg bo her fortsatt? Ja, bare _____

Eksempel: Du sa han satt og skrev. Fortsatte han med det?
Svar: Ja, han ble sittende der og skrive.

Du sa han satt og leste. Fortsatte han med det?
Ja, han _____
Du sa han sto og snakket. Fortsatte han med det?
Ja, han _____
Du sa han lå og ynket seg (moaning). Fortsatte han med det?
Ja, han _____
Du sa han gikk og røkte. Fortsatte han med det?
Ja, han _____

Eksempel: Satt han i sofaen, sa du?
Svar: Ja, jeg fant ham sittende i sofaen.

Satt han i bilen, sa du? Ja, jeg _____

Lå han i senga, sa du? Ja, jeg _____

Sto hun i vannet, sa du? Ja, jeg _____

Sov de i kjelleren, sa du? Ja, jeg _____

Skriftlig oppgave

Skriv et resymé av teksten «På et hengende hår». Skriv i 3. person preteritum og bruk presens partisipp mest mulig (150 til 200 ord). Begynn slik: Da han kom gående til jobben den morgenen ......

GRAMMATIKK

Presens partisipp – form, uttale og bruk

Presens partisipp dannes ved å legge endelsen -*ende* til verbets stamme: *gå/ende, hopp/ende, smil/ende* osv.

I noen få tilfeller dannes presens partisipp av eldre infinitivsfomer. Det heter ikke haende, men *havende*, ikke bliende, men *blivende*, ikke giende, men *givende*, ikke siende, men *sigende*, ikke beende, men *bedende*.

Merk at i uttalen av endelsen -*ende* er *d* stum. Man sier altså *gåene, hoppene, smilene* osv.

Presens partisipp brukes ikke så mye på norsk som på engelsk. Formen brukes mest som adjektiv og adverb og etter visse verber (komme, bli, holde, finne og noen andre). Det er også noen få eksempler på at presens partisipp er blitt til substantiver.

Som adjektiv

en sjokkerende opplevelse, jeg var litt fraværende, en kryssende gate, hvinende bremser, rasende fart, han var rasende på meg, jeg fant det irriterende, ventende biler, en imponerende innsats, på et hengende hår, en enestående person, en glimrende prestasjon (an excellent performance), en velhavende (well-to-do) onkel, ikke noe blivende sted (no place to be staying on in), resultatet er oppmuntrende (encouraging), en spennende (exciting, thrilling) bok, en givende (rewarding) jobb, en sjøfarende (seafaring) nasjon, en underholdende (entertaining) film.

Merk dessuten disse, som vanligvis brukes uten artikkel: på følgende måte, i følgende uke, på foregående side, i ovenstående setning, i kommende uke, i påkommende tilfelle (should the occasion arise), gjeldende bestemmelser (the regulations in force), daværende statsminister (the then prime minister), nåværende president, nærværende bok (the present book, this book), vakthavende sersjant (the sergeant on duty).

Som adverb

Han snakker norsk flytende (fluently). Hun kjører glimrende. Han spurte undrende hva hun mente. Han snakket stotrende. De snakket nedsettende (disparagingly) om sin bror. Hun er enestående dyktig. Jeg ble hoppende glad. Hun er rasende flink. Han er drivende god. Kaffen er rykende varm. Det er meg revnende likegyldig (I couldn't care less). Det er klinkende klart (clear as glass).

Etter mønster av de sistnevnte eksemplene er det blitt dannet noen *falske* presens partisipper. De er falske fordi de ikke kommer av noe eksisterende verb:

Det var stummende mørkt.	(pitch dark)
Det var tjokkende fullt.	(choking full)
Bilen var flunkende ny.	(brand new)
Jeg var livende redd (= livredd)	(scared stiff)
Han er spikende gal.	(raving mad)
Hun var eitrende sinna (sint)	(hopping mad)
Kjøkkenet er gullende rent.	(spotlessly clean)

Etter verbene «komme» og «bli» (Meget alminnelig)

Jeg kom gående nedover gaten. Hun kom løpende etter meg. De kom kjørende til jobben. Han kommer smilende mot meg. Hun kommer røykende ut i entréen. De kommer syngende ned trappen.

Vi blir sittende og prate en stund. Skal dere bli boende her? Ja, vi blir værende her en tid fremover. De ble stående og se på hverandre. Hun ble stående helt stille. Jeg ble liggende syk i tre uker. Båten ble liggende på havna i tre dager. Bli sittende!

Etter verbene «gå», «stå», «ligge» og «sitte» og noen til

Han gikk gråtende (weeping) bort. Hun sto skjelvende (trembling) tilbake. Mannen lå blødende (bleeding) i gata. Familien satt sørgende (mourning) igjen. Han reiste seg vaklende (staggering).

Etter verbene «holde» og «finne» med objekt (Ikke så vanlig)

Politiet holder trafikken flytende. Vi holdt oss flytende i én time. Vi holdt det gående i mange timer (kept going). Jeg fant henne liggende i senga. Vi fant henne sittende i sofaen.

Presens partisipp som substantiv (De fleste står nedenfor)

Vi har et mellomværende på 100 kr (an unsettled account of). De reisende (passengers) måtte vente i to timer. Min far er handelsreisende (a travelling salesman). Øverstkommanderende (the supreme commander) het Eisenhower. Han har et merkelig utseende (appearance, looks). Etter sigende er han rik (he's said to be rich). Etter eget sigende er han den største (by his own account he's the greatest). Han er selvstendig næringsdrivende (a self-employed person).

Hva svarer engelsk ing-form til på norsk?

I noen tilfeller svarer engelsk ing-form til norsk presens partisipp (increasing traffic = økende trafikk, hopping mad = eitrende sinna, they came running = de kom løpende), men ofte bruker norsk en annen uttrykksmåte:

Coming home I saw a car there.	*Da jeg kom hjem,* så jeg en bil der.
This being so, it was easy.	*Siden det var slik,* var det lett.
Walking is better than *driving*.	*Å gå* er bedre enn *å kjøre*.
I look forward to *seeing* him.	Jeg ser frem til *å se* ham.
He *is shaving*.	Han (står og) *barberer seg*. (Han *holder på å barbere seg*.)
She *is working*.	Hun (står, går, sitter, og) *arbeider*. (Hun *driver og arbeider*, hun *er i gang med* arbeidet)
His wife, *finding it hard* to put up with all his eccentricities, finally left him.	Hans kone, *som fant det vanskelig å* ta alle hans egenheter, gikk til slutt fra ham.
Winter was long *in coming*.	Det tok tid *før vinteren kom*.
Weather permitting, the rescue operation will be under way tomorrow.	*Hvis været tillater det,* vil redningsoperasjonen være i gang i morgen.
They sat in the livingroom, *reading and writing*.	De satt i stuen *og leste og skrev*.
The planes attacked the ship with machine-guns, *peppering it with bullets*.	Flyene angrep skipet med maskingevær *og pepret det med kuler*.
One of the planes left the scene *trailing smoke*.	Ett av flyene forlot stedet *med en røykhale etter seg*.
She's *dying to meet you*.	Hun er *syk etter å treffe deg*.

Hybel til leie

Student: Unnskyld, er det De som har en hybel til leie?

Vertinne: Jeg har et rom, men jeg leier det ikke ut til hvem som helst. Hva er De for en kar?

S: Jeg er juridisk student.

V: Hvis De skal bo her, så må De nøye følge husreglene.

S: Ja, det er klart. Jeg har ikke noe sted å bo, så jeg tar hva som helst.

V: For det første, så vil jeg ikke vite av noe som helst fyll eller spetakkel på rommet.

S: Nei, jeg er så godt som avholdsmann, så det kan De være helt trygg for.

V: For det annet, så vil jeg ikke vite av jenter på rommet.

S: Nei, piker holder jeg meg langt unna, så det er det ingen som helst fare med.

V: For det tredje, så forlanger jeg at De selv kommer inn i skikkelig tid om kvelden. Jeg vil ikke bli vekket opp midt på natta.

S: Nei, jeg pleier å legge meg tidlig, så det kan De ta ganske rolig.

V: For det fjerde, så må jeg ha hjelp til snømåking om vinteren og hagearbeid om sommeren.

S: Ja, det er helt i orden det. Jeg har ikke så mange forelesninger, så jeg kan hjelpe Dem når som helst jeg.

V: For det femte, så vil jeg ikke ha gardinene ødelagt av sigarettlukt. Røyker De?

S: Nei, det er så lite, så det er ikke noe å snakke om i det hele tatt.

V: For det sjette, så må De ta til takke med rommet som det er. Det er ikke noen seng der, bare sofa.

S: Det gjør ingenting. Jeg sover godt hvor som helst, så jeg sover nok her også.

V: De er ikke kunstner eller noe slikt vel?

S: Å, langt ifra. Jeg er bare juridisk student, så jeg er ganske ufarlig.

V: De spiller ikke noe musikkinstrument vel?

S: Nei, jeg er absolutt umusikalsk, så der kan De være helt trygg.

V: Jeg håper ikke De er en sånn en som skal ha det glohett på rommet om vinteren. De vet brensel er dyrt i våre dager.

S: Nei, jeg arbeider best når det
er litt kjølig, sånn omkring 17
grader, så det er det ingen som
helst fare med.

V: Jøss, så skikkelig De er! –
Ja, vil De ha rommet?

S: Hva er leien?

V: 800 kr måneden, men De må
betale et halvt års forskudd.

S: Ja, jeg tar rommet.

V: All right. Da kan De få komme
inn og se på det. Men tørk
godt av Dem på beina!

GLOSSAR

leie u′t (-de/-d) – rent out, let out
hvem som hel′st – anybody
Hva er De′ for en ka′r? – What sort of a fellow are you?
juri′disk studen′t (en) – a law student
nøy`e – carefully, strictly
hva som hel′st – anything
for det førs`te – in the first place, firstly, for starts
jeg vil′ ikke vi`te av – I won't have
noe som hel′st – any . . at all (whatsoever)
fyll′ (-a) – drinking, boozing (**gå på fylla** – go on the booze)
spetakk′el (et) – noise, racket, carousing
så godt′ som – very nearly, as good as
a`vholdsmann (en) – teetotaller
så de′t kan De være he′lt trygg for – so you may be perfectly safe on
that score
holde seg lang′t unn`a – keep far away from, keep at arm's length
så de′t er det ing`en fa`re med – so there is no danger of that
forlang′e (-te/-t) = **kreve** – demand
i skikk`elig ti′d – at a decent hour
jeg plei`er å legg`e meg ti′dlig – I'm in the habit of going to bed early
så de′t kan De ta gan`ske ro′lig – so you may take that quite easy
snø`måking (en) – snow shovelling
de′t er he′lt i or′den – that's quite in order

296

når′ som hel′st – any time
ø`delagt – spoiled, ruined
sigarett′lukt (en) – the smell of cigarettes
ikk`e noe å snakk`e om i det he`le tatt′ – not worth mentioning at all
ta til takk`e med – be content with
hvor′ som hel′st – anywhere
jeg so′ver nok he′r ogs′å – I am sure to sleep here too
kun`stner (en) – artist
eller noe slik′t – or something like that
lang′t ifra – far from it
u`farlig – harmless
musikk′instrument (et) – musical instrument
ab′solutt u`musikalsk – absolutely unmusical
en sånn′ en (colloquially) – such a person, such a one
glo`hett – scorching hot
bren′sel (et) – fuel
Jøss, så skikkelig De er – Good gracious, what a decent chap you are
fors`kudd (et) – advance money, advance rent
da′ kan De få komm`e inn – then you may enter
tørk godt′ av Dem på beina – wipe your shoes well on the door-mat
bei′na – popular or colloquial variant of *bena*

SUBSTITUSJONSØVELSER

Er det De som har en hybel til
leie?

rom, leilighet.

Jeg leier ikke ut til hvem som
helst.

ønsker ikke, vil ikke ha

Hvis De skal bo her, så må De
følge reglene.

må De gjøre hva jeg sier, må De
være stille.

For det første, så vil jeg ikke ha
noe fyll.

annet . . . vil jeg ikke ha jenter
der, tredje . . . må De komme
tidlig inn.

Jeg er avholdsmann, så jeg drikker ikke.

idrettsmann . . . røyker ikke.

utlending . . . forstår ikke.

Det er så lite, så det er ikke noe å snakke om.

gjør ikke noe, betyr ikke noe.

ØVELSER MED «SÅ» SOM KONJUNKSJON
(Ikke inversjon)

Stikkord: ikke noe hybel . . . tar hva som helst
Svar: Jeg har ikke noe hybel, så jeg tar hva som helst.

ikke noe rom . . . tar hva jeg kan få
ikke noe mat . . . må kjøpe til i kveld
ikke noe TV . . . må gå til andre og se
ikke noe bil . . . må sitte på med andre (have to get a lift with others)

Stikkord: trett . . går og legger seg
Svar: Han er trett, så han går og legger seg

syk . . . går til sengs
snill . . . hjelper meg ofte
ærlig (honest) . . . sier alltid sannheten
musikalsk . . . liker sang og musikk

Stikkord: avholdsmann . . . drikker bare melk
Svar: Han er avholdsmann, så han drikker bare melk

idrettsmann . . . trener ofte
juridisk student . . . studerer lovene
musiker . . . må øve hver dag
sjåfør . . . kjører mye bil

298

ØVELSER MED «SÅ» SOM ADVERB
(Inversjon)

Stikkord: bo her . . . følge reglene
Svar: Hvis De skal bo her, så må De følge reglene

sitte her . . . betale først
låne bøker . . . gå inn her
ta toget . . . kjøpe billetter i luken (wicket)
se neste forestilling . . . bestille plass nå

Stikkord: Skru av radioen . . . lettere å snakke
Svar: Skru av radioen, så er det lettere å snakke.

Skru på lyset . . . lettere å se
Snakk langsommere . . . lettere å forstå
Legg deg tidlig . . . lettere å stå opp
Ta mer såpe på . . . lettere å få tøyet rent

Stikkord: svinger til høyre . . . går rett frem
Svar: Først svinger du til høyre og så går du rett frem

. . går rett frem . . . tar andre gate på høyre hånd
. . vrir rundt nøkkelen . . . trekker ut skuffen (the drawer)
. . trykker på knappen . . . snakker inn i mikrofonen
. . åpner kofferten . . . tar ut kassettspilleren

Stikkord: Jeg går ut . . . blir bedre plass
Svar: Jeg går ut, så blir det bedre plass.

Jeg tenner lyset . . . blir bedre å lese
Jeg skrur av radioen . . . blir bedre å høre
Jeg åpner vinduet . . . blir bedre luft
Jeg skrur på ovnen . . . blir varmere

Skriftlig oppgave

Fortell om da du skulle leie hybel eller leilighet. Skriv i preteritum (fortid) og prøv å bruke følgekonjunksjonen *så*, f.eks. «Jeg var uten hus, så jeg måtte prøve å få leie noe . . .»

GRAMMATIKK

Ordet «så» brukt på forskjellig måte

Som følgekonjunksjon (uten inversjon) = English: so

Jeg har ikke noe hybel, så jeg tar hva som helst.
Han er trett, så han vil gå og legge seg.
Han er avholdsmann, så han drikker bare melk.

Som følgeadverb (med inversjon) = English: then

Skru av radioen, så blir det lettere å snakke.
Jeg går ut, så kan du sove litt.
Jeg åpner vinduet, så blir det bedre luft.
Kom, så går vi! Kom, så begynner vi!

Som tidsadverb (med inversjon) = English: then

Først går du til høyre og så til venstre.
Så må du huske å kjøpe kaffe.
Så er det Kari, henne må vi ikke glemme.

Som gradsadverb = English: so, as

Er han så gammel?
Det var så hyggelig der.
Så sørgelig! Så synd!
Han er ikke så stor som søsteren.
Det er ikke så galt som du tror.
Hun er så snill som dagen er lang.
Han er så sterk at han kan løfte hva som helst.
Jeg har ikke så mange piller igjen.
Det går så fint så. Han er så snill så.

300

Som utfyllende (unødvendig) partikkel i talespråket
(etter preposisjonsuttrykk, adverbielle uttrykk og bisetninger, dvs. foran verbet i en invertert setning)

For det første, (så) må De følge husreglene.

I Norge (så) gjør vi det slik.

Hvis du vil bo her, (så) må du hjelpe meg.

Når du kommer hjem, (så) får du ringe med en gang.

Som pronominaladverb (eller demonstrativt pronomen) = English: so

Han gjorde så.

Hun sier så.

Å, (er det) så å forstå? (Oh, is that so?)

Om så skjer. (If that happens.)

Som pronomen (adjektiv) = English: that

I så tilfelle må du si fra øyeblikkelig. (In that case)

De var like i så henseende. (in that respect)

Det er i så fall første gang det hender. (in that case)

Som interjeksjon (= jaså) = English: so

Så, du kommer allikevel.

Så, du har ikke fått nok.

Som forsterkende element – særlig i svar
(Vil du hjelpe meg?) Så gjerne! (With pleasure)
(Forstår du dette?) Så klart! (Certainly. Of course)
(Foretrekker du vin?) Så absolutt! (Absolutely)

I spesielle uttrykk
Jeg er så å si (as good as) ferdig.
Det går ikke så verst (not too badly).
Det går bare så som så (so-so, not so well) med ham.
Så pass må du kunne gjøre (That's the least you can do).

Som preteritum av verbet «se» = English: saw
Jeg så ham på lang avstand (at a long distance).
Så du TV-programmet i går?

På besøk i et norsk hjem

Einar: Hei Paul! Endelig! Vi har sett frem til å se deg i flere dager nå.

Paul: Ja, du skjønner, jeg har stadig tenkt å komme, men så har jeg vært så opptatt med å flytte inn på ny hybel, så jeg har ikke fått tid til å gjøre annet.

E: Nei, så flott. Har du fått ny hybel? Hvor ligger den?

P: Den ligger helt oppe i Nittedal, så det er litt langt unna.

E: Å ja, det var veldig langt av gårde. Da får du ikke så god anledning til å reise til byen om kvelden.

P: Nei, det er akkurat det, skjønner du. Men jeg var faktisk nødt til å flytte. Jeg var så lei av å gå på tå hev for hun vertinnen min at jeg ikke orket mer.

E: Ja, det kan jeg godt forstå. Men nå får vi gå inn og hilse på de andre. De har gledet seg til å treffe deg i flere dager nå, og de kommer til å bli glad for å se deg.

P: Du, kunne jeg bare få lov til å vaske meg litt på hendene først. Jeg ble så skitten av å gå i byen.

E: Ja selvfølgelig. Her er badet. Den kranen der er til å trykke på, ikke til å skru på. Sånn.

P: Å ja, det var smart. Dere har moderne utstyr, skjønner jeg.

E: Ja, leiligheten er tipp-topp den. Problemet er bare å ha råd til å bo her.

P: Å jaså, er den så dyr?

E: Ja, du vet, først var vi nødt til å betale et temmelig stort innskudd. Vi måtte låne penger for å kunne klare det. Og så er husleien ganske høy. Omtrent en fjerdedel av hva jeg tjener går til å betale den.

P: Huff da! Dere bor dere ihjel med andre ord.

E: Ja, vi kan nesten si det. – Du skal få lov til å tørke deg på det håndkleet som henger der.

P: Takk for det. Nå er jeg klar til å hilse på Anne Marie.

E: Ja, hun blir nok behagelig overrasket over å se deg. Hun holder forresten akkurat på å legge ungene nå.

P: Jeg har tatt med en potteplante til henne. Jeg forsto det slik at hun var så glad i å stelle med blomster.

E: Ja, det skal være sikkert. Hun blir nok veldig glad over å få den.

P: Jeg skulle ha hatt med noe godt til barna, men jeg fikk ikke tid til å kjøpe noe før butikkene stengte.

E: Tøys og tull! De har ikke godt av å spise søtsaker. De er ikke vant til å få det heller.

P: Jeg skulle ha kjøpt litt frukt til dem. Det var synd jeg ikke fikk tid til å gjøre det.

E: Ja, her ser du stuen vår.

P: Det må jeg si! Her var det kjempekoselig.

E: Å nei, du vet det er nokså enkelt alt sammen. Vi har ikke hatt råd til å kjøpe så mye utstyr ennå.

P: Jeg synes dette var alle tiders jeg: nydelig sofa, pene stoler, deilig gulvteppe – og flotte malerier på veggene også, ser jeg.

E: Å, det er bare noen billige reproduksjoner. Vi har ikke hatt råd til å kjøpe noe annet. Har du lyst til å ta en titt på kjøkkenet også?

P: Ja, det vil jeg veldig gjerne.

E: Som du ser, er det ikke så stort, men det er stort nok til å spise på, så lenge familien ikke er større. Her spiser vi vanligvis alle måltider til hverdags.

P: Ja, her var det fint, det må jeg si. Jeg ser dere har både oppvaskmaskin og vaskemaskin. Jeg syntes du sa at dere ikke hadde hatt råd til å kjøpe så mye utstyr.

E: Visse ting er ikke til å komme utenom, vet du. Og så kjøper vi på avbetaling selvfølgelig. Det nytter ikke å tenke på å kjøpe slike store ting kontant.

P: Nei, det har du vel rett i. – Du, mens vi er her, kan jeg be om å få et glass vann? Jeg ble så tørst.

E: Nei, du, vi skal ta en drink om et øyeblikk. Du er bare nødt til å gå inn på soveværelset og hilse på Anne Marie og barna først. . . . Hallo der inne! Får vi lov til å komme inn?

GLOSSAR

se frem′ til (så/sett) – look forward to
opp′tatt – busy
flytt`e (-et) – move
få anle′dning til – have an opportunity to
nødt′ til – obliged to, forced to
være lei′ av – be tired of
gå på tå′ he′v – to tiptoe, be overcautious
ikke or`ke mer – not stand it any longer
gle`de seg til – look forward to
skitt`en – dirty

ha rå'd til – to afford, to have the money for
inn`skudd (et) – share, deposit
lå`ne (-te/-t) – borrow (or *lend*)
kla`re (-te/-t) – to be able to, to manage
en fje'rdedel (= firedel) – one fourth
dere bo'r dere i hje'l – you kill yourselves paying that rent
beha'gelig o`verrasket – pleasantly surprised
holde på' å (-dt/-dt) – be in the process of
De't må jeg si'! – Really, that's something!
ta en titt' på (tok/tatt) – (colloquial) take a peep (peek) at
opp`vaskmaski'n (en) – dishwasher
å komme u`tenom – to get around
a'vbetaling (en) – hire-purchase, installment system
kjø`pe kontan't – buy cash

SUBSTITUSJONSØVELSER

Vi har sett frem til å se deg.	å få besøk av deg, å høre fra deg.
Jeg har vært så opptatt med å flytte.	å pakke, å komme i orden.
Jeg har ikke hatt tid til å komme.	å besøke dere, å hilse på dere.
Du får ikke anledning til å reise så ofte.	å komme, å hilse på oss.
Jeg var nødt til å flytte.	å finne en annen hybel, å gi opp den gamle hybelen.
Jeg var så lei av å gå på tå hev.	å bo der, å være snill gutt.
De har gledet seg til å treffe deg.	å se deg, å hilse på deg.
Kunne jeg få lov til å vaske meg?	å stelle meg, å fiffe meg litt opp?
Problemet er å ha råd til å bo her.	å betale den dyre husleien, å klare det økonomisk.

Vi måtte låne for å kunne klare det.	å få penger nok, å skaffe penger.
En fjerdedel går til å betale leien.	å bo, å dekke husleien.
Jeg er klar til å hilse på Anne Marie.	å gå inn, å treffe de andre.
Hun blir overrasket over å se deg.	å treffe deg, å finne deg her.
Hun holder på å legge barna.	å stelle barna, å kle av barna.
Hun blir glad over å få blomster.	å se deg, å bli husket på.
Kan jeg be om å få et glass vann?	å få noe å drikke, å få en kopp melk.

Skriftlig oppgave

Skriv om et besøk i et (norsk) hjem. Prøv å bruke infinitiv etter preposisjon, f.eks. noen av uttrykkene: se frem til å, være opptatt med å, ha tid til å, ha anledning til å, være nødt til å, være lei av å, glede seg til å, være glad over å, få lov til å, ha råd til å, etc.

GRAMMATIKK

Infinitiv som gerundium

Infinitiv på norsk fungerer samtidig som gerundium, og brukes ofte etter uttrykk med preposisjon. I de fleste tilfeller må man ha preposisjonen med, men i noen få tilfeller kan den sløyfes:

Jeg har tenkt (på) å komme.
Jeg har ikke tid (til) å gjøre det.
Du kan få lov (til) å gjøre det.

Continuous tense

(Se også side 293)

Man kan uttrykke det samme som ved continuous tense på engelsk ved uttrykkene:

holde på å (Hun holder på å legge barna.)
være i ferd (gang) *med å* (Hun er i ferd med å legge barna.)

Modale hjelpeverber + til + infinitiv

a) **skulle til å** (be about to, be on the point of):
Han skulle akkurat til å spise da jeg kom. Jeg skal til å begynne på det nå. Jeg skulle (akkurat) til å si det da du sa det. Han skal til å reise akkurat nå. De skulle akkurat til å gå da han stoppet dem. Skal du til å spille nå igjen?

b) **måtte til å** (have to start to, have to get started on):
Jeg må til å gjøre leksenc nå. Må du til å spise nå igjen? Han måtte til å måke snø, sa han. Etter en stund måtte de til å arbeide igjen. Jeg liker det ikke, men jeg må vel til å jobbe litt igjen.

c) **få til å** (1. get somebody/something to. 2. manage, be able to)
Får du ikke klokken til å gå? Hvordan får du tiden til å gå? Jeg får ikke bilen til å starte. Få meg ikke til å le! Han fikk meg til å tenke nærmere over saken. Jeg fikk meg ikke til å si det (could not bring myself to say it). Få ham til å skru av radioen! Hun kunne få ham til å gjøre hva som helst.

Jeg får ikke til å gjøre det på den måten som du sa. Får du ikke til å starte bilen? Jeg får nok til å starte den, men jeg vet ikke om jeg får til å kjøre den. Tror du du får til å lage den retten (that dish)? Jeg får ikke til å lage denne tegningen.

Mange av de ovenstående uttrykk har forkortede versjoner uten hovedverb når det er klart hva man refererer til:

Han skulle akkurat til (med det) da jeg kom. Nå skal hun til (med det) igjen. Må du til (med det) igjen? Får du den ikke til? Jeg får det ikke til (I can't do it).

«kom til å» = was unfortunate enough to

Jeg kom dessverre til å velte (overturn) kaffekoppen hans. Han kom til å tråkke meg på foten. Jeg kom til å støte borti henne (bump into her). Jeg kom til å overhøre alt han sa.

Vanlige uttrykk med «til» og infinitiv

Vi kommer til å reise snart. Ser dere frem til å reise? Har du anledning til å komme i morgen? Nei, jeg har ikke tid til å komme. Har du nok penger til å kjøpe den vaskemaskinen? Ja, jeg tror jeg har råd til å gjøre det. Vi er nødt til å hvile litt nå. Jeg gleder meg til å flytte til et nytt sted. Får jeg lov til å komme inn? Er du klar til å starte? Er du vant til å spise så sent? Jeg har lyst til å begynne på det kurset. Kjøkkenet er stort nok til å spise på. Er bildet klart nok til å bli forstørret (enlarged)? Hun er ung til å være bestemor. Den knappen er til å trykke på. Han er svær til å prate. Hun er god til å synge. Det skal sterke nerver til å gjøre det. Han er ikke til å stoppe. Det er ikke til å tro. Har du bestemt deg til å gjøre det? Han satte vannet til å koke. Apparatet brukes til å lage sprit (alcohol).

Andre preposisjonsuttrykk med infinitiv

Han er opptatt med å lese. Hun er i gang med å skrive. Barna er i ferd med å legge seg. Per arbeider med å rydde opp. Inger holder på (med) å lage en tegning. Barna er lei av å gå på skole. De har fått nok av å lese. Jeg er glad i å lese. Han var glad over (for) å se oss. Jeg er trett av å høre om det. Du kan regne med (count on) å høre fra meg. Jeg er ikke redd for å si det. Jeg setter pris på (appreciate) å sove middag. Jeg er forbauset over (surprised at) å se deg her. Du må huske på å slukke lyset. Nå må vi tenke på å legge oss. Nå må vi slutte med å krangle (quarrel). Kan du stå der uten å falle? Jeg er skuffet over å se det (disappointed to see it).

27. Leksjon syvogtyve (tjuesju)

Norge ligger langt mot nord

Norges nordligste punkt, Knivskjellodden, like vest for Nordkapp, ligger på ca. 71° 11' (énogsytti grader og elleve minutter) nordlig bredde, dvs. omtrent på samme breddegrad som Point Barrow i Alaska. Oslo ligger på omtrent samme breddegrad som Kapp Farvel på Grønland og Anchorage i Alaska. Når man er klar over at Norge ligger så langt mot nord, kan man ikke annet enn bli forbauset over at det ikke er kaldere der. Det har sin grunn i at Golfstrømmen kommer inn til norskekysten og varmer opp havet. Men det kommer også av at det stadig blåser milde sørvestlige vinder inn mot landet fra Atlanterhavet. – Dette er kanskje en svært prosaisk måte å si det på. Noen vil si det kommer av at værgudene smiler til det lille landet langt der oppe mot nord.

Kommer De til Norge om sommeren, er det gode muligheter for at De finner temperaturer som svarer til hva man ellers har i Europa. Oslo har en middeltemperatur på ca. 18 grader Celsius i juli måned, og det er normalt for Europa ellers også. Men de høyeste maksimumstemperaturene vil De finne lenger inne i landet: i Telemark, i Hallingdal, i Østerdalen og på Finnmarksvidda. Ja, De skal være oppmerksom på at det kan være like varmt i Nord-Norge som i Sør-Norge, men i nord er det en fare for at kald polarluft kan trenge inn og forstyrre idyllen. Stort sett kan De imidlertid regne med at det er mildt og behagelig i hele Norge om sommeren. De kan bade i sjøen langs hele kysten, og De kan gjøre regning med at sjøtemperaturen de fleste steder ligger et sted mellom 14 og 18 grader. De mest populære badestedene finner De ved Oslofjorden og på Sørlandet.

Kommer De til Norge om vinteren, er det mulighet for at det langs kysten er mildvær. Vær klar over at det ikke er særlig kaldere i Lofoten enn på Sørlandet. Mange utlendinger blir forbauset over at sauene kan gå ute hele vinteren langs størstedelen av Norges kyst.

Imidlertid nytter det ikke å nekte for at det *kan* være meget kaldt i Norge om vinteren. Derfor må man alltid sørge for at man får med seg

Ventet vær idag kl. 13.00

○ KLARVÆR	¶●VR	REGN- BYGER	
◑ HALVSKYET	⬆REGN	≡ TÅKE	
● OVERSKYET	❄ SNE	℞ TORDEN	

KALD LUFT · KALD- · FRONT · VARM - FRONT · VARM- LUFT

○──── OST-LETT BRIS - 4 m/s
○──⟍⟍ OST-LITEN KULING -12 m/s
○──⟍⟍ OST-FULL STORM -26 m/s

VÆRET

Østlandet med Oslo får idag svak vind eller lett bris, skiftende skydekke og for det meste pent vær. Utrygt for lokal tåke nær åpent vann, vesentlig om morgenen.

(Fra Aftenposten)

Temperaturen

Høyeste maksimumstemperatur, 8 grader, hadde Torungen og Lyngør fyr. Laveste, — 7 grader, hadde Bardufoss og Nesbyen. Laveste min. temperatur, — 15 grader, ble målt natt til torsdag på Tynset. Forøvrig hadde Bergen 6 grader og regnbyger. Trondheim hadde 1 grad skyet oppholdsvær, Bodø hadde 6 grader og litt regn og Tromsø — 1 grad pent vær.

varmt tøy vinterstid: varmt undertøy, ullsokker, noen tykke gensere, kanskje en anorakk og et varmt hodeplagg. Ta også med fôrete hansker (eller votter) og et ullskjerf til å tulle rundt hals og nesetipp. Vil De oppleve kulden, skal De reise inn i landet. Stort sett har man de laveste temperaturer der hvor det er varmest om sommeren. En av grunnene til at det er slik, er at innlandet ikke så lett influeres av havtemperaturen, som er moderat hele året. Kulde er ikke noen ulykke. Luften er tørr i innlandet, og kulden føles derfor ikke så bitende som ute ved kysten hvor det er fuktig luft. Hvis man kler seg godt, kan man ha det fint i vinterkulden. Landskapet er vakkert. Alt er dekket av hvit snø, og man kan gå på ski overalt. Nordmenn er vant til at det skal være slik om vinteren, og de setter pris på at det er nettopp slik. Har De også lyst å oppleve dette? Pakk bare kofferten og kom!

GLOSSAR

no`rdlig bredd`e – northern latitude
være kla´r over – be aware of, know
kan´ man ikke a`nnet enn – you cannot but
bli forbau´set over at – be surprised that
det ha´r sin grunn´ i at – it stems from the fact that
Gol´fstrømmen – the Gulf Stream
ha´vet – the ocean
det komm´er av at = **det har sin grunn i at**
det blå´ser sørves´tlige vind`er – southwesterly winds blow
væ´rgudene – the weather gods
sva`re til (-te/-t) – correspond to
ell´ers – otherwise, elsewhere
i inn`landet – inland, in the interior of the country
midd´eltemperatur (en) – mean temperature
leng´er inn`e i land´et – further inland
på Finn`marksvidd`a – on the Finnmark (mountain) plateau
være oppmer´ksom på = **være klar over** – be aware (that), realise
en fa`re for at – a danger that
trenge inn´ (-te/-t) – break in, intrude, creep in
forstyrr´e idyllen (-et) – disturb the idyll

regne me'd (-et) – count on, reckon with
beha'gelig – pleasant
gjøre reg`ning med = **regne med** – count on
de fle`ste ste`der – in most places
bli forbau'set over at – be surprised that
det nytt`er ikke – it's no use
nek`te for (-et) – deny
sørge for' at (-et) – make sure that, see to it that
få me'd seg – bring along, take along, take with you
vin`terstid = om vin'teren
ho`deplagg (et) – head-gear
fô`rete han`sker – lined gloves
vott`er – mittens
tull`e rundt' (-et) – wrap around
ne`setipp (en) – tip of the nose
e'n av grunn`ene til at – one of the reasons that
u`lykke (en) – disaster
tørr' – dry
fuk`tig (u = o) – humid, moist
overal't – everywhere
van't til – used to, accustomed to, wont to
sette pri's på – appreciate, value
nett'opp sli'k – just like that, exactly so
koff'ert (en) – suit-case

SUBSTITUSJONSØVELSER

De skal være klar over
at Norge ligger langt mot nord.

at det ikke er så kaldt i Norge,
at Oslo ligger på samme breddegrad som Anchorage.

Man blir forbauset over
at det ikke er kaldere der.

at det er så mildt om vinteren,
at det er så varmt om sommeren.

Det har sin grunn i at Golfstrømmen kommer inn til kysten.

at Golfstrømmen varmer opp havet, at det blåser milde vinder inn mot kysten.

Det kommer av at værgudene smiler til landet.

at naturen har vært snill med landet, at landet ligger heldig til (is fortunately located).

De skal ikke være redd for at det skal bli for kaldt.

at det skal bli for stygt vær, at det skal regne for mye.

Det er muligheter for at De finner høye temperaturer i Norge.

at De får varmt vær i Norge, at det blir fine sommertemperaturer.

Det er en fare for at kald luft kan trenge inn.

at det kan bli kjølig, at det kan bli vinterlige temperaturer.

Man må sørge for at man får med seg varmt tøy.

at man ikke fryser, at man ikke blir plaget (troubled) av kulden.

Nordmenn er vant til at det skal være slik.

at det er kaldt om vinteren, at det er snø overalt.

De setter pris på at det er nettopp slik.

at det er hvitt overalt om vinteren, at man kan gå på ski om vinteren.

Skriftlig oppgave

Beskriv de geografiske og klimatiske forhold i ditt hjemland. Forsøk å bruke uttrykk med preposisjon foran at-setning, f.eks. være klar over at, være oppmerksom på at, bli forbauset over at, ha sin grunn i at, komme av at, være redd for at, regne med at ,være fare for at, være muligheter for at, sørge for at, være vant til at, sette pris på at osv.

Norske værrekorder*)

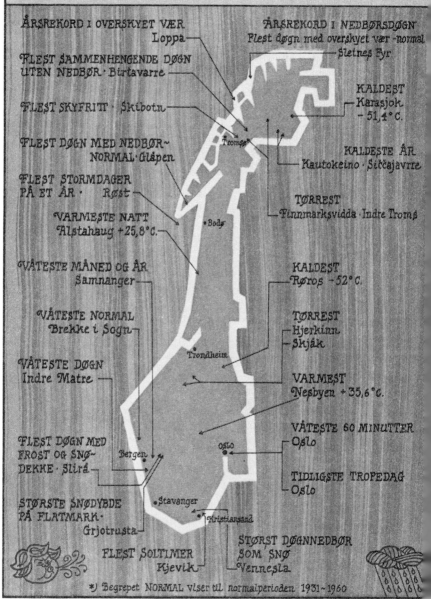

Fra A-Magasinet nr. 8, 1981. Tegnet av Alf Næsheim.

GRAMMATIKK
Preposisjon foran at-setning

Dette er meget vanlig på norsk. I foregående tekst er det mange eksempler på det. Logikken bak det er at en at-setning i virkeligheten er et substantivisk ledd, dvs. står istedenfor et substantiv. Det samme kan man si om infinitiv når den brukes som gerundium: den er et substantivisk ledd. En preposisjon styrer på norsk

a) et substantiv *(på bordet)*
b) et pronomen *(på det)*
c) en gerundium, dvs. infinitiv *(på å reise)*
d) en substantivisk setn. f.eks. en at-setning *(på at jeg reiste)*

Eksempler:

Jeg tenker *på Hansen* (substantiv)
Jeg tenker *på ham* (pronomen)
Jeg tenker *på å skrive til Hansen* (infinitiv som gerundium)
Jeg tenker *på at jeg burde skrive til Hansen* (at-setning)

Det er gode muligheter *for fiske* (eller: fisking)
Det er gode muligheter *for dette*
Det er gode muligheter *for å fiske her*
Det er gode muligheter *for at vi kan fiske her*

Men det er ikke alltid at et preposisjonsuttrykk kan brukes i alle de 4 tilfeller som er nevnt her.

Preposisjonen «på» i uttrykk for mål eller størrelse

en middeltemperatur på 18 grader	(18 graders middeltemperatur)
et skip på 100 000 tonn	(et 100 000 tonns skip)
en mann på 40 år	(en 40 år gammel mann)
en dame på min alder	
en pike på 15 år	(en 15 års pike)
et hus på 200 m² (kvadratmeter)	(et 200 m²s hus) (kvadratmeters)
et hus på samme størrelse	
et arbeidslag på fem mann	(et 5 manns arbeidslag)
et hopp på tre meter	(et 3 meters hopp)

Preposisjonen «på» i andre uttrykk hvor engelsk har «of»

et eksempel på stor klokskap	(an example of great wisdom)
et tegn på respekt	(a sign of respect)
et symbol på makt	(a symbol of power)
en prøve på hans kunnskaper	(a sample of his knowledge)

Hvor norsk har preposisjonsuttrykk og engelsk ikke

Du er så fin på håret.	Your hair is so nice.
Jeg fryser på hendene.	My hands are cold.
Jeg er kald på føttene.	My feet are cold.
Jeg er skitten på hendene.	My hands are dirty.
Jeg er tett i nesen.	My nose is plugged up.
Jeg er tett i halsen.	My throat is swollen.
Jeg har vondt i magen.	I have a stomachache.
Jeg har vondt i fingeren.	My finger hurts.
Gjør det vondt i kneet?	Does your knee hurt?
Det lukter av munnen din.	Your mouth is smelling (bad).
Det stinker av sokkene dine.	Your socks are stinking.
Jeg må vaske meg på hendene.	I have to wash my hands.
Jeg må tørke meg i ansiktet.	I have to wipe my face.
Han skjelver på hendene.	His hands are trembling.
Han rister på hodet.	He's shaking his head.
Tørk av deg på beina!	Wipe your feet!
Hvilken farge er det på hatten din?	What colour is your hat?
Han trykket meg i hånden.	He shook my hand.

Men man sier også:

Jeg har hodepine (= Jeg har vondt i hodet) (a headache)
Jeg har tannpine (= Jeg har vondt i en tann) (toothache)
Jeg har halsesyke (= Jeg har vondt i halsen) (a sore throat)

Betingelsesbisetninger uten «hvis»

Istedenfor å bruke betingelseskonjunksjonen «hvis» («når», «om»
«dersom») uttrykker man ofte betingelse på norsk ved bare å bruk
inversjon i bisetningen:

316

Når man er klar over dette, blir man forbauset.
(= Er man klar over dette,)
Hvis De kommer til Norge om sommeren, finner De høye temperaturer.
(= Kommer De til Norge om sommeren,)
Om De vil oppleve kulden, skal De reise inn i landet,
(= Vil De oppleve kulden,)
Dersom man kler seg godt, kan man ha det fint i vinterkulden.
(= Kler man seg godt,)

Forskjell på tidskonjunksjonene «når» og «da»

Dette er et problem for mange nordmenn, og på skolen i Norge lærer elevene regelen: «Den gang: *da,* hver gang: *når.*» Det betyr at når man forteller om noe som hendte én gang i fortiden (den gang = at that time) skal man bruke *da:*

Da jeg kom hjem den dagen, fikk jeg se noe merkelig.
Da jeg hadde spist, tok jeg meg en røyk.
Da jeg så hvor sliten han var, bestemte jeg meg til ikke å si noe til ham.

Men hvis man forteller om noe som hendte mange ganger i fortiden, noe som gjentok seg flere ganger, bruker man *når. Når* betyr da *hver gang:*

Når vi var i kirken, sang vi alltid alle salmene (hymns).
Når han kom på besøk, sa han aldri mye.
Når vi skulle legge oss, pleide mor alltid å synge for oss.

Men som regel brukes *når* sammen med et verb i presens:

Når vi er sultne, må vi spise.
Når du er trett, skal du legge deg.
Når jeg kommer hjem fra jobben, er jeg både trett og sulten.

Ofte brukes *når* når man tenker på fremtiden:

Hva skal du bli, jenta mi, når du blir stor?
Når du går og legger deg, må du huske å slukke lyset.
Ikke ta med bilen når du kommer i morgen.

En god tommelfingerregel (thumb rule) kan derfor være å bruke *da* i setninger med verbet i preteritum og *når* i setninger som har presens verb.

Relative adverber

hvor (where): Jeg bor i Oslo, hvor jeg er født.

Det kan også svare til 'in which':
Takk for brevet, hvor du sier at du kommer.

I litt mer uformell stil foretrekkes *der* istedenfor *hvor*:
Takk for brevet, der du sier at du kommer.
Jeg var litt fraværende der jeg gikk på fortauet.

der hvor (where): Det er der hvor Per bor.
Sett et punktum der hvor setningen slutter.

'Der hvor' foretrekkes fremfor 'hvor' når man spesielt fremhever (emphasises) stedet (just where). Man kan også si bare *der*:
Det er der Per bor. Sett punktum der du slutter.

Ordspråk

● **Når enden er god, er allting godt.**

Appendix 1

THE MOST COMMON IRREGULAR VERBS

(Strong and weak)

(Only a few prefixed verbs are given. For the conjugation of such verbs
see the root verb, e.g. for *bedra* see *dra*, for *foretrekke* see *trekke*, etc.)

Infinitive:	Preterite:	Past Participle:
be (pray, ask)	ba(d)	bedt
begripe (grasp, understand)	begrep	begrepet
beholde (keep, retain)	beholdt	beholdt
binde (bind, tie)	bandt	bundet
bite (bite)	bet	bitt
bli (become, remain, be)	ble	blitt
brekke (break)	brakk	brukket
brenne (burn, intr.)	brant	brent
bringe (bring)	brakte (bragte)	brakt (bragt)
briste (burst)	brast	(bristet, brustet)
bryte (break)	brøt	brutt
burde (Pres.t: bør)	burde (ought to)	(burdet)
by(de) (offer, bid)	bød	budt
bære (carry, bear, wear)	bar	båret
dra (go; pull)	dro(g)	dradd, dratt
drikke (drink)	drakk	drukket
drive (drive; drift)	drev	drevet
ete (eat, mostly of animals)	åt	ett
falle (fall)	falt	falt
fare (go, travel)	fôr	fart
finne (find)	fant	funnet
finnes (exist)	fantes	(funnes)
fly (fly)	fløy	fløyet
flyte (flow, float)	fløt	flytt
forby (forbid)	forbød	forbudt
forlate (leave; forgive)	forlot	forlatt
forstå (understand)	forsto(d)	forstått
forsvinne (disappear)	forsvant	forsvunnet
fortelle (tell)	fortalte	fortalt
fryse (be cold, freeze)	frøs	frosset
følge (follow; accompany)	fulgte	fulgt
få (get, receive and modal use)	fikk	fått
gi (give)	ga(v)	gitt
gidde (take the trouble, bother)	gadd	giddet
gjelde (concern, apply (to))	gjaldt	gjeldt
gjøre (do, pres.t: gjør)	gjorde	gjort

gli (slide, glide, slip)	gled	glidd
glippe (fail, slip)	glapp	glippet
gnage (gnaw, chafe)	gnog (gnaget, gnagde)	gnaget (gnagd)
gni (rub)	gned (gnidde)	gnidd
grave (dig)	grov (gravde, gravet)	gravd (gravet)
grine (make grimace; fret; weep)	gren	grint
gripe (seize, grasp, grab)	grep	grepet
gråte (weep)	gråt	grått
gå (walk, go)	gikk	gått
henge (hang, intr.)	hang	hengt
hete (be called)	het	hett
hive (throw, heave)	hev (hivde)	hevet (hivd)
hjelpe (help)	hjalp	hjulpet
holde (hold, keep)	holdt	holdt
klinge (sound, clang)	klang	(klinget, klunget)
klyve (climb)	kløv	kløvet
knekke (crack, break) (intr.)	knakk	knekket
knipe (pinch, catch)	knep	knepet
komme (come)	kom	kommet
krype (creep)	krøp	krøpet
kunne (be able to, pres.t: kan)	kunne	kunnet
kvele (strangle, choke)	kvalte	kvalt
la(te) (let)	lot	latt
le (laugh)	lo	ledd
legge (lay, put)	la	lagt
lide (suffer)	led	lidt, lidd
ligge (lie)	lå	ligget
lyde (sound; obey)	lød	lydt
lykkes (succeed)	lyktes	lykkes
lyve (lie, tell a lie)	løy	løyet
løpe (run)	løp	løpt
måtte (have to) (Pres.t: må)	måtte	måttet
nyse (sneeze)	nøs	nyst
nyte (enjoy)	nøt	nytt
pipe (pipe, whistle)	pep	pepet
rekke (reach; suffice)	rakk	rukket
renne (flow, race, run)	rant	rent
ri(de) (ride)	red	ridd
rive (tear)	rev	revet
ryke (smoke intr.; burst)	røk	røket
se (see, look)	så	sett
selge (sell)	solgte	solgt
sette (set, put)	satte	satt
si (say)	sa	sagt
sitte (sit)	satt	sittet
skjelve (shiver, tremble)	skalv	(skjelvet)
skjære (cut, shear)	skar	skåret
skrike (cry, scream)	skrek	skreket
skrive (write)	skrev	skrevet
skryte (brag, boast)	skrøt	skrytt
skulle (be going to) (Pres.t: skal)	skulle	skullet
skyte (shoot)	skjøt	skutt
skyve (push)	skjøv	skjøvet
slenge (dangle, idle intr.)	slang	slengt

slippe (drop; not have to)	slapp	sluppet
slite (wear down; toil)	slet	slitt
slå (strike, beat)	slo	slått
slåss (fight)	sloss	slåss
smelle (crack, clap)	smalt	smelt
smette (slip, sneak)	smatt	(smettet, smuttet)
smyge (sneak)	smøg	smøget
snike (sneak)	snek	sneket
snyte (blow one's nose; cheat)	snøt	snytt
sove (sleep)	sov	sovet
spinne (spin)	spant	spunnet
sprekke (crack, burst)	sprakk	sprukket
sprette (leap, bounce)	spratt	(sprettet)
springe (spring, run)	sprang	sprunget
spørre (ask) (pres.t: spør)	spurte	spurt
stige (rise, climb)	steg	steget
stikke (sting, stab; put)	stakk	stukket
stjele (steal)	stjal	stjålet
strekke (stretch)	strakk (strakte)	strukket
stri(de) (strive, struggle)	stred	stridd (stridt)
stryke (stroke; iron; fail in exam)	strøk	strøket
stå (stand; be printed)	sto(d)	stått
sverge (swear)	svor, sverget	svoret, sverget
svi (smart, pain, hurt)	sved	svidd
svike (betray)	svek	sveket
svinne (shrink, wane)	svant	svunnet
synes (think, find) (Pres.t: synes)	syntes	synes
synge (sing)	sang	sunget
synke (sink)	sank	sunket
ta (take)	tok	tatt
tore (dare) (Pres.t: tør)	torte (turte)	tort (turt)
treffe (meet; hit)	traff	truffet
trekke (pull, draw; be draughty)	trakk	trukket
tvinge (force, compel)	tvang	tvunget
velge (choose)	valgte	valgt
vike (yield, give way)	vek	veket
ville (want etc) (Pres.t: vil)	ville	villet
vinne (win)	vant	vunnet
vite (know) (Pres.t: vet)	visste	visst
vri (twist)	vred	vridd
være (be) (Pres.t: er)	var	vært

Appendix 2

SOME VARIANTS OF NORWEGIAN WORDS

Because of the somewhat extraordinary language situation in Norway there is a certain latitude in the spelling and form of certain words. The foreigner is bound to encounter some of these variants, so here is a list of the more common ones:

Traditional Riksmål forms:	More popular or colloquial forms:	
alene	aleine	alone
ben	bein	bone, leg, foot/feet
fet	feit	fat, fatty
gren	grein	branch
hjem	heim	home
leke	leike	play
lete	leite	search
rem	reim	strap
ren	rein	clean
sen	sein	late
steke	steike	fry, roast
sten	stein	stone
vet	veit	know(s)
dugg	dogg	dew
dukke	dokke	doll
gulv	golv	floor
hugge	hogge	hew, cut, chop
slukke	slokke	put out (fire, light)
vugge	vogge	cradle
farve	farge	colour
have	hage	garden
krave	krage	collar
mave	mage	stomach
torv	torg	market-place

322

bjerk	bjørk	birch-tree
mel	mjøl	flour
melk	mjølk	milk
selv	sjøl	self
sne	snø	snow
trett	trøtt	tired
bro	bru	bridge
tro	tru	believe, belief
gård	gard	farm
hånd	hand	hand
frem	fram	forward
gress	gras	grass
høy	høg	high, tall
vei	veg	road
lyve	ljuge	(tell a) lie
myk	mjuk	soft
syk	sjuk	sick
syv	sju	seven
tykk	tjukk	thick, fat
tyv	tjuv	thief
tyve	tjue	twenty
efter	etter	after
ligne	likne	resemble
nu	nå	now
røke	røyke	smoke
savne	sakne	miss
sepe	såpe	soap
sort	svart	black
sprog	språk	language
syd	sør	south
tredve	tretti	thirty
vann	vatn	water

Appendix 3

ALTERNATIVE -EN AND -A ENDINGS

Many common gender nouns appear now with the *en*-ending and now with the *a*-ending (the special feminine ending in the definite form singular). Generally, in the written, formal language the *en*-suffix is the normal thing. Also, *en* is normal in formal speech, but all speakers use *a*-forms to some extent (maybe with the exception of people from Bergen), but often in a colloquial or informal context.

The foreigner will never do wrong in sticking to the *en*-form. Apart from being the simplest thing, that is generally speaking also the 'safest' bet. However, if he wants to venture into the *a*-forms, here is a selection of words that very often appear in that form. It will be seen from the list that these words mostly stand for female persons, (domestic) animals, everyday concrete objects, time concepts and some topographical features of the countryside:

boken	boka	the book
brakken	brakka	the barracks
buksen	buksa	the trousers, pants
damen	dama	the lady
døren	døra	the door
elven	elva	the river
engen	enga	the meadow
flasken	flaska	the bottle
fluen	flua	the fly
gaten	gata	the street
grøften	grøfta	the ditch
helgen	helga	the weekend, holiday
hyllen	hylla	the shelf
hånden	hånda (handa)	the hand
jakken	jakka	the jacket
jorden	jorda	the soil, the earth
kaien	kaia	the quay, dock
kaken	kaka	the cake
kappen	kappa	the coat, cloak
katten	katta	the cat
kisten	kista	the chest
klokken	klokka	the clock, watch, time
konen	kona	the wife, woman
kulden	kulda	the cold
lommen	lomma	the pocket

luen	lua	the cap
luften	lufta	the air
mappen	mappa	the briefcase
milen	mila	the (Norwegian) mile
moren	mora	the mother
natten	natta	the night
nålen	nåla	the needle
puten	puta	the pillow, cushion
sagen	saga	the saw
saksen	saksa	the scissors
sengen	senga	the bed
solen	sola	the sun
skjorten	skjorta	the shirt
stuen	stua	the living-room, parlor
søsteren	søstera	the sister
tanten	tanta	the aunt
tiden	tida (tia)	the time
trappen	trappa	the stairs
tåen	tåa	the toe
tåken	tåka	the fog
uken	uka	the week
vesken	veska	the handbag, briefcase
vognen	vogna	the carriage
øksen	øksa	the axe

Nouns that nearly always appear in the a-form:

bikkja(the bitch), *bygda* (the rural district), *fylla* (the booze), *geita* (the goat), *gåsa* (the goose), *hytta* (the hut), *høna* (the hen), *jenta* (the girl), *kjerringa* (the old woman), *kua* (the cow), *lia* (the hillside), *marka* (the woods), *myra* (the bog), *vidda* (the mountain plateau), *øya* (the island).

Appendix 4

THREE NORMS OF NORWEGIAN

A. Modern Nynorsk (Official norm)

Arkitekt Jensen vart vekt halv sju ved at det knepte i vekkjarklokka. Han stoppa klokka for ikkje å vekkje den morgongretne bilethoggaren i nabohusværet. Så svinga han beina ut or senga og fram på golvet. Ein sekund seinare sto han ved vindauget og trekte inn den friske, reine morgonlufta. Sola var oppe, men dogga låg enno i graset på den vesle plenen nede i bakgarden. Ungane i første høgda hadde gløymt att dokkevogna si ute på plenen.

Han fekk sjå at døra ned til kjellarbua sto open og at ljoset ikkje var sløkt i trappa ned. Det skulle vel aldri ha vore tjuvar der om natta?

B. Schoolbook Bokmål (Official norm)

Arkitekt Jensen ble vekt halv sju ved at det knepte i vekkerklokka. Han stoppet klokka for ikke å vekke den morgengretne billedhoggeren i naboleiligheten. Så svingte han beina ut av senga og fram på golvet. Et sekund seinere sto han ved vinduet og trakk inn den friske, reine morgenlufta. Sola var oppe, men doggen lå ennå i graset på den lille plenen nede i bakgården. Ungene i første etasje hadde glemt igjen dokkevogna si ute på plenen.

Han fikk se at døra ned til kjellerbua sto åpen og at lyset ikke var slokt i trappa ned. Det skulle vel aldri ha vært tjuver der om natta?

C. Traditional Riksmål (Unofficial norm)

(The norm of the Norwegian Academy for Language and Literature)

Arkitekt Jensen ble vekket halv syv ved at det kneppet i vekkerklokken. Han stoppet klokken for ikke å vekke den morgengretne billedhuggeren i naboleiligheten. Så svingte han bena ut av sengen og frem på gulvet. Et sekund senere sto han ved vinduet og trakk inn den friske, rene morgenluften. Solen var oppe, men duggen lå ennu i gresset på den lille plenen nede i bakgården. Ungene i første etasje hadde glemt igjen dukkevognen sin ute på plenen.

Han fikk se at døren ned til kjellerboden sto åpen og at lyset ikke var slukket i trappen ned. Det skulle vel aldri ha vært tyver der om natten?

The above three versions of the same text were used by the Norwegian Gallup Institute in 1968 in an opinion poll to find out the preferences of the population in the language question. Those interviewed (supposed to be a true cross-section of the Norwegian population) were given three cards marked A, B and C, and on each card was printed one of the above versions. Card A contained the Nynorsk version, Card B the Schoolbook Bokmål version and Card C the Riksmål version, but the terms Nynorsk, Bokmål or Riksmål were not used, only A, B and C. The persons interviewed were asked to read each card carefully and then say which version of Norwegian they wanted their children to be taught in school.

The result of the poll was: 10 % preferred A (Nynorsk)
                              31 % preferred B (Bokmål)
                              52 % preferred C (Riksmål)
                               7 % had no preference

In another nationwide poll in 1978 some interesting figures referring to the *spoken* language came to light:

                              48 % said they spoke their local dialect
                              34 % said they spoke Bokmål
                              15 % said they spoke Riksmål
                               3 % said they spoke Nynorsk

English translation of the Norwegian texts

Mr Jensen, the architect, was wakened at 6.30 by the click of the alarm clock. He stopped the clock in order not to wake the grumpy sculptor in the nextdoor flat. Then he swung his feet out of bed and on to the floor. Seconds later he was standing at the window, breathing the fresh, clean morning air. The sun was up, but the dew was still in the grass on the little lawn down in the backyard. The kids on the ground floor (first floor) had left their doll-carriage out on the lawn.

He discovered that the door down to the cellar booth was open and that the light had not been switched off in the cellar entrance leading down. Surely, there couldn't have been thieves there during the night?

Author's note to the 2nd edition of the book:

In June 1981 the Norwegian Storting adopted an important revision of the rules for official Bokmål, making a great many Riksmål forms previously banned in Bokmål, 'legal' again in official language, i.e. in school textbooks, radio and TV announcements, etc. This means that the C version of Norwegian on the opposite page would today be accepted as 'correct' within the official Bokmål norm except for the forms *syv, ennu* and *slukket* (the offical forms being *sju, ennå* and *slokket* or *slokt).*

Appendix 5

NAMES OF COUNTRIES AND NATIONALITIES

Country:	Person:	Adjective:
Afghanistan	afghaner	afghansk
Albania	albaner	albansk
Algerie	algirer	algirsk
Angola	angolaner	angolansk
Argentina	argentiner	argentinsk
Australia	australier	australsk
Belgia	belgier	belgisk
Bolivia	bolivianer	boliviansk
Brasil	brasilianer	brasiliansk
Bulgaria	bulgar(er)	bulgarsk
Burma	burmeser	burmesisk
Canada	kanadier	kanadisk
Chile	chilener	chilensk
Colombia	kolombianer	kolombiansk
Cuba	kubaner	kubansk
Danmark	danske	dansk
Egypt	egypter	egyptisk
England	englender, engelskmann	engelsk
Etiopia	etiopier	etiopisk
Finland	finlender	finsk
Frankrike	franskmann	fransk
Ghana	ghaneser	ghanesisk
Hellas (Grekenland)	greker	gresk
India	inder	indisk
Indonesia	indoneser	indonesisk
Iran	iraner	iransk
Irak	iraker	iraksk
Irland	irlender (irer)	irsk
Island	islending	islandsk
Israel	israeler	israelsk
Italia	italiener	italiensk
Japan	japaner	japansk
Jordan	jordaner	jordansk
Jugoslavia	jugoslav	jugoslavisk
Kampuchea	kampucheaner	kampucheansk

Kenya	kenyaner	kenyansk
Kina (China)	kineser	kinesisk
Korea	koreaner	koreansk
Kuwait	kuwaiter	kuwaitisk
Kypros	kypriot	kypriotisk
Laos	laot	laotisk
Libanon	libaneser	libanesisk
Liberia	liberi(an)er	liberi(an)sk
Libya	libyer	libysk
Luxemburg	luxemburger	luxemburgsk
Madagaskar	(mada)gasser	(mada)gassisk
Malawi	malawier	malawisk
Malaysia	malaysier	malaysisk
Mali	malier	malisk
Malta	malteser	maltesisk
Marokko	marokkaner	marokkansk
Mauretania	mauretanier	mauretansk
Mexico	meksikaner	meksikansk
Mongolia	mongol	mongolsk
Mosambik	mosambiker	mosambikisk
Namibia	namibier	namibisk
Nederland (Holland)	nederlender	nederlandsk
Nepal	nepaler	nepalsk
Nigeria	nigerianer	nigeriansk
Norge	nordmann	norsk
Pakistan	pakistaner	pakistansk
Panama	panamaner	panamansk
Papua	papuaner	papuansk
Paraguay	paraguayaner	paraguayansk
Peru	peruvianer	peruviansk
Polen	polakk	polsk
Portugal	portugiser	portugisisk
Romania	rumener	rumensk
Russland	russer	russisk
Saudi-Arabia	saudiaraber	saudiarabisk
Senegal	senegaleser	senegalesisk
Skottland	skotte	skotsk
Somalia	somalier	somalisk
Sovjet(unionen)	sovjetborger (sovjeter)	sovjetisk
Spania	spanier (spanjol)	spansk
Sri Lanka	srilanker	srilankisk
Storbritannia	brite	britisk
Sudan	sudaneser (sudaner)	sudanesisk (sudansk)
Sveits	sveitser	sveitsisk
Sverige	svenske	svensk
Sør-Afrika (Syd-Afrika)	sørafrikaner	sørafrikansk

329

Syria	syrier	syrisk
Tanzania	tanzani(an)er	tanzani(an)sk
Thailand	thailender	thailandsk
Tibet	tibetaner	tibetansk
Tsjekkoslovakia	tsjekkoslovak	tsjekkoslovakisk
Tunisia	tunisier	tunisisk
Tyrkia	tyrker	tyrkisk
Tyskland	tysker	tysk
Uganda	ugander	ugandisk
Ungarn	ungarer	ungarsk
Uruguay	uruguayer	uruguayisk
USA	amerikaner	amerikansk
Venezuela	venezuelaner	venezuelansk
Vest-Tyskland	vesttysker	vesttysk
Vietnam	vietnameser	vietnamesisk
Wales /ve:ls/	valiser (waliser)	valisisk (walisisk)
Yemen	yemenitt	yemenittisk
Zaire	zairer	zairisk
Zambia	zambier	zambisk
Zimbabwe	zimbabwer	zimbabwisk
Østerrike	østerriker	østerriksk
Øst-Tyskland (DDR)	østtysker	østtysk

Note also:

Afrika	afrikaner	afrikansk
Amerika	amerikaner	amerikansk
Asia	asiat	asiatisk
Europa	europeer	europeisk
Norden	nordbo	nordisk
(Sameland)	same	samisk
Skandinavia	skandinav	skandinavisk

Appendix 6

DOMESTIC ANIMALS AND THEIR SOUNDS

Animal name (Dyrenavnet)	The male (Hannen)	The female (Hunnen)	Young One (Ungen)	Sound (Lyden)
en hest	en hingst	en hoppe	et føll (en fole)	å vrinske (å knegge)
storfe (collective)	en okse	en ku	en kalv	oksen brøler kua rauter
en geit	en geite-bukk	en geit	en geite-killing	å mekre
en sau	en vær	en søye	et lam	å breke
en gris	en råne (en galte)	en purke (en sugge)	en gris-unge	å grynte å hvine
høns (pl)	en hane	en høne	en kylling	hanen galer («kykkeliky») høna kakler
en and (pl ender)	en andrik	en and	en and-unge	å snadre
en gås (pl gjess)	en gasse	en gås	en gåsunge	å snadre
en due	en handue	en hundue	en dueunge	å kurre
en hund (en bikkje) (en «vovvov»)	en hanhund	en tispe	en valp (hvalp)	å bjeffe (bark) å gjø (») å knurre (growl) å pipe (whine)
en katt (en pus, en pusekatt)	en hankatt	en hunkatt	en kattunge	å mjaue å male (purr) å hvese (hiss)

Appendix 7

SOME COMMON ABBREVIATIONS

Ap (A)	Arbeiderpartiet	The Labour Party
A/S	Aksjeselskap	Ltd. or Inc.
avd.	avdeling	Department, Division
BH	brystholder	bra(ssiere)
bl.a.	blant annet (andre)	inter alia; among others
ca.	cirka	approx.
cand. mag.	candidatus magisterii	B.A. or B.Sc.
cand. philol.	» philologiae	M.A.
cand. real.	» realium	M.Sc.
dr. philos.	doctor philosophiae	Ph.D.
ds.	dennes	inst. (this month)
dvs.	det vil si	i.e. (that is)
E.D.B.	elektronisk databehandling	E.D.P.
el-	elektrisitets-	electricity, electric
e.l.	eller lignende	or the like
f.eks.	for eksempel	e.g.
f.Kr.	før Kristus	B.C.
FN	De forente nasjoner	UNO
Forts.	Fortsettes	Continued
Fr.	Fru eller Frøken	Ms
Frk.	Frøken	Miss
G	godt	good (mark in school)
gt.	gate(n) (gata)	St(reet)
H	Høyre	The Conservative Party
HB	hjemmebrent	«moonshine», «homebrew»
hk	hestekraft, hestekrefter	horsepower
Hr.	Herr	Mr
HV	Heimevernet	The Home Guard
jfr.	jevnfør	confer, compare
K.F.U.K.	Kristelig forening	Y.W.C.A.
K.F.U.M.	av unge kvinner/menn	Y.M.C.A.
kgl. res.	kongelig resolusjon	Order in Council, decree
kl.	klasse; klokken	class; hrs.
K.N.A.	Kongelig Norsk Automobilklubb	R.A.C.
kr	kroner	crowns
Kr.F.	Kristelig folkeparti	Christian Democratic Party
KUD	Kirke- og Undervisnings- departementet	Ministry of Church Affairs and Education

LO	Landsorganisasjonen	National Labour Union
m/	med	with
M	meget godt	very good (mark in school)
m.m.	med mer	etc.
m.v.	med videre	etc.
N.A.F.	Norsk Arbeidsgiverforening	The Employers' Organisation
N.A.F.	Norsk Automobil-Forbund	The Automobile Association
Ng	nokså godt	fairly good (mark in school)
N.K.L.	Norges kooperative landsforening	The Co-operative Organisation
NKP	Norges Kommunistiske Parti	The Communist Party
NN	nomen nescio	(Mr, Mrs, Miss) Blank, So-and-So
nr.	nummer	No
NRK	Norsk rikskringkasting	The State Broadcasting
NSB	Norges statsbaner	The State Railways
NTB	Norsk telegrambyrå	The National News Agency
OBOS	Oslo bolig- og sparelag	Oslo Co-operative Building Society
Obs!	Observer!	Attention! Warning!
o.fl.	og flere	and others
o.l.	og lignende	and something similar
osv.	og så videre	etc.
pga.	på grunn av	on account of, because of
pr.	per	per
p.t.	pro tempore	for the time being
RV	Rød Valgallianse	Red Socialist Alliance
S	særdeles godt	excellent (mark in school)
SIBO	Selskapet for innvandrerboliger	Immigrants' Housing Corporation
Sp	Senterpartiet	The Centre Party
SV	Sosialistisk venstreparti	The Left Socialists
tlf.	telefonnummer	telephone number
t.o.m.	til og med	up to and including
UD	Utenriksdepartementet	Ministry of Foreign Affairs
V	Venstre	The Liberal Party
v/	ved	attention of (on letters)
VG	Verdens Gang	Oslo newspaper
vn.	veien	Rd.
v.s.a.	ved siden av	besides, in addition to

INDEX

(Numbers referring to pages)